Rupert Mayr / Renate Zeltner

Vom Umgang mit den Zeichen der Natur

Ganzheitlich denken in Garten,
Haushalt, Landwirtschaft

Handfeste Gartenpraxis rund ums Jahr

Mosaik Verlag

Inhalt

Die Welt des Rupert Mayr 6

Januar 12
Kalendarium mit Los- und Schwendtagen 14
Garten- und Hausumfeld im Januar 15
Gartenpläne für Frühjahr und Sommer 16
Vierjahresrhythmus im Gemüsegarten 17
Thema des Monats:
Sonne, Mond und Sterne – die Natur
gibt uns Zeichen 19

Februar 26
Kalendarium mit Los- und Schwendtagen 28
Der Garten im Februar 30
Arbeiten im Obstanger 30
Brotbacken zum richtigen Zeichen 31
Bienenpflege übers Jahr 32
Die Imkerei und ihre Geschichte 32
Was jeder über Bienen wissen sollte 33
Das Bienenjahr beginnt 34
Frühjahrsaktivitäten 35
Wenn Bienen ins Schwärmen kommen 35
Verjüngung der Völker und Blütenhonigernte 36
Honig – süß und heilsam 36
Das Ende des Bienensommers 36
Thema des Monats:
Harmonie und Schwingung –
am Beispiel des Bienenvolkes 37

März 40
Kalendarium mit Los- und Schwendtagen 42
Der Garten im März 44
Arbeiten im Gemüse-, Kräuter- und Ziergarten ... 44
   Der bäuerliche Obstanger 45
   Obstbaumpflege, Obstbaumschnitt 46
   Obst, das in jeden Garten paßt: Beeren 46
   Ein Apfelbaum im Garten 47

Samen und Pflanzenanzucht 49
Thema des Monats:
Wasser als Lebenselement 51

April 54
Kalendarium mit Los- und Schwendtagen 56
Der Garten im April 57
Arbeiten im Gemüsegarten 57
Das Hochbeet als Gestaltungselement 58
Österliches Brauchtum 59
Arbeiten im Kräutergarten 60
Arbeiten im Obstgarten 61
Arbeiten im Ziergarten 61
Der Boden als lebendiger Organismus 61
Was Schmetterlinge mögen 63
Thema des Monats:
Osterneumond – Ostervollmond 65

Mai 68
Kalendarium mit Los- und Schwendtagen 70
Der Garten im Mai 72
Arbeiten im Gemüsegarten 72
Arbeiten im Obstgarten 72
Zäune und Einfriedungen als Kulturmerkmale 73
Der Kräutergarten 74
Würze auf Vorrat 76
Arbeiten im Ziergarten 76
Thema des Monats:
Wunder und Strahlkraft der Blüte 77

Juni 80
Kalendarium mit Los- und Schwendtagen 82
Der Garten im Juni 84
Arbeiten im Gemüse- und Obstgarten 84
Arbeiten im Kräutergarten 84
Sonnwend- und Johannisfeuer 85
Arbeiten im Ziergarten 85
Hausbaum – Lebensbaum 86
Thema des Monats:
Almkulturen – Wissen und Brauchtum 88

Juli	90
Kalendarium mit Los- und Schwendtagen	92
Der Garten im Juli	93
Arbeiten im Gemüsegarten	93
Arbeiten im Obstgarten	94
Wildfrüchte des Sommers	94
Arbeiten im Ziergarten	95
Von Wanderimkern und Bienenfleiß	95
Thema des Monats:	
Pflanzen helfen Pflanzen	96
August	100
Kalendarium mit Los- und Schwendtagen	102
Der Garten im August	103
Kompostieren	103
Düngen im organischen Kreislauf	105
Arbeiten im Gemüsegarten	106
Okulieren, Äugeln	107
Arbeiten im Obstgarten	107
Kräuterbüschl	108
Arbeiten im Ziergarten	108
Thema des Monats:	
Schwingung, Erdstrahlung, Wasseradern	109
September	112
Kalendarium mit Los- und Schwendtagen	114
Lebens-Mittel und ihre feinstoffliche Zusammensetzung	116
Der Garten im September	116
Mulchen für einen lebendigen Boden	116
Lob des Regenwurms	117
Arbeiten im Gemüsegarten	117
Arbeiten im Obstgarten	119
Arbeiten im Ziergarten	119
Anlage einer Blumenwiese	119
Ernten und konservieren	120
Ernte im Obstgarten der Natur	122
Igel – putzig und effektiv	123
Thema des Monats:	
Steine, Sand und belebte Erde	124

Oktober	126
Kalendarium mit Los- und Schwendtagen	128
Der Garten im Oktober	129
Die Hecke – ein lebendes Stück Naturschutz	129
Schnecken – was tun?	131
Arbeiten im Gemüsegarten	132
Rote Bete	133
Sauerkraut	133
Ernte und Wintervorbereitung im Obstanger	135
Arbeiten im Ziergarten	136
Thema des Monats:	
Tagesrhythmen und Biorhythmus	137
November	140
Kalendarium mit Los- und Schwendtagen	142
Der Garten im November	143
Naturschutz ums Haus und im Garten	143
Arbeiten im Nutzgarten	144
Arbeiten im Ziergarten	147
Allerheiligen auf dem Friedhof	148
Thema des Monats:	
Holzschlag nach Zeichen	149
Dezember	154
Kalendarium mit Los- und Schwendtagen	156
Der Garten im Dezember	158
Barbarazweige	158
Disharmonien im Garten	159
Bienenwachs, Honig und Lebkuchen	160
Thema des Monats:	
Rauhnächte, Perchten und Hexen	161
Glossar	164
Aussaat-, Pflanz- und Pflegekalender von 1997 bis ins Jahr 2000	166
Register	174

Die Welt des Rupert Mayr

Als dreizehntes von fünfzehn Kindern ist Rupert Mayr auf einem Bergbauernhof in der hintersten Wildschönau im Tiroler Unterinntal geboren und aufgewachsen. Schon als Bub wollte er alles, was ihn umgab – Menschen und Tiere, Pflanzen, Wasser, Fels und Berge –, ganz genau erkunden.

Was gab es dort oben nicht alles zu beobachten und zu lernen. Seine Gesprächspartner waren außer den Eltern und den großen Geschwistern Holzknechte, Senner, Imker, Holzschuhmacher, Kräuterfrauen, Schintlklieber (Schindelmacher). Neugierig lauschte der Bub den Berichten über mancherlei Zeichen, die die Natur den Menschen gab und bis heute gibt, über unerklärliche Naturereignisse und geheimnisvolle Zusammenhänge zwischen Wachstum und Mondrhythmen, Wettergeschehen, über Bräuche und Traditionen, die sich seit Generationen überliefert haben. Noch als Jugendlicher begann er, eigene Erfahrungen zu machen. Dabei setzte er sich mit Überliefertem auch kritisch auseinander, stellte manches in Frage und übernahm schließlich nur das für sich, was ihm einsichtig schien, was er wirklich glauben konnte.

Rupert Mayr erzählt aus der Welt von gestern.

Wenn Rupert Mayr vom Alltag auf dem Bauernhof daheim erzählt, glaubt man sich als Zuhörer in eine Welt versetzt, die fast schon versunken schien. In den Bergdörfern und Alpentälern war es die herkömmliche bäuerliche Kultur, die die Menschen prägte. Man lebte in enger Verbundenheit mit der Natur in der Großfamilie, meist mehrere Generationen unter einem Dach, und praktizierte eine strenge Arbeitsteilung. Jedes Familienmitglied hatte seine festgelegten Aufgaben. Arbeit war nach den Vorstellungen des Vaters mehr als das halbe Leben.

Der Tag begann mit dem ersten Hahnenschrei, noch vor Sonnenaufgang machte man sich ans Tagwerk; um diese Zeit herrscht in der Natur die höchste Spannung, und der Mensch ist im Vollbesitz seiner Kräfte und Energie. Das haben die Alten schon immer gewußt und es von Generation zu Generation weitergegeben.

Natürlich ist der bäuerliche Alltag für jedes Familienmitglied längst Routine geworden, frühmorgens muß zum immer gleichen Zeitpunkt die Stallarbeit verrichtet werden, wartet auch auf die Hausfrau und die kleineren Kinder ihr tägliches Pensum. Von klein auf war jeder in die Lebens- und Arbeitsgemeinschaft Familie einbezogen.

Doch gab es im Tageslauf auch genau festgelegte Stationen zum Innehalten. Bevor sich die Schulkinder auf den Weg machten, saßen alle um den großen Tisch und aßen gemeinsam aus der großen Kupferpfanne das »Türkenkoch«, einen Milchbrei mit Weizen- und Maismehl. Natürlich war auch der »Engelsgruß«, das Morgengebet, eine Pflichtübung für alle.

Nach einem langen Arbeitstag freute man sich auf den Feierabend, verzehrte gemeinsam das einfache Nachtmahl mit noch kuhwarmer Milch, die aus der großen Holzschüssel gelöffelt wurde; dazu gab es gutes Hausbrot. Da wurde nicht gierig hinuntergeschlungen, sondern jeder Bissen mit Bedacht genossen. Täglich betete man am großen Tisch gemeinsam den Rosenkranz, danach gingen alle zu den Eltern und holten sich den Segen. »Bestimmt sind uns all diese Verrichtungen manchmal recht lang vorgekommen und haben unsere Geduld auf eine harte Probe gestellt. Und doch möchte ich solche Kindheitserinnerungen nicht missen«, meint Rupert Mayr heute nachdenklich.

Der Feierabend war dann aber auch die Zeit, zu der die Familie die Neuigkeiten des Tages austauschte. Oft kamen die Eltern ins Erzählen, und sie gaben mit ihren Geschichten so manche Erfahrung von Generationen an die Kinder weiter.

Und dann waren da die Feiertage und Feste im Jahreslauf, zu denen der Tisch üppiger gedeckt war

Die Welt des Rupert Mayr

Der idyllische Bergbauernhof in der Wildschönau, einem Hochtal Tirols, ist die Heimat des Autors.

und das Arbeitsgewand gegen die Tracht vertauscht wurde. Ein ganz besonderer Tag im Bauernjahr war der Kirchweihsonntag; um dieses Fest ranken sich zahlreiche Bräuche. Und Rupert Mayrs Großvater mütterlicherseits, Kajetan Margreiter, stolzer Bergbauer hoch auf Thierbach in der Wildschönau, pflegte zu sagen, daß ein Bauer dreimal im Leben Grund zum Weinen hat: wenn's Weibl (die Frau) stirbt, wenn's Haus abbrennt und wenn er den Kirchweihsegen versäumt.

Sitten und Traditionen spielten im Leben der Bauern eine wichtige Rolle; sie hatten ihren Ursprung vielfach im christlichen Glaubens- und Gedankengut, manche archaischen Bräuche aber sind wohl vorchristlichen, »heidnischen« Ursprungs.

Zu den prägenden Ereignissen im Leben des Rupert Mayr gehören die Sommer auf verschiedenen Almen: Breitegg, Unterberg- und Prädastenalm und besonders im Schönanger. Als einer von acht Sennern lebte er mit 200 Kühen vom Viehauftrieb im Mai/Juni bis zum Abtrieb im September dort. Die »Hägen« der Hochalm (Kuntlalm) waren aus massivem Fichtenholz (geschlagen zum günstigsten Zeichen, versteht sich) auf Steinschwellen gebaut und mit Holzschindeln gedeckt; in den Verbindungen staken selbstgefertigte Lärchenholzzapfen.

Tagsüber stand das Vieh im Stall, die Nächte verbrachte es auf den Weiden. Täglich zweimal wurden die Milchkühe handgemolken. In Holzsechtern, die etwa 25 Liter faßten, mußte die Milch zum Sammeln und Messen zur Schweizerhütte gebracht werden.

Das Tagwerk der Senner begann damals (und zwar bis Jacobi) um zwei Uhr morgens. Nach dem Melken waren die Beweidungen zu überwachen, Stallarbeiten zu verrichten, und in der Schweizerhütte wurde die Milch zu Butter, Käse und Topfen verarbeitet. Damals wurde alles von Hand gemacht. Auch Schweine hielt man auf den Almen, und sie hatten viel Freilauf. Jeder Metzger, der etwas auf Fleischqualität hielt, deckte sich mit auf der Alm herangewachsenen Tieren ein.

Besonders auf den großen Gemeinschaftsalmen, auf denen das Vieh mehrerer Bauern beisammen war, beschäftigte man eigene »Putzer«. Sie mußten die Weideflächen pflegen, sich um die Wassergräben kümmern, Wege, Zäune und auch die Schindeldächer in Ordnung halten. Ferner gehörte zu ihren Aufgaben das »Schwenden«. Mit dem Schwendhaggl, einer kurzen, starken Eisensense, wurden Farne, Stauden und Boschn (Jungbäume) abgehackt, damit sie auf den Weiden nicht überhand nahmen. Und gerade bei dieser Arbeit nutzte man das uralte Wissen von den richtigen Zeichen. So mancher Bauer verrichtete solche Arbeiten, wenn das Wetter entsprach oder er gerade Zeit hatte, und wunderte sich, wie schnell die abgeschlagenen Pflanzen wieder aufkamen, ganz so als hätten sie durch das Hacken erst einen Anreiz zum Wachsen bekommen. Die Bergbauern und vor allem Almerer wußten, was zu einem guten Schwendtag (s. Seite 165) gehört, nämlich abnehmender oder Neumond sowie unter sich gehender Mond und dazu ein Blütetag (s. Seite 23).

Rupert Mayr hat den Almpflegern ihr Wissen abgeschaut und sich schon damals eigene Gedanken und sogar Aufzeichnungen gemacht: »Viele Jahre später konnte ich noch feststellen, wo am richtigen Tag geschwendet worden ist. Ich habe manchmal abends noch einen Rundgang gemacht, mit einem Taschl voll Salz für das Vieh und mit dem Schwendhaggl. Die Stellen verfolge ich noch nach vielen Jahren aufmerksam. Der lästige Wurmfarn zum Beispiel blieb dort, wo ich im folgenden Jahr das Schwenden zum selben günstigen Zeichen wiederholt hatte, meist ganz ver-

Viel harte Arbeit brachte der bäuerliche Alltag für jedes Familienmitglied, aber auch Mußestunden am Feierabend.

Die Welt des Rupert Mayr

schwunden. – Wenn ich in meinen Vorträgen vor Bauern und Bäuerinnen, vor Gartenfreunden, Absolventen landwirtschaftlicher Schulen und Biologielehrern diese und ähnliche Erfahrungen erwähnte, haben mir viele aufmerksam zugehört, manche haben auch geschmunzelt. Doch wer mitdenkt und vor allem selbst ausprobiert, kann nur staunen, wie gut die Alten gewußt haben, wann uns die Natur die richtigen Zeichen gibt. Allerdings gibt es nicht jedes Jahr ideale Schwendtage für diesen Zweck

Wir lebten in engstem Kontakt und im Rhythmus mit der Natur. Durch unsere Arbeit waren wir mit den Weidegründen und ihren Pflanzen und vor allem mit den Tieren eng verbunden – und natürlich auch mit den Lebensmitteln, die wir erzeugten. Wir wußten, wie eine Weide beschaffen sein muß, damit die Milch gehaltvoll und würzig wird. Wir kannten jeden Flecken und auch die alten Namen, die ihnen unsere Vorfahren gegeben hatten: der Anger, das Tret, der Weithag, die Bracha, die Bära, die Haboit, das Töppl, das Butterbödl, der Saugraben, der Kasrain.«

Bergbauer wollte Rupert Mayr werden wie seine Vorfahren in langer Ahnenreihe, bäuerlicher Selbstversorger wie noch die Eltern; denn viel bedeutete ihm von Kindheit an das Eingebundensein in eine harmonische Familie. Er hatte eine gute Hand für Pflanzen und Tiere, Geschick im Umgang mit bäuerlichem Gerät und dazu diese enge Verbundenheit mit der Natur und all ihren Erscheinungen.

Doch es kam anders. Als jüngerer Sohn einer kinderreichen Familie gab es kaum Möglichkeiten, solche Zukunftsträume zu verwirklichen. So sann er auf Aus- und Weiterbildung. Er schaffte schließlich die Aufnahme in die Höhere Lehranstalt für Alpenländische Landwirtschaft in der Steiermark. Sein Wissensdurst führte ihn nach England auf die Farm von Lord Reyland, er absolvierte Praktika in der Bundesversuchsanstalt Gumpenstein. Sein ganz spezielles Interesse galt den inneren Zusammenhängen vieler Naturkreisläufe, er machte sich laufend und regelmäßig Aufzeichnungen über Aussaat-, Pflanz-, Dünge- und Erntezeitpunkte, legte ganze Versuchsreihen an. Das meiste von seinem heutigen Wissen hat er sich erarbeitet und nicht nur angelesen. So hatte er, als er schließlich an der Pädagogischen Akademie in Innsbruck zu studieren begann, schon einen reichen

An Feiertagen und bei Familienfesten trugen Frauen ihre schöne Tracht; die Mutter des Autors (rechts) mit der Patin der Kinder.

Erfahrungsschatz beisammen. Sein Bild von der Natur und den Kräften, die in ihr wirksam sind, gab ihm festen Boden unter den Füßen, als er sich als Lehrer im Tiroler Unterland niederließ, eine Lehrerin heiratete, die wie er aus einer kinderreichen Bauernfamilie stammt, und mit ihr eine Familie und eine lebenswerte Existenz gründete.

Die beiden haben sich mit den vier Kindern, dem gemütlichen Haus, dem riesigen Garten und dem Bienenhaus in Niederndorf im Unterinntal ein kleines Paradies geschaffen, von dem sie buchstäblich zehren.

Sinnvolle Lebensführung und gesunde Ernährung der Familie haben sie sich zum Ziel gesetzt. Das ist auch der Grund, warum sie in ihrem schönen Garten so vieles und Vielfältiges selbst heranziehen. Sie wissen, daß nur wahre »Lebensmittel«, die in Harmonie

Die Welt des Rupert Mayr

Brotbacktag: Mutter Mayr, die Leirerbäuerin, holt die knusprigen Laibe, einen nach dem anderen, aus dem Backofen.

mit der Natur herangezogen werden, zu Gesundheit, Spannkraft und Ausgeglichenheit verhelfen. Das ist auch der Grund, warum Rupert Mayr mit soviel Hochachtung von der Selbstversorgung am elterlichen Hof spricht und warum er sich wie seine Vorfahren am »bäuerlichen Jahr« mit dem Wechsel der Jahreszeiten und dem vorwiegend religiösen Brauchtum orientiert.

Er gibt sein Wissen und seine Erfahrungen nicht nur an seine Kinder und die Schüler weiter, mit denen er einen praktischen und interessanten Schulgarten angelegt hat und kultiviert; er ist auch im weiten Umkreis ein gesuchter Referent, wenn es um Fragen des Naturschutzes, der biologischen Landwirtschaft und des Gartenbaus, um die Bienenzucht, natürliche Nahrungsmittel, die Bewahrung wertvoller Obstbaumsorten, aber auch um die Deutung kosmischer Zeichen geht.

Seine Maxime lautet: »Wir sollten jeden Tag mit guten Gedanken beginnen und versuchen, aus jedem Tag etwas zu machen. Wenn wir wirklich aufgeschlossen sind, können wir in unserem Umfeld täglich die Kräfte der Natur aufspüren und für uns nutzen.«

Die Kupferkessel in der Schweizerhütte der Schönangeralm müssen peinlich sauber gehalten werden: Josef Mayr, der Vater des Autors.

JANUAR

Kalendarium mit Los- und Schwendtagen

Garten und Hausumfeld im Januar

Gartenpläne für Frühjahr und Sommer

Vom Segen der Brache

Vierjahresrhythmus im Garten

Thema des Monats:
Sonne, Mond und Sterne – die Natur gibt uns Zeichen

JANUAR
Jänner, Hartung, Eismond

Lautstark und mit viel Krach wird heutzutag Schlag 12 das neue Jahr begrüßt; das Böller- und Neujahrsschießen hat aber schon eine lange Tradition. Doch in manchen Gegenden des Alpenlandes verabschiedet man sich vom alten Jahr bis heute still und schlicht, wie es sich in einer Rauhnacht eigentlich gehört. Die erste Woche im Januar ist noch Teil des weihnachtlichen Festkreises. – Aber der Tag hat sich ja schon gedreht, er wächst wieder, die Sonne zeigt sich öfter. Ein Jahresanfang mit Kälte und viel Schnee war für den Bauern früher normal, tanzte der Jänner aus der Reihe, war das kein gutes Omen. »Jänner warm, daß's Gott erbarm!« oder »Januar muß krachen, soll der Frühling lachen«, hieß es.

Los- und andere Bauerntage | **Bauern- und Wetterregeln**

1.1. Neujahrstag; Lostag, Schwendtag? — *Morgenrot am ersten Tag, Unwetter bringt und große Plag*
2.1. Basilius; Schwendtag?
4.1. Angela; Schwendtag?
5.1. Emilie, Dreikönigsabend; Große Rauhnacht — *Ist Dreikönig hell und klar, gibt's viel Wein in diesem Jahr*
6.1. Dreikönigstag (nach dem alten Kalender der 19.1.); Lostag, Schwendtag?
8.1. Erhard, Severin; Kartertag — *Erhart mit der Hack tuat kartn und steckt die Weihnachtsfeiertag in Sack*

Zur Monatsmitte hin herrscht oft typisches Winterwetter mit klirrender Kälte und ein paar Stunden Sonnenschein am Nachmittag. Diese »saftfreie« Zeit nutzte man zur harten Holzarbeit im Wald.

17.1. Antonius (Viehpatron) — *Wenn Antoni die Luft ist klar, gibt es gern ein trocknes Jahr*
20.1. St. Sebastianitag, Fabian (3.2.); Schwendtag? — *Fabian, Sebastian – da fängt der rechte Winter an*

Gegen Monatsende sind die Tage schon länger, die Sonne steht höher. Sie kann jetzt den winterlichen Garten im Morgenreif zur Märchenlandschaft verzaubern – vor allem dort wo man die Dolden- und Korbblütler oder Staudengräser in den Rabatten aufrecht in den Winter gehen ließ.

22.1. St. Vinzenztag (4.2.); Holzknechtsfeiertag, Lostag, Schwendtag? — *Wie das Wetter um Vinzenz war, wird es sein das ganze Jahr*
25.1. Pauli Bekehr (7.2.); Lostag, Halbwintertag — *Ist Pauli Bekehr 's Wetter schön, wird's ein gutes Frühjahr gebn, ist's an dem Tag aber schlecht, dann kimmt es spat als fauler Knecht*
30.1. Martina — *Bringt Martina Sonnenschein, hofft man auf viel Korn und Wein*

Mutmaßliche Witterung
Auf eine kurze Frostperiode folgen in der ersten und zweiten Januarwoche mildere, regnerische Tage. Um den 15. setzt dann meist trockener Frost ein; die tiefsten Temperaturen sind zwischen 20. und 24. des Monats zu erwarten, vor allem wenn es auch eine Schneedecke gibt.

JANUAR

Nur ganz allmählich merken wir, daß der Tag jetzt wieder wächst, vor allem wenn um die Monatsmitte trotz strengem Frost die Sonnenstrahlen schon wärmende Kraft haben. Langsam und fast mit Bedauern lösen wir uns aus dem bis zum Dreikönigstag dauernden, engeren Weihnachtsfestkreis. Wir möchten die Traulichkeit und häusliche Behaglichkeit, den Duft von Tannenzweigen und Lebkuchen am liebsten ein Stückweit mitnehmen ins Jahr. Der Blick aus dem Fenster, die kalte oder verschneite Landschaft draußen, der Garten im Winterschlaf lassen uns noch innehalten und die behagliche Stube besonders genießen. – Dann, nach der Monatsmitte, lockt es uns aber immer öfter ins Freie hinaus, zu Spaziergängen oder zum Wintersport, aber auch zu manchem Kontrollgang durch den Garten. Wir blättern in Gartenbüchern und Pflanzenkatalogen, und im Geiste beginnen wir Pläne zu machen für die kommende Wachstumsperiode. Zwar sind Keller und Vorratsraum noch gut gefüllt mit eingewintertem Gemüse und Obst, mit Marmeladen, Säften und Sauerkraut, aber wir ahnen doch, daß das Gartenjahr nun bald seinen Anfang nimmt. – *Was uns in dieser immer noch dunklen Zeit aber auch in den Sinn kommt, ist die Wirkung, die das Licht und die Stellung von Mond und Gestirnen auf Pflanzen und Tiere, aber auch auf uns Menschen und unser Fühlen und Tun haben. Es lohnt sich gewiß, darüber nachzudenken.* – Ebenso wie wir nach klirrend kalten Nächten die Eisblumen an den Fensterscheiben ungeheizter Räume einmal genauer betrachten sollten. Diese vergänglichen Gebilde, die der Frost in unnachahmlicher Schönheit und Zerbrechlichkeit formt, sehen nämlich an einem Stallfenster ganz anders aus als an einer Schaufensterscheibe oder am Fenster eines Kinderzimmers.

Unter dichter Schneedecke ruht noch alles im Winterschlaf; doch Leben ist selbst in einem so knorrigen alten Stamm.

Garten und Hausumfeld im Januar

Sicher, die Eiskrallen des Frostes haben die Beete noch im Griff, oder sie liegen unter einer dicken, weichen Schneeschicht. Doch an frostfreien Tagen können immer noch Grünkohl, Rosenkohl, Porree und sogar Topinambur und Schwarzwurzeln geerntet werden. Die im Frühbeet eingeschlagenen Chicoréewurzeln kommen jetzt in den Keller, um senkrecht stehend in lockerer Erde oder Sand anzutreiben. Da das nur bei Dunkelheit funktioniert, wird ein Eimer oder ein großer Blumentopf darübergestülpt. Im Keller darf es allerdings nicht zu warm sein, weil die Pflanzen sonst verlausen.

Von den letztjährigen Trieben der Obstbäume können wir in diesem Monat bleistiftdicke Edelreiser zur Vermehrung unserer Lieblingssorten schneiden. Doch es soll dafür auf keinen Fall zu kalt sein, Temperaturen um den Gefrierpunkt sind am günstigsten (s. Seite 30).

JANUAR

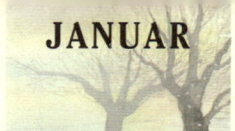

Gartenpläne für Frühjahr und Sommer

Auch wer nur einige wenige Beete mit Gemüse und Erdbeeren in seinem Garten hat, sollte schon jetzt einen genauen Plan machen und festlegen, welche Pflanzen in diesem Frühjahr, Sommer und Herbst an welchem Standort kultiviert werden sollten.

AUF DIE FRUCHTFOLGE KOMMT ES AN. Auch wenn ein Garten seit langem Kulturland ist und die Beete ausreichenden Nährstoffnachschub in Form von reifem Kompost und Gesteinsmehl erhalten, kommt es zur Bodenmüdigkeit, wenn immer wieder die gleichen Gemüse am selben Platz stehen. Diese aber führt im Laufe der Jahre dazu, daß manche Nährstoffe stärker reduziert werden als andere, daß die Pflanzen trotz gleichmäßiger Versorgung mit Dünger Mangelerscheinungen zeigen, daß Schädlinge und Pilzkrankheiten überhand nehmen. *Fruchtwechsel* heißt deshalb das Zauberwort.

Zu den klassischen Gartenweisheiten gehört die Regel, daß den Starkzehrern unter den Pflanzen möglichst schwachzehrende, also den Boden nur wenig beanspruchende folgen sollten und umgekehrt. Ich selbst habe in vielen Gartenjahren die Erfahrung gemacht, daß noch etwas anderes eine wichtige Rolle spielt, nämlich ob die eßbaren Teile *unter* oder *über* der Erde wachsen. So folgen in unserem Garten den Pflanzen, die ihre Früchte unter der Erde haben (z. B. Kartoffeln, rote Beten, Zwiebeln, Möhren) solche Gemüse nach, die über der Erde fruchten. Und auch bei ihnen wechseln wir zwischen »wasserzügigen« Pflanzen wie Blattsalaten und Kohl einerseits und Hülsenfrüchten wie Bohnen und Erbsen andererseits.

VOM SEGEN DER BRACHE. Wir erinnern uns aber auch an die überlieferte Dreifelderwirtschaft unserer Vorfahren und vergessen nicht, daß Gartenbeete und Äcker nach Jahren mit guten Erträgen wieder einmal brach liegen müssen, damit der Boden rasten und sich erholen kann. Besonders Klee ist gut geeignet, einem Beet »im Ruhestand« den nötigen Schutz zu geben und ihm wichtige Nährstoffe zuzuführen. Aber auch Lupinen und Phacelia tun gute Dienste und sehen noch dazu wunderschön aus, wenn sie in Blüte stehen; ebenso eine Mischung aus Roggen und

Eisblumen, die der Frost an die Scheibe malt, sind vergängliche Kunstwerke der Natur.

Lupinen oder von Klee und Phacelia. Da ich selbst auch an meine Bienen zu denken habe, lasse ich das »Bienenkraut« Phacelia erst einmal kräftig blühen. Für den Boden aber ist es natürlich am besten, die Gründüngung nach der Aussaat mit reifem Kompost zu versorgen, sie noch vor der Blütenbildung abzumähen und als Mulch auf dem Beet liegen zu lassen, während der Neuaufwuchs wieder eine Düngergabe bekommt. So geben wir dem Boden auf sinnvolle Weise zurück, was er uns an Erträgen geschenkt hat.

Garten und Hausumfeld im Januar

Vierjahresrhythmus im Gemüsegarten

1. Jahr: Fangen wir der Einfachheit halber mit der Kartoffel an. Durch sie wird der Boden bestens bereitet; außerdem ist sie ideal für verschiedene Folgekulturen. Als Selbstversorger brauchen wir für unsere sechsköpfige Familie etwa 60 Quadratmeter Kartoffelland.

Den Frühkartoffeln, die bereits im Juli geerntet werden können, folgen Wintersalate wie Zuckerhut und Endivien. Haben wir uns in diesem ersten Jahr für Spätkartoffeln entschieden (denen frühe Salate vorausgegangen sind), so können wir erst im September ernten. Anschließend säen wir nach einer Kompostgabe im Herbst nur noch Gründünger wie Phacelia aus. Diese Kultur treibt schon nach zehn Tagen durch die Mulchdecke, die schützend auf dem Beet liegt, und wird bis Allerheiligen noch 10-15 Zentimeter hoch. Erst dann läßt sie der erste Frost zusammenfallen.

2. Jahr: Die gut vorbereitet in den Herbst gegangenen Kartoffelbeete vom letzten Jahr nehmen nun Kohlgewächse auf und lassen Rotkohl, Weißkohl, Wirsing, Blumenkohl, Kohlrabi, Grünkohl, Rosenkohl bestens gedeihen. An die Ränder kommen zur optischen Auflockerung, aber auch weil sie gute Nachbarpflanzen sind, Tagetes und verschiedene Gewürzkräuter. Im Frühjahr sind die ersten Salate, die schon bald ihren Platz wieder freimachen, geeignete Randkulturen. Wegen der Wasserzügigkeit der Kohlgewächse ist den ganzen Sommer lang für eine ausrei-

Die Bestellung der Gemüsebeete wechselt im praxiserprobten Vierjahresrhythmus.

JANUAR

chende Mulchdecke Sorge zu tragen. Zwischendurch wird das Gedeihen der Gemüse durch einen Guß mit verdünnter Brennesseljauche unterstützt, und zwar je nach Boden, Witterung und Kultur bis zwei Monate vor der Ernte. Mit Kräuterbrühen und dem Auslegen von Wermuthzweigen beugen wir der Kohlweißlingsraupe, dem »Krautwurm«, vor. Da die Kohlarten erst spät zur Ernte anstehen – das Weißkraut kann bis Allerheiligen zum Sauerkrauteinschneiden geerntet werden – ist die Einsaat von Gründüngung nicht mehr möglich. Wir lockern den verdichteten Boden grobschollig mit der Grabgabel, ohne dabei die Schollen zu wenden. Darüber kommen reifer Kompost und Grasmulch.

3. Jahr: Jetzt sind die Gemüse an der Reihe, die *im* Boden fruchten sollen: Zwiebeln und Karotten abwechselnd in Reihen, dazu Porree und Petersilie und vor allem reichlich rote Bete (Rohner), für die wir eine besondere Vorliebe haben (s. Seite 133). Einjährige Kräuter finden an den Beeträndern noch Platz. Schon bald werden die jungen Kulturen mit Kräuterbrühe und Brennesseljauche versorgt und widerstandsfähig gemacht. Ab Anfang August brauchen Porree und rote Bete mäßige Gaben von reifem Kompost. Für alle Pflanzen ist Mulchen wichtig, außerdem muß der Boden öfter durch Hacken gelockert werden.

4. Jahr: Und wieder ist Fruchtwechsel angesagt. Jetzt bauen wir die verschiedenen Erbsenarten an, außerdem den Zuckermais. Wenn wir besonders viel Zuckermais wünschen, räumen wir den hochwachsenden Pflanzen größeren Raum ein und umgeben sie mit Stangenbohnen. Bei guter Nährstoffversorgung werden sie bald hochranken, üppig blühen und fruchten. Erbsen und Bohnen mögen sich als direkte Nachbarn nicht besonders, aber man kann sie durch eine Reihe Sonnenblumen oder Lupinen auf Abstand halten. Wir bauen Erbsen meist zweimal hintereinander an, denn die zweite Aussaat um Jakobi (25. Juli) versorgt uns mit frischen Erbsen bis Allerheiligen.

Auf keinen Fall die Blumen vergessen, damit im Frühling, Sommer und Herbst etwas blüht, der Garten voller Farbe und Wärme ist. Denn wir wollen uns ja, wenn wir um die Beete gehen, nicht nur auf die Früchte unserer Arbeit freuen, sondern auch die Schönheit, den Duft und die Aura der Blüten genießen.

Sogar nach dem ersten Kälteeinbruch mit Schnee hatten wir beispielsweise am 8. November 1995 noch eine prächtige Erbsenernte. Dort wo die Bohnen gestanden haben, wird der Boden im Herbst durch Gründüngung (Roggen oder Wicken oder Klee) wieder aufgewertet.

Eine besondere Rolle in unserem »Umtrieb« haben Erdbeeren, Gurken, Tomaten und Paprika, denn sie alle können mehrere Jahre (Erdbeeren mehr als fünf Jahre) am selben Standort gedeihen und fruchten. Sie finden dort Platz, wo im Vorjahr Brache war oder einjährige Blumen gestanden haben. Soweit die Gewürzpflanzen nicht in der Kräuterspirale (s. Seite 74/75) Platz finden, bereichern Salbei, Lavendel, Thymian und andere Duftspender den Steingarten und dienen den Polsterstauden als gute und heilwirksame Nachbarn.

Mit diesem Anbauplan im Vierjahresrhythmus haben wir seit vielen Jahren beste Erfahrungen gemacht; es versteht sich von selbst, daß alle Arbeiten an den Beeten zum richtigen Zeitpunkt, d. h. in der den jeweiligen Pflanzen zugeordneten Mondphase vorgenommen werden, also beispielsweise Maßnahmen für Blattgemüse an Blattagen, für in der Erde fruchtende Pflanzen an Fruchttagen oder Wurzeltagen (s. Seite 23/24).

Wichtig ist auch, daß wir auf keinen Fall die Blumen vergessen, damit im Frühling, Sommer und Herbst etwas blüht, der Garten voller Farbe und Wärme ist. Denn wir wollen uns ja, wenn wir um die Beete gehen, nicht nur auf die Früchte unserer Arbeit freuen, sondern auch die Schönheit, den Duft und die Aura der Blüten genießen.

Wer einen Garten an einem Platz neu anzulegen hat, wo vorher Grünland war oder nach dem Hausbau erst angeschüttet wurde, der tut gut daran, zur Bodenbelebung eine Kleemischung einzusäen und diese immer kurz vor der Blüte abzumähen. Noch tiefer dringen die Wurzeln vom Roggen, am besten mit Lupinensamen gemischt, in den Boden ein und sorgen für eine Anreicherung der Erde mit organischen Stoffen. Erst im folgenden Jahr sollte dann mit dem Anbau von Kartoffeln der Vier-Jahres-Zyklus beginnen.

Thema des Monats

Daß uns die Natur in Gestalt von Sonne, Mond und Planeten immer wieder Zeichen gibt, und daß wir den von ihr vorgegebenen Rhythmen in vielen Dingen nur zu folgen brauchen, konnte ich schon als Kind auf unserem abgelegenen Bergbauernhof lernen.

Wie ihre Vorfahren über Jahrhunderte haben auch meine Eltern viele Arbeiten in Haus, Hof, Feld und Wald dem Rhythmus angepaßt, der sich an den »Gestirnen« und anderen Naturerscheinungen ablesen läßt.

Noch als Kind habe ich Eltern und Großeltern mit allerlei Fragen über Himmel, Mond und Sterne traktiert, den Holzknechten voll Neugier bei der Arbeit zugesehen, als Jugendlicher Bauern, Senner und Imker ausgehorcht, Schintlklieber (Holzschindelmacher) und Holzschuhmacher befragt und auch gelernt, die Pflanzen mit den Augen von weisen Kräuterfrauen anzusehen. Natürlich kam später auch Bücherwissen dazu; in alles, was ich zu diesem Themenkomplex auftreiben konnte, habe ich mich eingelesen. Irgendwann vor mehr als 30 Jahren begann ich, eigene Erfahrungen zu sammeln, aus ihnen meine Schlüsse zu ziehen und diese notfalls auch wieder zu korrigieren.

Im Laufe der Zeit mußte ich lernen, daß es keine endgültigen Antworten auf viele meiner Fragen gibt, daß die Natur unendlich vielfältig ist und tausend Facetten hat. Ich mußte erfahren, daß das erlangte Wissen immer nur ein Körnchen der Wahrheit sein kann.

Auch wäre es allzu simpel und eindimensional gedacht, wollte man allein aus den Konstellationen der Gestirne oder den Phasen des Mondes allgemeingültige Rezepte für Gesundheit und Wohlergehen, für Erfolg und Mißerfolg in Garten und Feld ableiten, denn auch andere wichtige Faktoren spielen ihre Rolle im vielgestaltigen Naturgeschehen.

Die kosmischen wie die biologischen Zusammenhänge sind kompliziert, die Vernetzung der Systeme ist unendlich vielfältig, einfache Regeln fürs tägliche Leben sind da nicht zu haben, denn wir bewegen uns immer nur am Rand der Erkenntnis.

Gewiß, auch ich habe mich früher viel unbefangener über alle diese Phänomene geäußert. Heute aber weiß ich und muß ich respektieren, daß wir hier einem komplizierten, höchst sensiblen Bereich gegenüberstehen, in dem es nicht darum gehen darf, irgendwelche Sensationen zu verbreiten.

Was wir aber brauchen, ist eine ganzheitliche Sicht der Zusammenhänge. Wer daraus Nutzen für den Alltag ziehen will, der muß mitdenken, selbst Erfahrungen sammeln und den Erfahrungsaustausch mit Praktikern pflegen.

Sonne, Mond und Sterne – die Natur gibt uns Zeichen

Was das Ergründen der kosmischen Einflüsse auf unser Leben so schwierig macht, ist vor allem unser Eingebundensein in eine vollständig technisierte und rationalisierte Umwelt. Hinzu kommt der Hang vieler Menschen zu erschreckender Vereinfachung; oft werden die alten Weisheiten und Erfahrungen ohne den ursprünglichen Bezugspunkt zur Lebenspraxis benutzt, um viel zu simple Pauschalregeln daraus abzuleiten. Bereitwillig nimmt ein großes Publikum solche Rezepte auf, die eigenes Denken und Beobachten scheinbar überflüssig machen.

Das Wissen der Jahrtausende

Die Erforschung des Weltalls interessiert und bewegt nicht nur den Wissenschaftler, sondern auch den Laien – und das nicht erst seit der spektakulären Mondlandung. Schon in frühesten Zeiten der Menschheitsgeschichte ahnten unsere Vorfahren, daß Katastrophen wie Überschwemmungen, Dürre und Hungersnot auch mit Himmelserscheinungen zu tun haben. Schon immer in der Geschichte der Menschheit hatte die Himmelsbeobachtung einen direkten Bezug zum Alltag, ja zu den elementarsten Grundlagen des Lebens. Ohne die Zeit- und Ortsbestimmung nach Gestirnen, das Kalenderwesen, wäre eine höhere kulturelle Entwicklung nicht denkbar gewesen. Schon früh erlangten die Menschen eine erstaunliche

Thema  des Monats

Kenntnis von den Gestirnen und ihren Einflüssen auf Pflanzen, Tiere, Menschen, die in zahllosen Aufzeichnungen niedergelegt sind. Bauwerke, die sie uns hinterlassen haben, verraten Kenntnisse, die uns staunen machen. Vieles können wir trotz aller uns zu Gebote stehenden wissenschaftlichen Hilfsmittel bis heute kaum nachvollziehen.

Trotz der stürmischen Entwicklung unserer Tage stieß auch die Himmelskunde, also die Astronomie, immer wieder an die Grenzen menschlichen Begreifens und technischer Möglichkeiten. Bis heute tun sich stets neue Fragen auf und ergeben sich immer wieder weitere Problemstellungen; viele Geheimnisse bleiben.

Vom Mond und dem Tierkreis

Um die Sonne, die uns Licht, Wärme und damit Leben spendet, gruppieren sich die Planeten und ziehen ihre ewigen Kreise. Alle Wandelsterne, die zu unserem Sonnensystem gehören, bewegen sich – vereinfacht dargestellt – vor einem Sternbildband, dem Tierkreis. Auf ihm sind die zwölf Tierkreiszeichen angeordnet, die als Folge der jeweiligen Stellung zur Sonne unterschiedlich starke Kräfte auf alles Lebendige ausüben. Die kosmischen Wirkungen auf den Boden und die Pflanzen sind also je nach Konstellation der Planeten verschieden.

Besonders nahe und entsprechend groß und deutlich sichtbar aber ist für uns der Himmelskörper, der als natürlicher Satellit unsere Erde umkreist – der Mond. Sein Licht ist reflektiertes Sonnenlicht. Er braucht für eine Umrundung der Erde rund 27,3 Tage *(siderische Umlaufzeit)*, also etwas weniger als einen Monat. Diese Umlaufzeit entspricht der Zeitspanne zwischen zwei aufeinanderfolgenden Durchgängen des Mondes durch den Stundenkreis eines bestimmten Fixsterns. Der *synodische Monat* ist dagegen der Zeitraum zwischen zwei aufeinanderfolgenden gleichen Mondphasen, er dauert von Neumond zu Neumond rund 29,6 Tage.

Befindet sich der Mond auf seiner Bahn exakt zwischen Sonne und Erde, so sprechen wir vom *Neumond* (kleiner Schein), denn auf die uns zugewandte Seite des Mondes fällt dann kein Sonnenlicht. Liegt aber die Erde genau zwischen Sonne und Mond, so wendet er uns die von der Sonne beschienene Seite zu, es herrscht für uns *Vollmond* (großer Schein).

Vom Neumond an nimmt der Mond bis ins erste Viertel und weiter bis zum Vollmond zu; vom Vollmond an nimmt er über das letzte Viertel bis zum nächsten Neumond wieder ab. Erstes und letztes Viertel werden im Volksmund *Halbmond* genannt. Ob der Mond gerade abnehmend oder zunehmend ist, zeigt sich an der Form seiner Sichel: bei zunehmendem Mond hat sie die Form der Rundung eines ℨ in der Kurrentschrift, bei abnehmendem Mond aber die Rundung des alten deutschen 𝔄.

Alle diese Begriffe beziehen sich also auf die jeweilige Phase des Mondes, seinen Stand. Außer dem zunehmenden und abnehmenden Mond aber unterscheiden wir auch noch den aufsteigenden (über sich gehenden) Mond und den absteigenden (unter sich gehenden) Mond. Die beiden letzteren Begriffe beziehen sich auf den Stand des Erdtrabanten im Tierkreisband. Dem absteigenden Mond werden die Tierkreiszeichen Zwillinge, Krebs, Löwe, Jungfrau, Waage und Skorpion zugeordnet, dem aufsteigenden Mond die Sternzeichen Schütze, Steinbock, Wassermann, Fisch, Widder und Stier.

Mit einer Pferdestärke brachten die Brüder Hans und Lambert das geschlägerte Holz zu Tal.

Sonne, Mond und Sterne – die Natur gibt uns Zeichen

Der Stand von Sonne, Mond und Sternen bestimmt nicht nur Jahreszeiten und Wetter, sondern unser ganzes Leben.

Der Mond passiert bei einer Erdumrundung alle zwölf Zeichen des Tierkreises, er braucht also zwei bis drei Tage, um zum jeweils nächsten Sternzeichen zu gelangen. Den Tierkreis durchwandert er in einem Jahr also 13 mal.

Da sich siderischer und synodischer Monat nicht entsprechen, stellen wir von Monat zu Monat nicht nur die Veränderung um ein Sternzeichen zum jeweils gleichen Erscheinungsbild des Mondes fest, sondern auch, daß sich in jedem Jahr sechsmal ein Sternzeichen im zunehmenden und genauso oft im abnehmenden Mond befindet. Es dauert mindestens 18,9 Jahre, bis sich der Mond zum selben Datum wieder im gleichgroßen Schein und im selben Tierkreiszeichen befindet.

Soweit der Augenschein, also das, was wir am Himmel jederzeit beobachten können. Doch der Stand von Sonne und Mond bedingt auch ganz bestimmte Wirkungen.

Die Wirkung der Gestirne

Wir wissen von der Anziehungskraft des Mondes auf die Erde; sie ist 2,8 mal größer als die der Sonne. Während seines Umlaufs ist der Erdtrabant unterschiedlich weit von unserem Planeten entfernt, der Abstand wechselt von 356000 Kilometern (erdnächster Punkt) bis 406700 Kilometern (erdfernster Punkt). Die Differenz beträgt also rund 50000 Kilometer. Es leuchtet ein, daß sich die Wirkung des Mondes je nach Erdnähe verstärken oder abschwächen muß. Die vom Mond ausgehenden Impulse sind also nicht immer gleich.

Alles stark Wasserhaltige auf unserer Erde ist den Kräften des Lichtes, das der Mond reflektiert, besonders stark ausgesetzt; das gilt für Menschen und Tiere ebenso wie für die Pflanzen, unter ihnen vor allem die »wasserzügigen«, zum Beispiel Blattsalate, Kohlgemüse, Spargel u.a.

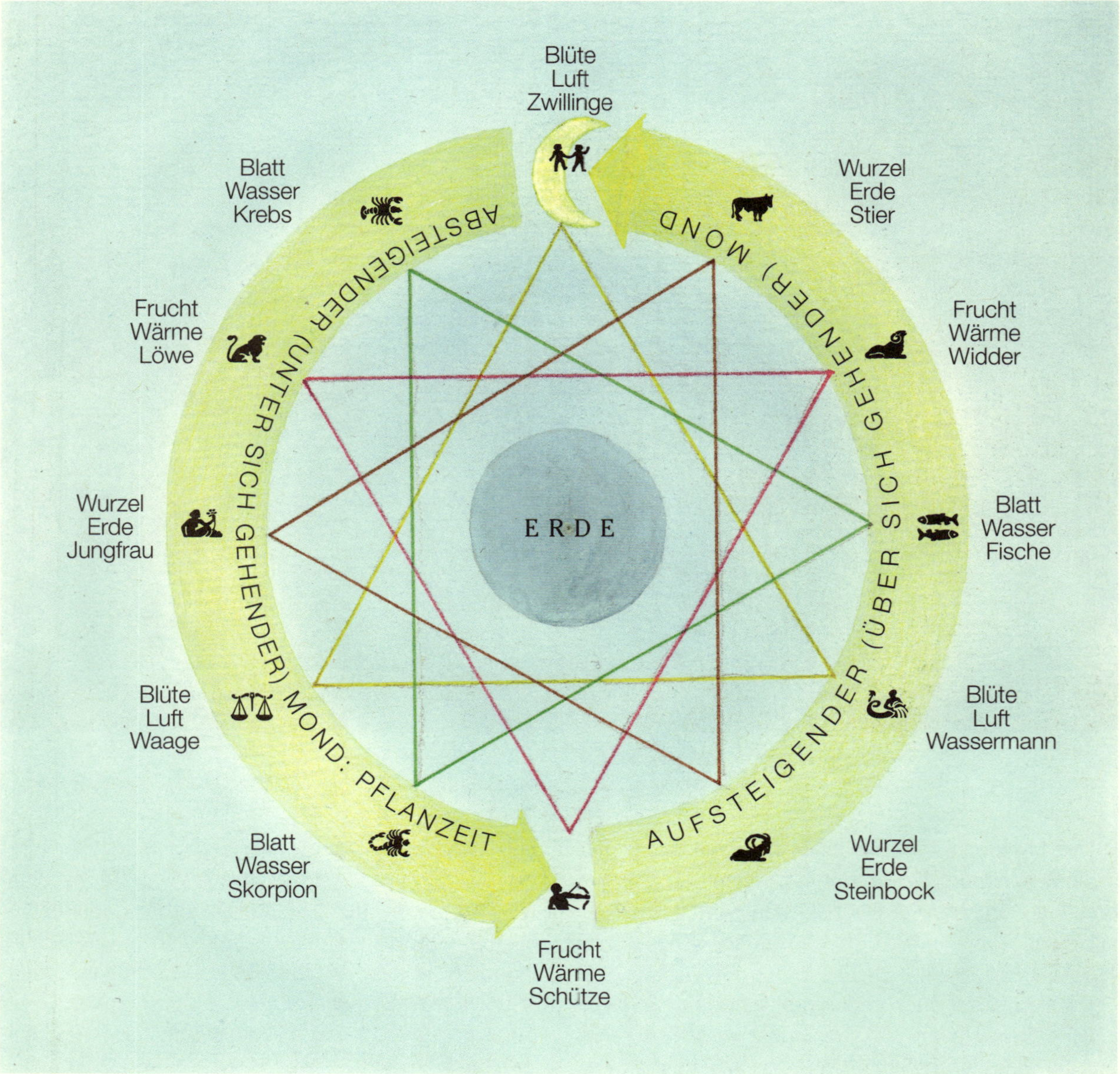

Thema  des Monats

Impulse des Mondes und Sternzeichen

Immer wenn der Mond vor ein anderes Sternbild geht – das geschieht wie gesagt alle zwei bis drei Tage – ändern sich die Impulse, die er auf die Erde aussendet. In den meisten Bauern- und Aussaatkalendern werden diesen Abschnitten der Mondbahn jeweils volle Tage zugeordnet, so daß wir es dort nicht mit ganz exakten Daten, sondern eher mit Annäherungswerten zu tun haben.

Wir können Einzelimpulse des Mondes unterstützen und sogar noch verstärken, wenn wir beispielsweise im Garten je nach Mondphase bestimmte Tätigkeiten (Düngen, Säen, Pflanzen, Vermehrung, Mulchen, Gießen, Bodenbearbeitung, Ernten) ausführen. Durch gewisse Planeten-Oppositionen (Gegenschein, Winkelstellung von Planet und Mond, Erdnähe und Erdferne, Trigonstellungen etc.) können Impulse durchaus verstärkt, aber unter Umständen auch ganz aufgehoben werden.

Sonne, Mond und Sterne – die Natur gibt uns Zeichen

Impulse auf die Pflanzen

Menschen und Tiere sind nicht an bestimmte Standorte gebunden, wohl aber die Pflanzen, die daher ständig auf Impulse von außen angewiesen sind. Wir Menschen unterliegen zwar auch dem Rhythmus der Jahreszeiten und den Gesetzen des Werdens und Vergehens, doch können wir als vernunftbegabte Wesen bis zu einem gewissen Grad unserem eigenen Willen folgen und über uns selbst bestimmen. Pflanzen aber brauchen auf dem ihnen zugewiesenen Platz außer bestimmten Klima- und Bodenbedingungen sowie der Fürsorge und Pflege durch den Gärtner auch Impulse aus dem Kosmos.

Die Gesetze der Photosynthese besagen, daß Pflanzen ohne das Licht der Sonne nicht leben und sich fortpflanzen können. Aber auch andere elementare Kräfte wirken auf sie ein, nämlich Erde, Wasser, Luft/Licht und Wärme. Diese »Elemente« lassen sich aufgrund der Erfahrung und Überlieferung vieler Jahrhunderte bestimmten Sternbildern bzw. Tierkreiszeichen zuordnen:

- Das Element *Erde*, das den Tierkreiszeichen *Stier, Jungfrau* und *Steinbock* zugeordnet wird, gibt Impulse an Pflanzen, die in der Erde fruchten (Trigon für Wurzelimpulse)
- Das Element *Wasser*, den Tierkreiszeichen *Fisch, Krebs* und *Skorpion* zugehörig, unterstützt Pflanzen im Wachstum, deren genießbare Teile Blätter sind (Trigon für Blattimpulse)
- Das Element *Luft/Licht*, das wir mit den Sternbildern *Zwillinge, Waage* und *Wassermann* verknüpft sehen, verstärkt die Blütenbildung von Pflanzen (Trigon für Blütenimpulse)
- Das Element *Wärme* mit den zugeordneten Sternbildern *Widder, Löwe, Schütze* unterstützt die Entwicklung von Fruchtpflanzen (Trigon für Fruchtimpulse)

Im einzelnen bedeutet das:

ERDE/WURZEL

Für alle Kulturen, deren eßbare Teile *in* der Erde gedeihen (z. B. Kartoffeln, Karotten, rote Bete, Radieschen, Rettich, Sellerie, Steckrüben, Wurzelpetersilie, aber auch Zwiebeln und Knoblauch), gilt: Ihre Aussaat oder Pflanzung, aber auch alle Pflegearbeiten wie Hacken, Mulchen, Behandlung mit Kräuterbrühen und verdünnter Brennesseljauche, erfolgen an den *Wurzeltagen* (Stier, Jungfrau, Steinbock), da diese Pfanzen dem Element Erde zugeordnet sind.

WASSER/BLATT

Für alle Kulturen von besonders wasserzügigen Pflanzen mit starken Blattrosetten, deren eßbare Teile entweder die Blätter sind (z. B. alle Blattsalate, Spinat, Petersilie, aber auch Spargel und Chicorée, ferner Weißkohl, Rotkohl, Wirsing, Grünkohl, Rosenkohl) oder *über* den Blättern fruchten (wie Blumenkohl und Kohlrabi), gilt: Sie werden an *Blattagen*, also zu den »wässrigen« Sternzeichen (Fisch, Krebs, Skorpion) gepflanzt und gepflegt. Zu ihnen gehören übrigens auch die Gräser in Wiese und Rasen.

Pflanzen können ohne das Licht der Sonne nicht leben. Aber auch andere elementare Kräfte wirken auf sie ein.

Auf keinen Fall soll an Blattagen geerntet werden, auch nicht die Pflanzen, deren Blätter wir essen. Interessanterweise beachten auch die Bienen dieses Phänomen und erledigen an diesen Tagen vorwiegend Arbeiten im Innern des Bienenstocks. Natürlich wird auch kein Honig geerntet an Blattagen, weil das die Harmonie des Bienenvolkes nachhaltig stören würde. – Werden Pflanzen mit Frucht- oder Wurzelimpuls an Blattagen für die Konservierung geerntet, so ist ihre Lagerfähigkeit weniger gut. Auch im Feingehalt (Aroma, Geschmack) wird dann ein merkbarer Unterschied deutlich.

LICHT UND LUFT/BLÜTE

Pflanzen, bei denen es uns auf die Blütenschönheit ankommt, also fast alle Blumen und Zierpflanzen, werden an *Blütetagen*, d.h. bei Zwillinge, Waage, Wassermann, gepflegt. Allerdings nehmen wir eine Umtopfung oder Neupflanzung sinnvollerweise an den dem Sternbild Jungfrau zugeordneten Wurzeltagen vor, weil es hier ja in erster Linie um die Pflege der Pflanzenwurzeln geht. An Blütetagen aber stehen Arbeiten an den Blumenrabatten, Balkonblumen und Kübelpflanzen auf dem Programm. Auch Brokkoli und Mangold sowie Blumen mit Knollen und Zwie-

 *Thema des Monats*

Im Winter finden Bergbauern wie Winzer Zeit, über kosmische Wirkungen auf unsere Pflanzen nachzudenken.

beln werden an Blütetagen gepflegt. Sie sind übrigens auch besonders günstige Sammeltage für Teekräuter.

WÄRME/FRUCHT

Pflanzen, deren Früchte wir genießen wollen, säen, pflanzen und pflegen wir bevorzugt an *Fruchttagen* mit dem Sternzeichen Löwe, Widder und Schütze; so bekommen sie die stärksten Wachstumsimpulse. Zu den Fruchtpflanzen zählen wir außer Erdbeeren und Tomaten (die wir übrigens ausschließlich an Löwetagen setzen und pflegen!) Kürbis, Paprika, Zucchini, Gurken, Auberginen, aber auch Zuckermais, Getreide, Hülsenfrüchte und natürlich die Beerensträucher und Obstkulturen.

An Fruchttagen wird in unserem Haushalt Brot gebacken und Sauerkraut eingeschnitten. Auch nutzen die biologisch-dynamisch wirtschaftenden Käsereien so weit wie möglich die Fruchttage zur Erzeugung von Spezialprodukten und Bakterienkulturen.

DIE PFLANZZEIT

Sie ist im Zusammenhang der kosmischen Wirkungen auf die Pflanzen eine besonders wichtige Größe. Der Mond braucht für den Umlauf um die Erde, wie wir bereits wissen, 27,3 Tage.

Ganz wichtig für alle Boden- und Pflanzarbeiten ist die Zeit des *absteigenden Mondes*, wenn er die Sternbilder Zwillinge, Krebs, Löwe, Jungfrau, Waage und Skorpion durchläuft. Wir nennen sie auch die *Pflanzzeit*. Jetzt konzentrieren sich die Saftströme auf die unterirdischen Pflanzenteile, die Wurzeln; die Erde scheint tiefer »einzuatmen«. Wir nützen diese Stimulierung für die Bodenbearbeitung, Düngung, Kompostausbringung, aber auch für Neupflanzungen. Jetzt sind also Arbeiten angesagt, die mit der Belebung des Bodens zu tun haben, also auch Rasenpflege und Düngung der Dauerwiesen und Almweiden.

Wir können in dieser Zeit zwei günstige Impulse gleichzeitig nutzen, wenn wir beispielsweise wasser-

Sonne, Mond und Sterne – die Natur gibt uns Zeichen

zügige Pflanzen wie Blattsalat und Kohl nicht nur an Blattagen setzen, sondern zusätzlich auch noch die Pflanzzeit nutzen. Ich habe schon mehrfach zum Vergleich Salatpflanzen außerhalb der Pflanzzeit und noch dazu an Blütetagen gesetzt. Das Ergebnis war eindrucksvoll, denn diese Salate haben kaum Köpfe ausgebildet und gediehen auch sonst nicht zur Zufriedenheit.

Einen anderen Versuch mache ich regelmäßig mit meinen Schülern im Schulgarten: Wir legen zu Beginn der Pflanzzeit (in Zwillinge) ein Brett auf den Rasen oder die Wiese und heben es erst zwei Wochen später wieder auf. Darunter ist nichts weiter als schwarze, verklebte Erde zu sehen. Legen wir dasselbe Brett außerhalb der Pflanzzeit, also von Schütze bis Zwillinge aufsteigend, aus, zeigt sich uns nach zwei Wochen ein ganz anderes Bild. Unter dem Brett sind weißlichgelbe Gräser zu sehen, die das Brett sogar ein Stückweit nach oben drücken; es liegt jedenfalls nicht mehr fest auf dem Boden auf.

Vom *aufsteigenden Mond* sprechen wir dann, wenn der Mond von seinem tiefsten Standort beim Sternbild Schütze bis zum Höchststand im Sternbild Zwilling aufsteigt. In dieser Zeit durchläuft er die Sternkreiszeichen Schütze, Steinbock, Wassermann, Fisch, Widder und Stier. Deshalb verzichten wir in dieser Periode auf jegliche Boden- und Pflanzarbeiten, denn nun sind alle Kräfte auf die oberirdischen Pflanzenteile konzentriert. Günstig ist diese Zeit z. B. im Herbst für die Obsternte.

QINTESSENZ

Natürlich spielen Witterungsbedingungen, Bodenbeschaffenheit, Bodengesundheit, Nährstoffversorgung, die Beachtung der Fruchtfolge, Mischkulturen in Garten oder Feld eine wichtige Rolle. Es lohnt sich aber gewiß, auch den Mondzeichen Beachtung zu schenken und diese zusätzlich stimulierenden kosmischen Kräfte, die an bestimmten Tagen wirksam sind, beim Pflanzen und bei der Pflanzenpflege zu nutzen.

Impulse des Mondes auf den Menschen

Daß nicht nur die Pflanzen auf Mondimpulse reagieren, sondern auch der Mensch, das können wir am Beispiel des weiblichen Zyklus beobachten. Bei natürlicher Lebensweise und gesunder Ernährung trifft sich die monatliche Periode exakt mit dem Mondlauf. Fehlentwicklungen kann man durch heilsames Fasten, vollwertige Nahrungsmittel und Vermeidung von Streß begegnen.

Verläuft eine Schwangerschaft in Harmonie und freudiger Erwartung, so reift das Kind im allgemeinen ohne Komplikationen heran und wird am Ende der Schwangerschaft problemlos unmittelbar nach dem Vollmond geboren.

Verläuft eine Schwangerschaft in Harmonie und freudiger Erwartung, so reift das Kind im allgemeinen ohne Komplikationen heran und wird am Ende der Schwangerschaft problemlos unmittelbar nach dem Vollmond geboren. Störungen sind meist auf einen unharmonischen Tagesrhythmus und fehlende Ausgeglichenheit, eventuell falsche Ernährung ohne hochwertige Lebensmittel der werdenden Mutter zurückzuführen.

Viele Menschen beobachten auch die Beeinflussung ihrer Psyche während einer bestimmten Mondphase; manche schlafen unruhiger – auch im verdunkelten Zimmer. Das Phänomen des Schlafwandelns, das im Volksmund auch Mondsüchtigkeit heißt, läßt sich nicht genau erklären; welche Rolle hier der Mond tatsächlich spielt, hat man bis heute nicht herausgefunden.

FEBRUAR

Kalendarium mit
Los- und Schwendtagen

Der Garten im Februar

Brotbacken zum richtigen Zeichen

Bienenpflege übers Jahr

Was jeder über Bienen wissen sollte

Thema des Monats:
Harmonie und Schwingung – am
Beispiel des Bienenvolkes

FEBRUAR
Feber, Hornung, Taumond

Den Namen Hornung leitet ein altes deutsches Wörterbuch vom mittelhochdeutschen hor (= kotiger Boden) ab: »...die Benennung rührt von Carl d. Gr. her, welcher bey Bildung derselben auf den Umstand gesehen haben mag, daß es in diesem Monathe ... viel Koth gibt.« Da aber auch zu Zeiten Karls d. Gr. der Februar eher beinhart als kotig war, ist die Herleitung vom althochdeutschen hornunc (= Bastard, Zukurzgekommener) wahrscheinlicher: Im altrömischen Kalender war der Februar der letzte Monat im Jahr und an Tagen zu kurz gekommen.

An Lichtmeß, dem Hauptschlenggeltag, endete früher das Bauernjahr, Mägde und Knechte wurden ausbezahlt. Das Lichtmeß-Wetter war dem Bauern auch schon ein Fingerzeig aufs Frühjahr: »Ist's zu Lichtmeß licht, geht der Winter nicht«, »Lichtmeß trüb, ist dem Bauern lieb«.

Los- und andere Bauerntage

1.2. Brigitta; Schwendtag?
2.2. Mariä Lichtmeß; Schlenggelwoch-Anfang (nach dem alten Kalender der 15.2.)
5.2. Agatha (18.2.); Lostag
6.2. Dorothea (19.2.); Lostag

Bauern- und Wetterregeln

Ist's an Lichtmeß hell und rein, wird ein langer Winter sein; wenn es aber stürmt und schneit, ist der Frühling nicht mehr weit

Agatha und Dorothe reich an Schnee

Das langjährige Mittel zeigt, daß ins zweite Monatsdrittel zwischen zwei Kältephasen bei uns oft ein milderer Wetterabschnitt fällt. Das scheint dem Wetterspruch zu St. Valentin zu widersprechen. Aber wir wissen, daß Lostage sich teilweise auf den alten Julianischen Kalender beziehen, also heute 13 Tage später fallen.

12.2. Eulalia
14.2. St. Valentinstag; Lostag
17.2. Silvinus; Schwendtag?

St. Eulalia Sonnenschein, bringt viel Obst und Wein
An St. Valentein friert's Rad mitsamt der Mühle ein

Im letzten Drittel des Monats, meist nach dem 24. (»Matheis bricht's Eis«) merkt man bereits, daß der Februar eine Brücke zum Frühling schlägt. Der Einfallswinkel der Sonne vergrößert sich von Tag zu Tag, und die Sonne scheint nun schon zweieinhalb Stunden länger.

22.2. Petri Stuhlfeier (7.3.); Lostag
24.2. Matthias (9.3.)
27.2. Leander, Gabriel; Lostag

Wenn't friert op Petri Stuhlfeier, friert et noch vierzehnmal heuer (bezieht sich nach dem alten Kalender auf den 7. März)
Nach St. Mattheis geht kein Fuchs mehr übers Eis
Sanct Matthies / Brikt dat Ys; / Findt he keins, / Maakt he ins.

Mutmaßliche Witterung

Noch bis zum 5. ist milde atlantische Meeresluft, also trübe, regnerische Witterung, vorherrschend. Sie wird in der zweiten Februarwoche meist von trockenem Frostwetter abgelöst; die laueren Zwischenabschnitte bringen oft ergiebige Schneefälle.

FEBRUAR

Die Weihnachtszeit ist mit Mariä Lichtmeß zu Ende gegangen, und noch immer hat uns der Winter fest im Griff. Aber es gibt bereits Anzeichen für das nahende Frühjahr. Bei uns in den Bergen spricht man jetzt von der Zeit der »schiefen Wege«. Das bedeutet, daß gegen Ende des Monats, wenn die Sonne dem Schnee an den Südhängen schon kräftig zusetzt, die festgetretenen Wege zwar noch widerstehen, die Schneedecke daneben aber »aper« (aufgeweicht) wird und allmählich schwindet. Schließlich hält sich die weiße Auflage nur noch auf den immer »schiefer« werdenden Trampelpfaden. Der Volksmund weiß, was das bedeutet: »Werden im Fasching die Wege schief, und nachts die Habergeiß schreit, so ist der Winter bald aussi und s'Frühjahr nit weit.« – Wer die Wintervorräte und das aufgeschichtete Brennholz im Auge hat, der wünscht sich wahrscheinlich schon das baldige Ende der kalten Jahreszeit. Nur Skifahrer, Rodler und Eisläufer haben den Winter immer noch nicht satt. In den Faschingstagen erlebt das Brauchtum in vielen Gegenden seine Hochzeit. Mit Masken und Mummenschanz rückt man den bösen Geistern zuleibe und macht dem Winter das Leben schwer. Durch das »Winteraustreiben« sollen die Mächte der Kälte und Finsternis vertrieben werden, damit sie bald den Platz räumen für Wärme und Licht. – In höheren Regionen fällt, wenn die Perchten (s. Seite 161), die wilden Hexen und die Habergeißen durch die Baumkronen fahren, der »Baumbart« (Rentierflechte) auf den nach ersten Tauwettern wieder gefrorenen, verharschten Schnee und wird zur Nahrungsquelle für das darbende Wild. – In Kisten und Schalen am Fensterbrett säen wir Kerbel und Majoran, und wir halten auch schon Ausschau nach ersten Frühlingsboten im Garten. – Wenn es bei uns zwischen 10. und 20. Februar zu einem Föhneinbruch mit Tauwetter kommt, beginnt im Bienenhaus das neue Arbeitsjahr mit der »Auswinterung«. Die Bienen machen sich auf zum Reinigungsflug, und wie gebannt beobachtet der Imker die Fluglöcher und staunt alljährlich wieder über die ersten »Höschen«, die sich die Bienen an Haselwürstchen und vorwitzigen Frühlingsblumen geholt haben. *Für die Öffnung der Völker kann ich aufgrund langjähriger eigener Erfahrung die Fruchttage (s. Seite 24) empfehlen oder allenfalls auch Blütetage.*

Daß der Bann des Winters gebrochen ist, erkennen wir am schwindenden Schnee und den »schiefen« Wegen.

FEBRUAR

Überall im Garten reißt die Schneedecke auf; der Seidelbast gehört zu den Frühblühern.

Beim »Kronenabwurf« werden Mittelast und Leittriebe eingekürzt; die Saftzieher bleiben stehen.

Der Garten im Februar

Für Gartenarbeiten im Freien ist es natürlich noch zu früh. Nur wer ein Gewächshaus an einem besonders geschützten Platz stehen hat, kann den Gartenfrühling allmählich mit ersten Einsaaten beginnen lassen. Im Freiland ist es natürlich noch viel zu unwirtlich. Wer Samen zu früh in die naßkalte Erde bringt, riskiert Keimhemmung, Pilzkrankheiten und im besten Fall Kümmerwuchs. Immerhin bietet sich die Fensterbank für erste Kräutereinsaaten und natürlich für die Anzucht vitaminreicher Kresse an.

Draußen aber lugen wahrscheinlich schon die ersten Schneeglöckchen, Krokusse und Frühlingsknotenblumen vorsichtig aus dem Schnee.

Arbeiten im Obstanger

Wenn es in der ersten Monatshälfte relativ trocken ist und unser Aussaatkalender Fruchttage (s. Seite 23/24) anzeigt, ist eine besonders günstige Zeit für den Schnitt von Edelreisern gekommen. Zuerst werden die Bäume ausgewählt, deren Vermehrung uns besonders am Herzen liegt. Das sind vor allem alte, ertragreiche Sorten aus der engeren Region, für deren Erhalt wir nicht nur etwas tun wollen, weil sie bei uns die wohl-schmeckendsten und gesündesten Früchte hervorbringen, sondern auch weil sie Teil unserer alten Kulturlandschaft sind. Von gesunden, kräftigen Bäumen schneiden wir vorjährige, ausgereifte, bleistiftdicke Triebe aus dem Kronenbereich. Die Aufbewahrung der Reiserbündel geschieht am besten so, wie es im Dezember (s. Seite 158) beschrieben ist.

Soll ein ganzer Baum veredelt werden, so ist eine vorzeitige Reduzierung der Krone (»Kronenabwurf«) sinnvoll. Der Mitteltrieb und die Leitäste werden stark eingekürzt (bei jüngeren Bäumen auf 30-50 cm, der

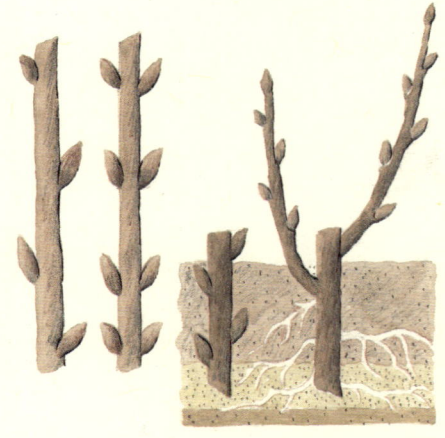

Gesunde Edelreiser werden vom jungen Holz aus dem mittleren Kronenbereich geschnitten.

Arbeiten im Obstanger

Brotbacken zum richtigen Zeichen

An Brotbacktagen zieht ein würziger Duft durch unser Haus. Vorher werden die verschiedenen Getreidearten gemahlen, weitere Zutaten wie Milch, Buttermilch, Topfen, Gewürze, Kerne und Samen bereitgestellt, und natürlich muß ein Sauerteig vorbereitet sein.

Für die Sauerteigbereitung soll die Küche gleichmäßig warm sein. Unser bewährtes Hausrezept: 80 Gramm Roggen, frisch gemahlen, werden mit 80 Gramm Wasser bei 25°C Raumtemperatur miteinander vermischt und müssen dann 24 Stunden stehen bleiben. Danach kommen nochmals die gleichen Mengen Roggenmehl und Wasser dazu; der Teig wird durchgearbeitet und steht wiederum 24 Stunden in der Wärme. Nach Bedarf werden auch am

Beim Brotbacken achten wir auf die Zeichen: Frucht- und Blütetage sind günstig.

dritten Tag noch einmal je 80 Gramm Mehl und Wasser untergemischt, und der Gärvorgang ist erst nach weiteren 24 Stunden abgeschlossen. Die Auslöser der Gärung aber gelangen aus dem gleichmäßig warmen Umfeld in den Teig.

Diese langwierige Zubereitung muß natürlich nicht vor jedem Brotbacktag wiederholt werden; ein gut geführter Sauerteig bleibt einem über Jahre erhalten.

Für Schwarzbrot verwenden wir Roggen und Weizen zu gleichen Teilen und brauchen außer dem Sauerteig auch noch die passenden Brotgewürze wie Kümmel, Koriander, Anis, Salz und natürlich Wasser. Aus dem Teig werden kleine und größere Wecken, Kastenbrote, Laibe geformt. Helles Brot oder die beliebten Brötchen, Semmeln, Zöpfchen, Strietzel, Brezeln bereitet Barbara, meine Frau, aus Weizen, dem sie fast immer auch Dinkel zufügt. Sie kennt nicht nur das richtige Mischungsverhältnis, den Sauerteiganteil und die nötige Backhitze und -dauer aus langer eigener Erfahrung, sie weiß auch, daß es schlechte und gute Brottage gibt.

Damit unser Brot gut schmeckt, saftig und dabei knusprig ist und es lange bleibt, achtet sie auch auf die kosmischen Rhythmen. Brotbacktage sind bei uns die Frucht- und Blütetage (s. Seite 23/24), also Tage von Wärme (Widder, Löwe, Schütze) oder Licht (Zwilling, Waage, Wassermann). Blattage (Fisch, Skorpion oder Krebs), scheiden gänzlich aus. Ebenso die Tage in Mondnähe oder von Finsternissen. Schließlich kommt auch die Zeit der Menstruation, also Tage mit verminderter Kraft, zum Brotbacken nicht in Frage. Ein zum richtigen Zeichen gebackenes Brot gerät zum wahren Lebensmittel, vor allem wenn es mit frischer Butter, Honig, hausgemachten Marmeladen oder Käse aus der eigenen Region auf den Tisch kommt.

Mitteltrieb soll 10 cm länger bleiben). Überzählige Triebe werden ganz entfernt.

Erfolgt eine Veredlung bei älteren Bäumen, so müssen für eine ausreichende Nährstoffversorgung und Assimilation sogenannte »Zugäste« unbedingt stehenbleiben.

Bei günstiger Witterung kann auch bei anderen Obstbäumen der Baumschnitt vorgenommen werden; eine ausführliche Betrachtung über diese wichtigste Pflegemaßnahme im Obstanger findet sich im März (s. Seite 46).

Von entscheidender Bedeutung für unsere Obstkulturen aber ist, daß fleißige Bienen sie umschwärmen und die Blüten bestäuben. Und damit sind wir bereits bei dem für mich wichtigsten Thema in diesem Monat, bei den Bienen.

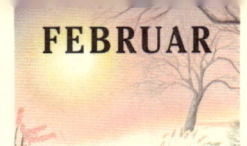

Bienenpflege übers Jahr

Schon immer haben Gemeinsinn und Orientierungsfähigkeit der Bienen, ihre geniale Baukunst und die Organisation ihres Staates die Menschen fasziniert.

Honig, ihr wichtigstes und edelstes Produkt, das die Bienen in Vorratszellen sammeln, hat seit jeher die Begehrlichkeit anderer Lebewesen – Tiere und Menschen – herausgefordert. So kam es, daß die Honigbiene (*Apis mellifica*) allmählich zum »Haustier« geworden ist. Doch umsonst sind gute Gaben nicht zu haben. Wenn wir den Bienen ihre Produkte nehmen – außer Honig auch Wachs und Propolis – müssen wir ihnen zum Ausgleich ein bequemes Quartier, Fürsorge, bei Bedarf auch Nahrung anbieten und sie mit Ruhe, Besonnenheit und viel Sinn für Harmonie betreuen.

Mit der nachfolgenden Schilderung der Stationen des Bienenjahrs sollen nicht nur Imker angesprochen, sondern auch andere interessierte Leser darauf aufmerksam gemacht werden, wie anregend und befriedigend die Beschäftigung mit Bienen sein kann.

Die Biene weiß wie kaum ein anderes Lebewesen die Zeichen der Natur zu deuten. Außerdem ist ihr ganzes Tun und Trachten auf das Wohl des großen Gemeinwesens ausgerichtet. Jede Generation ebnet der nächsten den Weg und tritt nach Erledigung ihrer Aufgaben von der Lebensbühne ab.

Die Imkerei und ihre Geschichte

Mit den Bienen haben sich seit dem Mittelalter vor allem die Mönche in den Klöstern befaßt. Allmählich entwickelte sich aus dieser Beschäftigung das Handwerk der Honigschneider oder »Zeidler«. Da die Nachfrage nach Honig immer größer wurde, boten die Zeidler den Bienen künstliche Wohnungen, die sogenannten Klotzbeuten, an, die an geeigneten Orten aufgestellt werden konnten. Allmählich entwickelte sich auf diese Weise die Hausbienenzucht.

Wer heute mit der Imkerei beginnen möchte, sollte sich zunächst mit Fachleuten unterhalten, einen Kurs besuchen und sich anhand von Broschüren und

*Gleich neben dem Haus steht am Waldrand das Bienenhaus des Autors,
wo er experimentiert und Honig für den Eigenbedarf erzeugt.*

Die Imkerei und ihre Geschichte

Was jeder über Bienen wissen sollte

Ein Bienenvolk besteht aus 30000 bis 70000 Arbeitsbienen, etwa 1000 männlichen Bienen, den Drohnen, und der Königin, die nur für die Fortpflanzung zuständig ist. Sie wurde unter besonders sorgsamer Pflege und Fütterung in einer größeren Weiselzelle aufgezogen und wird von den Arbeitsbienen hingebungsvoll betreut. So kann sie im Laufe ihres bis zu fünf Jahre dauernden Lebens täglich rund 1500-3000 Eier in die Zellen legen.

Arbeitsbienen, die viel kleiner sind als die Königin, verbringen nach dem Schlüpfen zunächst einige Zeit (21 Tage) im Stock und haben als erstes ihre eigene Zelle zu reinigen, die sofort von der Königin wieder neu bestiftet wird; sie müssen als Brutpflegerinnen die jungen Maden füttern und sind dann Ammen der Bienenlarven. Zwischendurch machen sie bereits erste Orientierungsflüge. Auch für den Wärmeausgleich im Stock sind sie verantwortlich; sie fächeln bei Bedarf Frischluft in den Stock oder wärmen die Brut bei Abkühlung mit ihren Körpern. In ihrer nächsten Lebensphase befördern sie das, was die Sammlerinnen heranschaffen zu den Vorratszellen und besorgen Reinigungsarbeiten. Wenn sie dann noch für kurze Zeit Wächterfunktionen am Flugloch wahrgenommen haben, können sie mit der Sammeltätigkeit beginnen.

Die Sammlerinnen bringen Nektar, Blütenstaub, Harz, Honigtau und Wasser von ihren Flügen heim.

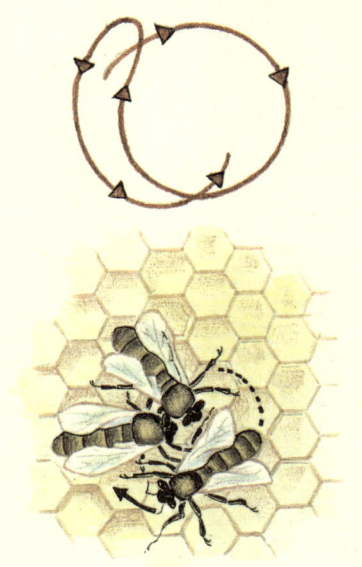

Spürbienen weisen durch Rundtanz anderen Bienen den Weg zur Trachtquelle.

Um 20 Milligramm Nektar heranzuschaffen, benötigen sie mitunter bis zu hundert Blütenflüge.

Ein besonderes Phänomen ist das Orientierungsvermögen der Sammlerinnen. Sie richten sich bei den oft kilometerweiten Ausflügen nach dem Stand der Sonne und können durch sogenannte Rund- und Schwänzeltänze anderen Sammlerinnen genau die Entfernung, aber auch den Winkel zwischen Bienenstock, Nahrungsquelle und Sonne angeben. Diese Hinweistänze der Honigbienen sind in ihrer verblüffenden Exaktheit ein Wunder der Natur.

Sobald die Königin in der Schwarmzeit den eng gewordenen Stock mit einem Teil des Volkes verläßt, schlüpft eine neue Königin, tötet ihre Konkurrentinnen um die Königswürde und läßt sich von einer der nun ausfliegenden Drohnen begatten. Die Begattung erfolgt in der Luft bei den Drohnensammelplätzen; dabei hat nur die stärkste Drohne eine Chance. Die Königin fliegt mehrfach aus und läßt sich von immer anderen Drohnen befruchten. Bei ihrer Rückkehr verrät ein weißer Faden am Hinterleib dem Imker, daß die Begattung erfolgreich war. Die Drohne bezahlt diesen Dienst an der Erhaltung der Art mit dem Tod. Aber auch alle anderen Drohnen dieser Generation werden, sobald sie nutzlos geworden sind, von den Arbeiterinnen umgebracht. Diese Drohnenschlacht findet meist im Laufe des Augusts statt.

Büchern mit der Bienenzucht vertraut machen. Imkern ist in unserer Zeit, vor allem durch das Auftreten eines Parasiten, der Varroamilbe, schwieriger geworden. Auskünfte erteilen Imkervereine, die es in vielen Orten gibt. Früher bot der Imker den Bienen einen Korb, heute meist Holzkästen als sogenannte »Beute« an, die ein Flugloch haben und in der Holzrähmchen senkrecht zum Flugloch hängen. Diese bestehen aus wächsernen Brut- und Honigzellen, die leicht nach rückwärts geneigt sind und eine seitliche Öffnung haben.

FEBRUAR

Im Brutraum, auf den später der Honigraum gesetzt wird, hängen 18 Waben hintereinander (Alpentrogbeute).

Vorsichtshalber benutzt der Imker bei der Arbeit mit den Bienen einen Spezialhut und Handschuhe.

Das Bienenjahr beginnt

Jetzt im Februar erwacht allmählich alles aus dem Winterschlaf.

In meinem Bienenhaus, in dem ich mit der sogenannten Alpentrogbeute (18 Waben im Brutraum, dem noch ein Honigraum aufgesetzt werden kann) imkere, weist die Flugfront direkt nach Süden (günstiger wäre ein Standort mit Ausflug nach Osten); hier also fängt für mich die Arbeit im Februar an, wenn ich die Völker einenge, also unbesetzte Waben herausnehme und damit den von den Bienen zu beheizenden Raum verkleinere.

Wegen der sonnigen Lage des Hauses, die später im Jahr durch hohe Bäume gemildert wird, kann ich ohne Bedenken ein Volk nach dem anderen kurz öffnen und zum Reinigungsflug, bei dem die Bienen ihre vom Winter prall gefüllten Kotblasen entleeren, starten lassen (Wäsche sollte um diese Zeit nicht draußen auf der Leine hängen).

Sodann werden die Völker mit einem sicheren Vorrat an Futter kontrolliert eingeengt und danach besonders warm verpackt. Ein schwächliches Volk muß aufgelöst werden, denn es kann nicht genügend Wärme erzeugen, hat seine Harmonie verloren und wird zum Krankheitsherd für andere. Einem solchen Volk nehme ich die Stockmutter (Königin) weg, grenze es mit durchlöchertem Zeitungspapier ein und gebe einen gesunden Ableger (ein Kleinvolk von meist sechs Waben und mit junger, aktiver Königin) oben-

Frühjahrsaktivitäten

auf. Nach einiger Zeit, wenn das Zeitungspapier zerfressen worden ist, vereinigen sich Volk und Ableger friedlich.

Sämtliche Völker werden nun für weitere vier bis sechs Wochen in Ruhe gelassen. Allerdings behalten wir die Fluglöcher im Auge.

Frühjahrsaktivitäten

Inzwischen sind die neuen Rähmchen vorbereitet, denn mit dem Frühjahr beginnt auch bei den Bienen der Bautrieb. Jedes Volk muß mindestens acht Rähmchen ausbauen, die die Königin dann mit Eiern bestiftet.

Ende März, um den Josefitag bis Mariä Verkündigung, bekommt jedes Volk, sobald ein paar warme Tage im Anzug sind, nachmittags aufgeritzte Futterwaben direkt an die letzte Brutwabe gehängt. Das Volk und die Königin sollen dadurch nicht gestört werden.

Aus dem Reizbecher, einem Becher mit Sieb, wird von oben ein Liter Bienenteetrunk verabreicht, der bei uns aus Almrosenblüten, Kamille, Löwenzahn, Huflattich u.a. Kräutern hergestellt und mit etwas Zucker und Honig angereichert wird. Die Bienen bekommen ihn am Abend, und zugleich werden die Fluglöcher etwas eingeengt, um Räubereien an schwächeren Völkern zu verhindern, denn am nächsten Tag beginnt dann ein rasanter Trachtflug.

Wenn im Garten die Kirschbäume blühen, meist im letzten Aprildrittel um den Georgitag, bekommt jedes Volk bei Bedarf noch einmal eine oder zwei Honigfutterwaben, und direkt an der Brut hinten im Kasten bringe ich die ersten zwei neuen Mittelwände ein.

Wenn Bienen ins Schwärmen kommen

»Der Schwarm im Mai, ist wert ein Fuder Heu«, sagt ein altes bäuerliches Sprichwort, das sicher auch heute noch Geltung hat. Ein Schwarm bedeutet, daß es eine Königin aus dem Bienenstock hinauszieht, wobei ihr ein Teil des Volkes nachfolgt. Anfang Mai wird bei mir der Honigraum geöffnet; bei den Völkern, die schwärmen sollen, unbedingt mit Gitter. Im Abstand von acht bis zehn Tagen werden noch jeweils zwei oder drei weitere Mittelwände eingehängt.

Wichtig ist – und das gilt für das ganze Bienenjahr –, daß es nie zu kühl wird im Stock und daß kein schwaches Volk die Harmonie des Ganzen stört. Deshalb erweitere ich meine Völker auch nur allmählich und in gewissen Zeitabständen.

Wenn bei den »triebigen« Völkern die Königin um den 10. Mai herum die Mittelwand nicht mehr richtig mit Eiern bestiftet, weiß ich, daß der Schwarm kurz bevorsteht. Auf keinen Fall werden jetzt Weiselzellen entnommen, um kurzfristig einen höheren Honigertrag zu haben. Potentielle junge Königinnen reifen jetzt heran. Ich treffe keinerlei Maßnahmen zur Verhinderung des Schwarms. Die Natur muß das Ihre tun; bei einem Volk, das vor Kraft und Gesundheit strotzt, wird eines Tages der unaufhaltsame Trieb in einem starken Schwarm münden.

Dazu ganz persönliche Bemerkungen:

So lieb mir ein reicher Honigertrag auch ist, so möchte ich es doch den Imkern nicht gleichtun, für die Höchsterträge und Wirtschaftlichkeit im Vordergrund stehen. Sie legen keinen Wert auf das Ausschwärmen ihrer Bienen, sondern unterdrücken den Trieb. Bei Gesundheitsproblemen wird dann mit Medikamenten nachgeholfen.

Dieser Apfelbaum mit einem Ast über der Kreuzung von Wasseradern zieht den Schwarm magisch an.

FEBRUAR

Ich halte dagegen den oben beschriebenen Weg für den natürlicheren und sinnvolleren. Sicher muß in den entscheidenden Tagen das Treiben an der Flugfront genau beobachtet werden. Wenn ich selbst nicht zu Hause bin, übernimmt ein Familienmitglied diese Aufgabe. In zwanzig Jahren ist nur ein einziges Mal ein Schwarm in eine hohe Tanne geflogen; normalerweise aber setzen sich alle Schwärme auf einem Apfelbaum an, manchmal auch an einem großen Johannisbeerstrauch oder in der Himbeerhecke.

Der Schwarm muß dann möglichst reibungslos in den Schwarmkasten gebracht werden; wenn die Königin zu finden ist, kommt sie in einen Lockenwickler, und dieser wird in den Kasten gehängt. Dann zieht ihr bald der ganze Schwarm nach. Im Bienenhaus aber werden inzwischen die im Stock verbliebenen Reste des ausgeschwärmten Volks in starke Ableger (mit je zwei Weiselzellen) aufgeteilt. Jeder dieser Ableger bekommt drei bis vier Brutwaben und zwei bis drei Futterwaben. An den Platz, den der Schwarm verlassen hat, werden zehn bis zwölf leere Mittelwände gehängt, und am Abend kann der Schwarm hier erneut einlogiert werden. Am dritten Tag wird er gefüttert, und mit Bienenfleiß geht es weiter im Bienenjahr. Der Honigraum aber wird einem anderen Volk aufgesetzt oder für Ableger aufgeteilt.

Verjüngung der Völker und Blütenhonigernte

Von meinen zwanzig Völkern lasse ich sieben schwärmen. Im Juni sollten die Ableger auf Weiselrichtigkeit und Eilage kontrolliert werden, dann werden die Königinnen gezeichnet. Auf den Brustschild kommt ein Tröpfchen Nagellack, darauf wird ein Plättchen mit Nummer oder Farbe der Königin geklebt (für die Farben gelten internationale Regeln). Bei einem Volk, das schon abgeschwärmt war, entnehme ich die Alt-Königin, setze ihm einen Ableger mit Jung-Königin mit durchlöchertem Zeitungspapier dazwischen auf und habe bald wieder ein gesundes, verjüngtes Großvolk für die Waldtracht.

Ist ein Ableger weisellos, so wird er einfach mit einem anderen Volk oder Ableger vereinigt. Das daraus entstehende erneuerte Volk ist bestens geeignet für die Wanderung in besondere Trachtgebiete, bei uns zum Beispiel in die Alpenrosen. Um Pfingsten kommt dann die Zeit der Blütenhonigernte. Natürlich dürfen die Bienen nicht aller ihrer Vorräte beraubt werden; wir nehmen nur etwas vom Überfluß weg. Da es in der ersten Junihälfte oft kühl und regnerisch wird, brauchen die Bienen für diese Durststrecke Honigreserven, sonst kann die Schafskälte schlimme Folgen für sie haben.

Honig – süß und heilsam

Die Zeit zum Honigschleudern ist erst gekommen, wenn der Honig reif und damit haltbar ist. Dies erkennt man daran, daß die Waben mit Wachs verdeckelt sind.

Die Bienen erzeugen je nach Standort und Blütenangebot die hellen, süßen Blütenhonige oder die dunklen Honigtauhonige, deren Ausgangsprodukte von Tannen, Fichten und Blättern stammen. Honig soll trocken, kühl und dunkel aufbewahrt werden. Wenn er im Lauf der Zeit kandiert, so ist dadurch die Qualität keineswegs beeinträchtigt. Man kann ihn durch Erwärmung im Wasserbad leicht wieder flüssig machen. Auf keinen Fall wird Honig auf mehr als 40 °C erhitzt, weil sonst wertvolle Inhaltsstoffe zerstört werden.

Daß Honig auch heilende Kräfte hat, wird wohl mit seiner feinstofflichen Zusammensetzung zu tun haben, denn sie ist bis heute wissenschaftlich nicht faßbar.

Das Ende des Bienensommers

Ende Juli, spätestens Anfang August, ordnen wir den Wintersitz für unsere Schützlinge. Der Honigraum wird entnommen, der Brutraum kontrolliert. Zweijährige Waben dienen ganz hinten im Kasten als Reservespeicher für das Winterfutter, sonst stehen die Völker auf neuem Bau. Die Bienen brauchen nun wieder Platz für ein frisches Brutnest. Da die Erträge an Blütennektar und -pollen um diese Jahreszeit schon rückläufig sind, bekommen unsere Bienen jetzt im Abstand von einigen Tagen mäßige Futtergaben. Maßnahmen zur Bekämpfung der verheerenden Varroamilbe müssen jetzt vorschriftsmäßig durchgeführt werden.

Wenn ab Ende August die natürliche Tracht nachläßt, wird fertig aufgefüttert.

Thema des Monats

Bienen sind nicht nur ein Wunder an Fleiß, an Fürsorge und Orientierungsvermögen, sie lehren uns Menschen auch, was Harmonie in einem Gemeinwesen bewirkt. Da gibt es bei aller Arbeit keine Hektik, mit fast heiter anmutender Gelassenheit erfüllt jedes Mitglied der Bienen-Gemeinschaft die ihm zufallende Aufgabe. Niemand wirkt als Befehlsempfänger, den einzelnen Bienen sagt ihre innere Uhr, ihr Instinkt, was sie in jeder Phase ihres Lebens zu leisten haben.

Die Bienenkönigin bewegt sich ruhig auf einer Brutwabe; sie wird in Sternform von Arbeiterinnen umringt, die ihr den Weg von Zelle zu Zelle weisen; sie senkt ihren schlanken Hinterleib in die Zelle, läßt sich von den Pflegebienen mit den Fühlern sanft betrillern und legt ein Ei ab. In winzigen Portionen wird ihr besonders hochwertiges Futter angeboten. Die gegenseitige Berührung, die Anwesenheit vieler Bienen, durch die die Idealtemperatur für die Brut aufrechterhalten wird, gleichmäßige, sparsame Bewegungen, gleichbleibende Aufmerksamkeit ohne jede Ablenkung, dazu permanente Beobachtung und Wachsamkeit – all das ist es, was die Atmosphäre im Bienenhaus bestimmt.

Harmonie und Schwingung – am Beispiel des Bienenvolkes

Beginnend um die Weihnachtszeit, legt die Königin im Voranschreiten des Jahres immer mehr Eier, bis sie zur Zeit der Sommersonnenwende im Juni rund 3000 Zellen täglich bestiftelt und damit ihre Hochform erreicht hat. Dies bedeutet natürlich, daß die Sommertrachtbienen, die nur 40 Tage leben, eine ungeheure Aktivität entfalten müssen. Langlebiger ist die Winterbiene, die erst nach einigen Monaten ihre Aufgaben an die Frühlingsbiene weitergibt. Ein totaler, völlig uneigennütziger Einsatz, allein zum Zweck der Arterhaltung – wir können nur zusehen und staunen.

Doch es lauern auch Gefahren: Ein durch Unruhe geschwächtes, nervöses, verbrausendes Volk büßt seine Gelassenheit und Harmonie ein und ist dann dem Ansturm von Krankheiten und Parasiten nicht gewachsen. Es verliert die Kraft zur Selbstverteidigung und Selbsterhaltung und geht sang- und klanglos zugrunde.

Als Imker aus Leidenschaft begegne ich meinen Bienen mit besonderem Respekt. Deshalb brauche ich mich auch vor ihren Stacheln nicht zu fürchten. Auf keinen Fall arbeite ich mit Rauch oder Qualm, den ich selbst verabscheue und deshalb meinen Bienen nicht zumute. Ich verdränge auch die fleißigen Tierchen nicht aus ihrer Behausung, um sicher vor Stichen arbeiten zu können. Schließlich sind wir Imker doch keine Räuber und Naturschänder, die sich den Ertrag des Bienenfleißes gewaltsam aneignen und die Bienen in Panik zurücklassen.

Die Völker sollen so selten wie möglich belästigt werden; jeder Eingriff muß mit Ruhe und Besonnenheit vor sich gehen und darf nur soviel Zeit in Anspruch nehmen, daß die Beute bald wieder geschlossen werden kann. Statt die Völker mit Rauch zu traktieren, lege ich ein Tüchlein mit Nelkenduft ganz kurz auf die geöffnete Beute und verreibe außerdem vor der Arbeit an jedem Volk jeweils etwas Nelkenöl zwischen den Händen. Niemals nehme ich den Bienen den gesamten Honigvorrat weg, denn es muß immer ausreichend offenes Futter vorhanden sein. Bienen vermehren ihre Vorräte nämlich nur, wenn sie in Harmonie arbeiten können und nicht gierig ausgebeutet werden.

Nie öffne ich meine Völker an einem Blattag (s. Seite 23); am besten taugen mir die Fruchttage oder als Ausweichtermine die Blütetage. Lieber warte ich mit meinem Vorhaben auf den nächsten günstigen Zeitpunkt. Auf keinen Fall verrichte ich eine Arbeit im Bienenhaus kurz vor einem Wetterumschwung, und auch nicht am späten Nachmittag oder Abend, wenn ich nach arbeitsreichem Tag nicht die nötige Ruhe für den Umgang mit den sensiblen Geschöpfen finde.

Vom zeitigen Frühjahr bis in den Spätherbst sorge ich dafür, daß viele Pflanzen in unserem Garten wachsen, die gute Bienenweiden sind.

Das freundliche, helle, von der Sonne erwärmte Bienenhaus in unserem Garten lädt uns oft zum Ver-

Thema des Monats

Auf die Flugfront dieses stattlichen Bienenhauses in windgeschützter Lage fällt die Morgensonne.

Harmonie und Schwingung – am Beispiel des Bienenvolkes

weilen ein; gern beobachte ich auch mit den Schulkindern ein besonders kraftvolles Bienenvolk, um sie erleben zu lassen, was Harmonie bewirken kann. Allerdings wird die Beute schon nach kurzer Zeit wieder geschlossen, und als Dankeschön für die Lektion belohnen wir die Bienen mit einer aufgeritzten und angewärmten Honigfutterwabe. Die weitere Beobachtung erfolgt am Flugloch, wo die Bienen scheinbar regungslos, aber doch in Aktion sind und Wohlbefinden und Ordnung signalisieren. Mit großer Bestimmtheit aber sorgen sie auch dafür, daß kein Eindringling den Frieden stört.

Das ist es, was wir von den Bienen lernen können: Auch unsere kleinsten Gemeinschaften, die Familien, bewähren sich nur solange als Bollwerk und Schutz gegen Eindringlinge und Störungen von außen, wie darin Harmonie, gegenseitiges Verständnis, Toleranz herrschen, solange jeder ganz selbstverständlich seine Aufgaben übernimmt. Der Lohn für jeden einzelnen ist das Gefühl, einer verschworenen Gemeinschaft anzugehören, die Zuwendung und Geborgenheit – Nestwärme eben – bietet. In solchen Gemeinschaften haben Egoismus und Rücksichtslosigkeit keine Chance. Ihre Maxime lautet vielmehr: Respekt vor dem anderen, Respekt vor dem Leben!

Ein aktives Bienenvolk sorgt im Brutraum für ein ausgewogenes Verhältnis von Brut, Pollen und Honigreserven.

MÄRZ

Kalendarium mit Los- und Schwendtagen

Der Garten im März

Der bäuerliche Obstanger

Ein Apfelbaum im Garten

Samen und Pflanzenzucht

Thema des Monats:
Wasser als Lebenselement

MÄRZ
Nebelung, Lenzmond

Der Bezeichnung Lenz liegt die Bedeutung »länger werdender Tag« zugrunde; und in der Tat steht die Sonne nun schon höher, die Schatten werden wieder kürzer. Die Tagesdauer nimmt im März um eindreiviertel Stunden zu und die Natur meldet sich tausendfach zurück. Uns zieht es ins Freie, damit wir miteinstimmen können ins Hohelied der Frühlingsfreude.

Los- und andere Bauerntage   **Bauern- und Wetterregeln**
3.3. Kunigunde   *Kunigunde tränenschwer, bleibt gar oft die Scheune leer*
10.3. 40 Märtyrer; Lostag   *An 40 Ritter kalter Wind, noch 40 Tage windig sind (die Prophezeiung hat wohl mehr mit Zahlenmystik als mit Beobachtung zu tun).*

Doch Vorsicht! »Märzenschein läßt noch nichts gedeihn«, oft meldet sich der »Märzwinter« zurück. Und der Wetterspruch zu diesem alten Lostag »St. Kunigund macht warm von unt'« ist nur mit der 13-Tage-Differenz zwischen neuem und altem Kalender zu erklären.
Im zweiten Märzdrittel sind dann klarer Himmel und Sonnenschein vorherrschend – der Frühling ist nicht mehr zu bremsen. Immer mehr Vögel kehren zurück, und die ersten Schmetterlinge zeigen sich; aber es muß noch mit Nachtfrösten gerechnet werden. Ab dem Gertrudentag häufen sich die Empfehlungen an Bauern und Gärtner.

12.3. St. Gregoritag (nach dem alten   *Gregor zeigt dem Bauern an, ob im Feld er säen kann*
Kalender der 25.3.)
14.3. Mathilde; Schwendtag?
16.3. Heribert, Hilarius; Schwendtag?
17.3. Gertrude (30.3.); Lostag   *Es führt St. Gertraud die Kuh zum Kraut, die Beien zum Flug und die Roß zum Zug*
                                                              An St. Gertrud ist es gut, wenn in die Erd die Bohn' man tut
19.3. St. Josefitag   *Wenn's einmal Josefi is, so endet auch der Winter gwiß*

Sobald sich die Kätzchen der Salweide gelb färben, wenn der Huflattich blüht und der Boden abgetrocknet ist, wird es Zeit für den Garten. Nach meinen langjährigen Aufzeichnungen lagen zwischen Gertraudi und Mariä Verkündigung immer einige sehr schöne Tage, die den Boden abgetrocknet haben, so daß wir mit dem Aufräumen und Herrichten der Beete anfangen konnten. Besonders wichtig sind diese Tage für die Arbeit mit den Bienen.

21.3. St. Benediktentag (3.4.)   *Hafer und Gerste säe Benedicti*
24.3. Gabriel   *Scheint auf St. Gabriel die Sonn', hat der Bauer Freud und Wonn'*
25.3. Mariä Verkündigung (7.4.); Lostag   *Mariä Verkündigung kommen die Schwalben wiederum*
27.3. Rupert   *Wie der Ruperti, so der Juni*

Mutmaßliche Witterung
Zwischen dem 3. und 8. Tag des Monats gibt es oft Regen und Schneeschauer. Ende der zweiten Märzwoche setzt sich kontinentaler Hochdruck durch, und man kann, vor allem im Süden und Südwesten, schon mit heiterem, sonnigem Wetter rechnen; meist hält es sich bis zum 25. Danach kündigt sich mit raschem Wechsel von Kälteeinbrüchen, Regen und Schönwetter der launenhafte April an.

MÄRZ

*D*ie Sonne steht jetzt wieder höher, die Schatten, aber auch die Nächte werden kürzer, die Kräfte des Lichts siegen über die Dunkelheit. An Föhntagen im Gebirge ist nachts ein mächtiges Rauschen zu hören, in das sich der unheimliche Ruf des Käuzchens mischt. Schneefeuchte Wiesen dampfen in der warmen Mittagssonne. Mit Schwung meldet sich das Frühjahr an. – Doch der Winter ist noch nicht ganz vorbei, immer noch gibt es frostige Nächte, und über die ersten grünen Spitzen am Boden senkt sich oftmals ein frostiger Schleier oder gar eine weiße Decke aus Schnee. Mit den ersten Frühlingsblühern aber keimt auch die Hoffnung auf, daß die Natur bald wieder tief Atem holt, mit aller Energie neues Leben weckt und junges Wachstum befördert. – Die ersten Zugvögel kehren zurück und wagen in den Morgenstunden zusammen mit den Daheimgebliebenen ein Morgenkonzert, das noch ein wenig zaghaft klingt, aber doch voller Verheißung ist. – Zu Mariä Verkündigung sollen, wie eine alte Bauernregel verspricht, auch die Schwalben zurückkehren. Zäune, die wegen des Schnees niedergelegt waren, müssen aufgerichtet werden. Manche Bauern und Gartenbesitzer bei uns setzen ihren ganzen Stolz darein, Zäune zu haben, die weder Nägel noch Schrauben brauchen (s. Seite 73). Dazumal wurden am Tag Mariä Verkündigung auch die Weiden und Wiesen entsteint. Wo sich Ziegen und Schafe über erstes aufsprießendes Saftfutter hermachen, da drohen aber auch noch Gefahren: »Märzengrea tut net schea«! Oft wird das »triebige« (schnell austreibende) Futter so kurz nach der Auswinterung von den Tieren nämlich gar nicht gut vertragen. Das gilt für die Haustiere wie fürs Wild. – *Nun, da der Schnee überall zu schmelzen beginnt und das Eis bricht, werden auch Bäche und Flüsse wieder lebendig. Wasser als Träger allen Lebens, das die Kräfte der Fortpflanzung und des Wachstums in sich schließt, quillt aus den Bergen und rinnt zwischen Felsspalten und über Steine zu Tal – ein Sinnbild dafür, daß alles fließt, was lebendig ist.*

Der Schnee schmilzt allmählich, und mit neuem Schwung meldet sich das Frühjahr an.

MÄRZ

Der Garten im März

Auch wenn uns am Morgen Vogelgezwitscher weckt und das Tropfen der Dachtraufe anzeigt, daß es keinen Nachtfrost mehr gegeben hat – bei allen Bodenarbeiten ist Übereifer jetzt vom Übel. *Doch können wir bei trockenem Wetter und kleinem Schein (s. Seite 20) das im Frühwinter geschlagene Holz aufarbeiten und wegräumen.* Und auch sonst haben wir jetzt im März Wichtiges zu tun.

Arbeiten im Gemüse-, Kräuter- und Ziergarten

Natürlich hängt es vom Wetter ab, ob wir bereits jetzt die ersten Beete vorbereiten. Der Boden muß auf jeden Fall trocken und feinkrümelig sein. Solange die Erde schmiert und an Schuhen, Grabgabel oder Rechen festklebt, sollten wir ihr nicht zu nahe kommen. Der Schaden, den wir bei zu früher Bearbeitung durch die Zerstörung von Bodenleben und die Beeinträchtigung des Wasserhaushalts anrichten, ist kaum wiedergutzumachen. Geduld ist also jetzt eine ganz besondere Gärtnertugend! Wir warten in Ruhe ab, bis uns die Natur für die verschiedenen Vorhaben das richtige Startzeichen gibt.

Zur Schneckenkontrolle entfernen wir die Reste der Mulchauflage von den Beeten und legen Holzbretter aus. Außerdem dürfen die Laufenten (s. Seite 131/132) jetzt den ganzen Garten nach Schnecken absuchen.

Falls die Erde Ende des Monats gut abgetrocknet ist, können wir daran gehen, die beiden guten Nachbarn Zwiebeln und Karotten abwechselnd in Reihen zu säen, und wir wählen dazu natürlich einen Wurzeltag in der Pflanzzeit (s. Seite 24/25). Das gleiche gilt für schon im Haus angekeimte Frühkartoffeln, die mit Urgesteinsmehl (Biolit) bestäubt und ziemlich tief in die Erde gelegt werden können. Aber auch für Dicke Bohnen oder Saubohnen kommen jetzt günstige Aussaattermine an Fruchttagen.

Sogar zu ernten gibt es schon etwas, denn die Rhabarberstauden haben sich bereits gut entwickelt. Das erste frische Rhabarberkompott schmeckt nicht nur herrlich erfrischend, sondern hat auch seine besondere Wirkung: »Rhabarber läßt den Menschen hoffen und hält ihn hinten offen«, so kommentierte man bei uns witzelnd die möglichen Folgen, wenn die Schüssel mit Kompott auf den Tisch kam.

Im Gewächshaus können jetzt verschiedene Salate, Rettich, Rübchen angetrieben werden; auch Kohlrabi, Blumenkohl, Weißkohl, Porree und sogar Tomaten sind bereits in Kistchen ausgesät. Die Tomatenpflänzchen kriegen dann Ende des Monats Gläser als schützende Hauben übergestülpt. Wichtig ist, daß im kalten Gewächshaus, wie wir es haben, die Temperatur einigermaßen gleichmäßig bleibt. An Sonnentagen muß deshalb gelüftet, an kalten Tagen und bei Nachtfrost zusätzlich mit einem Vlies abgedeckt werden.

Für Salatpflanzen im Freiland ist es jetzt bestimmt noch zu früh. Nur wer ein Frühbeet oder einen Folientunnel hat, kann es wagen, sie jetzt schon hinauszupflanzen.

KRÄUTERGARTEN. Hier kümmern wir uns als erstes um mehrjährige Pflanzen wie Zitronenmelisse, Schnittlauch, Liebstöckel, die jetzt bei Bedarf geteilt und umgesetzt werden können – immer vorausgesetzt, daß der Boden schon gut trocken ist.

Einjährige Kräuter wie Petersilie und Kümmel säen wir nun direkt ins Freiland. Knoblauchzehen werden in die Baumscheiben, auf die Beete oder zwischen

Was jetzt ins Freiland gesetzt wird, braucht noch Folienschutz.

die Erdbeeren gesetzt. Besonders empfindliche Kräuter wie Basilikum, Salbei, Rosmarin, Ysop, Lavendel sollten im Gewächshaus vorgetrieben werden.

Duftende und blühende Kräuter sind für uns auch deshalb so wichtig, weil sich einige als wunderbare Bienenweide bewährt haben, doch vor allem brauchen wir sie für Teemischungen.

Aus den getrockneten Kräutern des Vorjahres bereiten wir nun Brühen für vorbeugende Spritzungen, z.B. gegen Erdbeermilben (Rainfarntee). Damit die Kulturen im Garten von Pilzkrankheiten aller Art verschont bleiben, kann auch Ackerschachtelhalm-Tee versprüht werden (s. Seite 159/160).

WIESE, RASEN, KOMPOSTPLATZ. Wer sich schon jetzt Zutaten für die Salatschüssel direkt aus dem Garten wünscht, der gräbt in der Wiese ein paar Löwenzahnwurzeln aus, die, gekocht und in Stücke geschnitten, eine würzige Ergänzung zum Kartoffelsalat bilden. Aber auch ganz junge, zarte Löwenzahnblätter gibt es schon, sie sind eine feine Salatzutat.

Von Rasen oder Wiese kann jetzt nachmittags, wenn es trocken und warm ist (am besten an einem Blattag!) mit dem Rechen Laub und Moos abgeharkt werden. Dann streuen wir ein wenig Urgesteinsmehl (Biolit) mit Sand vermischt über die Flächen. Auch sparsam ausgebrachter Reifkompost verhilft dem Rasen zu einem guten Start in die neue Saison.

Was wir den Winter über an organischen Abfällen gesammelt haben, wird jetzt zu einem neuen Kompostwalm aufgesetzt (s. Seite 103-105)

ZIERGARTEN. Die Abdeckung der Rosen kann vorsichtig entfernt werden. Bevor der Austrieb beginnt, sollten wir die Strauch- und Kletterrosen von unten auslichten. Edel- und Polyantharosen werden erst geschnitten, wenn die Knospen schon deutlich anschwellen. Auch hier ist das Auslichten und Entfernen schwacher Triebe wichtiger als ein gleichmäßiger Rückschnitt. Zu kurz geschnittene Rosen blühen nämlich viel später und auch nicht sehr üppig. Alt gewordene Rosen werden stark zurückgenommen, damit junges Holz eine Chance hat.

Rosen stehen übrigens gern in Mischkultur mit kleinwüchsiger Kapuzinerkresse, Lavendel, Salbei, Thymian und Rosmarin; solche Nachbarpflanzen sorgen über

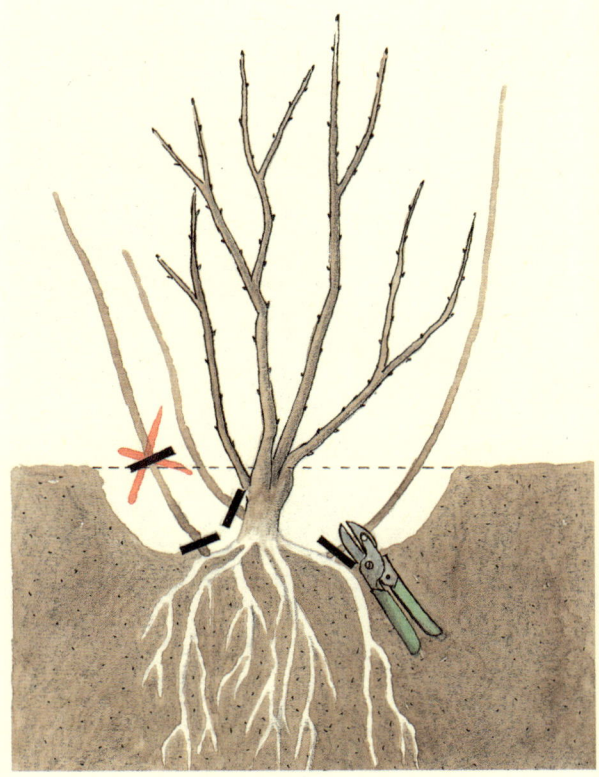

Die Wildlingstriebe der Rosen müssen entfernt werden.

Wurzel, Blüte oder Blatt für eine den Rosen förderliche Aura. An Blütetagen bekommen sie eine Düngergabe aus Reifkompost.

Damit die Dahlien schon ungehindert von Schnecken antreiben können, legen wir sie auf einer freien Fläche im Gewächshaus aus und bedecken sie knapp mit Erde.

Auch die Sommerblumen können jetzt in Kistchen ausgesät und im Gewächshaus angezogen werden.

Der bäuerliche Obstanger

Unsere Obstbaumwiesen und Hochstammkulturen haben eine lange Geschichte, die sich bis ins Mittelalter zurückverfolgen läßt. Pionierarbeit haben vor allem die Klostergärtner geleistet. Sie kamen durch Auslese und Züchtung zu den für die Klima- und Bodenbedingungen ihrer jeweiligen Region günstigsten Arten und Sorten. So wurden gegen Wetterunbilden und Schädlinge einer Gegend weitgehend resi-

Wie die Kirche ins Dorf, so gehört der Obstanger zum Bauernhof.

stente, robuste Bäume und Sträucher herangezogen, die den unterschiedlichen Lagen und Böden angepaßt waren.

Überliefertes Gärtnerwissen aber wurde in neuerer Zeit vielfach verdrängt und schließlich vergessen, als es im Erwerbsobstbau und auf Massenplantagen darum ging, möglichst viele, möglichst schön aussehende, möglichst haltbare Früchte zu erzielen. Alte Obstbaumwiesen hat man dabei wegrationalisiert.

Obstbaumpflege, Obstbaumschnitt

Wer im Herbst nicht dazu gekommen ist, einen oder mehrere Obstbäume neuzupflanzen (s. Seite 145-147), der kann sich dafür auch jetzt im März einen günstigen Zeitpunkt, nämlich einen Fruchttag in der Pflanzzeit (s. Seite 24/25) wählen.

Wenn man zum ersten Mal einen Baum zu schneiden hat, wendet man sich am besten an einen Fachmann, denn allein mit Bücherweisheit ist es in der Praxis meistens nicht getan. Auch bieten die örtlichen Obst- und Gartenbauvereine Kurse zur Schnitttechnik an, in denen das nötige praktische Wissen vermittelt wird.

Grundsätzlich aber gilt,
- daß alle Äste, die ins Kroneninnere weisen, weggeschnitten oder entsprechend gebunden werden
- daß Konkurrenztriebe zu entfernen sind
- daß wir bei Jungbäumen Zweige einkürzen, weil das für den Baum Wachstum bedeutet
- daß jedes Jahr wieder ein regulierender Schnitt vorgenommen werden sollte
- daß Äste hinuntergebunden werden, damit sie besser fruchten

Alte, verwahrloste Obstkulturen brauchen viel Zeit, bis sie dank sorgfältiger Verjüngung durch Schnitt- und Pflegemaßnahmen wieder lohnende Erträge liefern.

Auch für den Baumschnitt wähle ich, wenn das Wetter und mein Zeitplan das möglich machen, Fruchttage in der Pflanzzeit (s. Seite 23/24). Gutes Werkzeug ist bei dieser Arbeit unerläßlich:
- eine leichte, handliche Säge, die sich auch wenden läßt, damit ich von allen Seiten schneiden kann
- eine gut schneidende, auf keinen Fall klemmende Baumschere
- Baumwachs oder Lac-Balsam als Wundverschluß (vor allem bei Schnittarbeiten im Herbst wichtig)
- eine stabile Leiter, die lang genug ist
- eventuell geeignetes Material zum Binden

Und immer noch gilt der Satz: Ein Obstbaum sollte so geschnitten werden »daß man vor dem Austrieb im Frühjahr einen Hut durch die Krone schmeißen kann, ohne daß er hängenbleibt«.

Wenn ich in Nachbars oder Freundes Garten Bäume schneide, ist mir wichtig, daß einer oder mehrere Interessierte zuschauen, damit sie erfahren, warum ich gerade diesen oder jenen Trieb ganz entferne oder einkürze. Nur so kann das Verständnis für die Obstbaumkultur allmählich wieder wachsen und – buchstäblich – Früchte tragen.

Obst, das in jeden Garten paßt: Beeren

Mit Beerenobstkulturen haben wir nur wenig Arbeit und ernten doch beträchtliche Mengen herrlicher frischer Früchte. Außerdem nehmen sie im Garten nicht allzuviel Platz in Anspruch. Himbeeren können samt

Der bäuerliche Obstanger

Ein Apfelbaum im Garten

Zum Glück haben viele Leute den langweiligen Geschmack all der hochgezüchteten und hochgelobten Sorten längst satt, die nur unter Einsatz massiver chemischer Dünge- und Pflanzenschutzmittel gedeihen wollen. Man besinnt sich wieder auf die knorrigen Apfel- und Birnbäume in Großvaters Hof oder Garten. Obstbäume sind unverzichtbarer Teil unserer Kulturlandschaften, sie prägten einst das Bild der Dörfer und Gehöfte. Sicher hat im Reihenhausgarten kein wuchtiger Boskoop-Apfelbaum Platz, dessen Krone mit der Zeit eine Fläche von zwölf Quadratmetern und mehr beschattet. Ein solcher Obstbaum gehört vielmehr in die bäuerliche Obstwiese, vor ein Bauernhaus oder auf den Dorfplatz. Aber auch ein Halbstamm, der sich mit rund acht Quadratmetern Kronenfläche begnügt, ist schließlich schon ein richtiger Baum und paßt in fast jeden Garten.

Wichtig sollte uns auch sein, daß alte Sorten, die jahrhundertelang in einer bestimmten Region heimisch waren, nicht verlorengehen. Seit einigen Jahren sammle ich deshalb alte Sorten von Apfel- und Birnbäumen, schneide Edelreiser von ihnen und werbe bei Veranstaltungen in Obst- und Gartenbauvereinen für ihre Erhaltung durch Veredlung. Als besonders aufgeschlossen für solche Rettungsaktionen erweisen sich erfreulicherweise unsere Schulkinder, und sie sind mit Feuereifer dabei, wenn wir im Schulgarten Edelreiser schneiden, okulieren, pfropfen. Gern nehmen sie auch ein veredeltes Bäumchen mit, setzen es in den Hausgarten und pflegen es liebevoll. Stolz können sie dann von Wachstumsfortschritten berichten.

Zum Glück gibt es in allen Regionen immer mehr Gleichgesinnte und auch Obstbauvereine, die sich um die Erhaltung des alten Kulturguts Obstbaum bemühen.

In unserer Gegend betrachtete ein Bauer seinen Obstanger früher geradezu als Statussymbol, war stolz, viele und auch große alte Obstbäume zu besitzen; schließlich hatte er ja das Privileg des ›Freibrands‹ und durfte selbst Most und Obstler herstellen.

Fruchtsproß mit Blütenknospe (links); Triebknospe für neuen Wuchs (rechts).

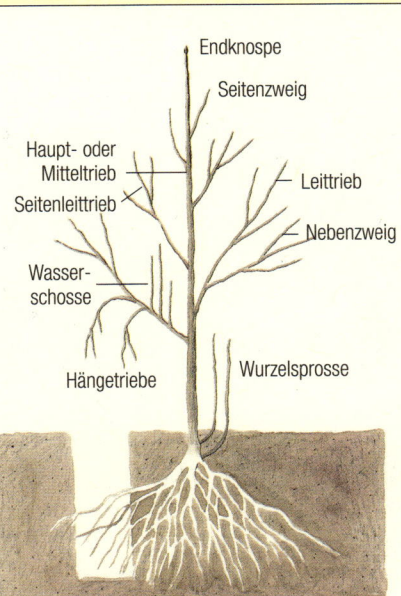

Die verschiedenen Triebe und Zweige des Obstbaums.

Rundkrone vor und nach dem Schnitt; niedergebundene Triebe.

MÄRZ

ihrem Gerüst auch als Begrenzung eines Gartenteils dienen, Johannisbeer- und Stachelbeersträucher lassen sich problemlos in eine lebendige Hecke integrieren.

BROMBEEREN. Für ein Brombeerspalier an der Hauswand, an der Garage oder an einem Gartenhaus genügen zehn Quadratmeter Fläche, an denen im August/September bis zu 15 kg saftige Früchte heranreifen. Abgetragene Brombeerruten müssen dann nach der Ernte komplett entfernt werden. Pro Pflanze werden nur drei bis fünf junge Ruten aufgebunden und erneut als Spalier geführt.

HIMBEEREN. Eine leicht zu pflegende Himbeerhecke kann an einem etwa 1,80 Meter hohen Lattengerüst oder an Drähten, am besten in Nord-Süd-Richtung, geführt werden und grenzt zum Beispiel den Nutzgarten vom Ziergartenbereich ab. Himbeeren wollen tiefgründigen Boden ohne Staunässe und dazu einen Platz an der Sonne. Manche Sorten liefern im Spätherbst sogar eine zweite Ernte. Zur Nährstoffversorgung genügt eine ständige Mulchauflage mit dem im Garten gejäteten Unkraut, ein wenig Grasschnitt dann und wann und im Herbst etwas reifer Kompost. Auch bei Himbeeren werden abgetragene Ruten sowie kleine, kümmerliche Jungruten entfernt. Pro laufendem Meter sollen nicht mehr als acht bis zehn Ruten stehenbleiben.

Die aromatischen Früchte von Himbeeren und Brombeeren lassen sich gut einfrieren, versorgen uns aber auch im Winter mit vitaminreichem Saft und mit Marmelade. Am besten aber schmecken sie uns und den Kindern frisch vom Strauch.

JOHANNIS- UND STACHELBEEREN. Einen sonnigen Platz und humosen Boden mögen diese dankbaren und dekorativen Sträucher, die uns bei regelmäßigen Schnitt- und Pflegemaßnahmen Jahr für Jahr mit reicher Ernte belohnen. Sie liefern die frische Hauptzutat für Marmeladen, Gelees und Säfte. Auch bei ihnen nehmen wir alte, abgetragene Ruten (dunkles Holz) nach der Ernte ganz heraus; im nächsten Jahr fruchten die Sträucher dann an den hellen Jungruten. Nach der Ernte bekommen sie eine Lage reifen Kompost, und vor Anbruch des Winters werden die Fruchtruten zusammengebunden, damit sie dem Schneedruck besser standhalten.

STECKLINGSVERMEHRUNG BEI BEERENOBST. Diese Art der Vermehrung ist einfach und gelingt beim Beerenobst ebensogut wie bei Ziersträuchern (Forsythie, Deutzie, Kornelkirsche oder Holunder).

Stecklinge bzw. Steckhölzer schneiden wir von einem gesunden, ausgereiften, einjährigen Trieb. Termine sind Vorfrühling oder Herbst. Im Herbst geschnittene Stecklinge müssen gebündelt und beschriftet werden wie die Edelreiser (s. Seite 158) und werden auch genauso aufbewahrt.

Wir schneiden einen einjährigen Trieb der Mutterpflanze ab und verwenden das Mittelstück mit vier bis sieben Knospen (Augen). Der Steckling soll 15-30 Zentimeter lang sein. Der Schnitt wird am unteren Ende waagrecht, oben leicht schräg geführt und muß jeweils einen halben Zentimeter vom letzten Auge entfernt sein.

ANZUCHT DER STECKLINGE. Am Rand eines Beets oder des Gartens heben wir für einen Anzuchtstreifen den Humus spatentief aus und geben eine etwa fingerdicke Sandschicht in die Furche; der Sand verhindert, daß sich Staunässe bildet. Dann werden die Stecklinge im Abstand von 5 Zentimetern so tief hineingestellt, daß nur das oberste Auge oder Augenpaar herausschaut, wenn die Furche wieder mit Humus aufgefüllt ist.

Die Stecklinge müssen angegossen, im Sommer unkrautfrei gehalten und gelegentlich mit etwas verdünnter Brennesseljauche bedacht werden. Auch eine dünne Mulchschicht aus Grasschnitt ist günstig.

Eine andere Möglichkeit ist, die Stecklinge direkt an den künftigen Standort zu setzen, weil das dem jungen Strauch einen späteren Ortswechsel erspart. Am besten pflanzen wir dann gleich mehrere Exemplare

---

Ein Bauer betrachtete seinen Obstanger früher geradezu als Statussymbol, war stolz, viele und auch große alte Obstbäume zu besitzen; schließlich hatte er ja das Privileg des »Freibrands« und durfte selbst Most und Obstler herstellen.

Pflanzenanzucht im März

von einer Sorte an die betreffende Stelle und lassen nach dem Prinzip der natürlichen Auslese schließlich nur das kräftigste stehen.

Damit sich die Jungsträucher von Anfang an buschig verzweigen, schneiden wir schon im Herbst die Triebspitzen um die Hälfte zurück.

Samen und Pflanzenanzucht

Von unseren schönsten und kräftigsten Blumen und Gemüsepflanzen haben wir an den für die jeweiligen Pflanzen günstigen Tagen (Blütetage für Blumen, Fruchttage für Fruchtgemüse usw. s. Seite 23/24) im Spätherbst Samen abgenommen und an einem warmen, luftigen Platz getrocknet; bei uns ist dafür das Bienenhaus ideal. Trocken und sicher vor Mäusen und anderen Schädlingen waren sie bei Temperaturen zwischen 10 und 15°C gelagert. Samen mit besonders harten Schalen, wie die von Möhren, Radieschen, roten Beten und Salat lassen wir zuerst 24 Stunden in lauwarmem Wasser quellen und säen sie danach sofort aus.

Es gibt aber auch Samen, bei denen erst ein Kälteschock die vorhandene »Keimhemmung« abbaut und sie überhaupt erst keimfähig macht; zu ihnen gehören die Kerne der Quitte, von besonders unempfindlichen Apfel- und Birnensorten und die des Holzapfels. Aber auch unter den Stauden finden wir Frostkeimer wie z.B. Christrosen, Trollblumen, Adonisröschen. Ihre Samen kommen im Frühwinter in eine Schale oder ein Säckchen mit Sand und überwintern im Freien. Aus ihnen lassen sich später besonders robuste Pflanzen ziehen.

GESCHÜTZTE ANZUCHT. Wenn wir auf dem Fensterbrett oder im Gewächshaus vorkultivieren, was später im Garten blühen und fruchten soll, so verschaffen wir den Pflänzchen einen beträchtlichen Wachstumsvorsprung gegenüber den direkt ins Freiland gesäten Artgenossen.

Für die Aussaat eignet sich am besten die Pflanzzeit (s. Seite 24/25); außerdem berücksichtigen wir das der jeweiligen Pflanze (Frucht, Blüte, Wurzel, Blatt) zugeordnete Element.

Handelsübliche Blumenerde oder auch Gartenerde ist zur Anzucht zu nährstoffreich. Wir stellen uns eine geeignete Mischung selbst her, und zwar aus einem Drittel Laubwald- und Gartenerde, einem Drittel Sand und einem Drittel reifem Kompost. Halbreifer Kompost würde die aufkeimenden Pflänzchen schädigen. Es gibt aber auch spezielle magere Anzuchterden im Fachhandel zu kaufen. Wer sie nicht bekommt oder kaufen möchte, kann einfache Blumenerde im Verhältnis 1:1:1 mit Sand und Torf mischen.

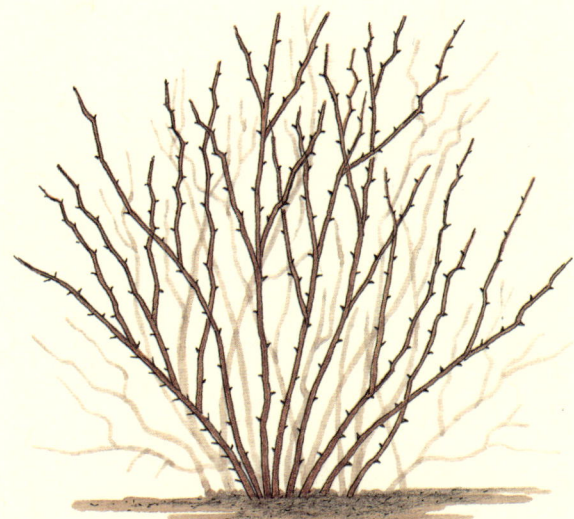

Der Johannisbeerstrauch braucht jährlich einen Rückschnitt (hier vorher und nachher).

Auch Stachelbeersträucher werden im Frühjahr kräftig ausgelichtet.

MÄRZ

Auch wenn die aufgegangenen Pflänzchen später vereinzelt (pikiert) werden, ist solche Anzuchterde am günstigsten; wegen ihres geringen Nährstoffgehalts wird darin vor allem die Wurzelentwicklung angeregt. Nach der Einsaat streuen wir ganz wenig Urgesteinsmehl (Biolit) über die Samen, um sie vor Krankheitskeimen zu schützen.

Wichtig sind nun Wärme und ausreichend Feuchtigkeit. Fruchtende Pflanzen wie Tomaten, Gurken, Paprika und viele Gewürzkräuter brauchen wegen ihrer südländischen Herkunft Keimtemperaturen von rund 20°C. Sie sollten also am besten auf einem Fensterbrett in einem geheizten Zimmer angezogen werden.

Das Anzuchtsubstrat muß immer gut durchfeuchtet sein, damit der Samen zum Quellen und der Keimling ans Licht kommen kann. Andererseits ist Staunässe für die jungen Pflänzchen gefährlich, macht sie »fußkrank« und läßt sie schließlich verkümmern. Auch würde bei zuviel Feuchtigkeit im Boden den Pflanzen der Sauerstoff fehlen, und es käme zu Fäulnis oder Pilzbefall.

ANZUCHT IM FREILAND. *Falls der Boden in der zweiten Märzhälfte schon abgetrocknet ist und sich gut bearbeiten läßt, säen wir Radieschen, Zwiebeln und Karotten (an Wurzeltagen), unempfindliche Salate und Spinat (an Blatttagen), Palerbsen und Dicke Bohnen (an Fruchttagen) sowie verschiedene Sommerblumen (an Blütetagen) direkt an ihren endgültigen Standort (s. Seite 23/24). Der Boden muß dann aber mindestens schon 12°C warm sein. Bald darauf folgen Frühkartoffeln, rote Bete und Zuckermais. Mit empfindlichen Pflanzen warten wir noch bis um die Zeit der Apfelblüte.*

Die Samen werden in die mit dem Holzrechen (nicht mit Eisenrechen!) gezogenen Saatrillen gefühlvoll aus der hohlen Hand gestreut. Feine Samenkörnchen wie die der Karotten mischen wir mit etwas trockenem Sand. Mit dem Rücken des Rechens werden die Saatrillen wieder geschlossen und leicht angedrückt. Die Samenkörner sollen einige Millimeter hoch mit Erde bedeckt sein. In Sonnenlage empfiehlt sich eine ganz dünne Mulchauflage aus Grasschnitt, damit der Boden ausreichend feucht bleibt.

In Saatkisten ausgesäte Pflänzchen müssen vereinzelt werden; zu lange Wurzeln kürzt man um ein Drittel.

Thema des Monats

Wenn wir als Kinder bei der Heuernte im Hochsommer durstig wurden, war uns durchaus nicht jedes Wasser recht. Das Wasser aus einer bestimmten Quelle schmeckte nämlich besonders gut und schien uns auch viel mehr zu erfrischen. Wir freuten uns schon darauf, wenn Wiesen gemäht wurden, von denen es nicht weit zu unserer Lieblingsquelle war. Und nicht nur wir, auch unsere Rinder und Schafe nahmen längere Wege in Kauf, um ihren Durst an einer Quelle zu löschen, deren Wasser besonders perlend und frisch war. Wir erlebten auch bei älteren Menschen unserer Umgebung, daß sie sich bei Krankheit oder Siechtum und sogar im Sterben Erleichterung durch das Wasser von ganz bestimmten Quellen erhofften.

Wasser bedeutet Leben, ist sein Ausgangspunkt und sorgt für den Fortbestand alles Lebendigen. Schließlich bestehen wir Menschen zu fast 70 Prozent, manche Pflanzen sogar zu 98 Prozent aus Wasser, das unser aller Lebensgrundlage ist. Kein Wunder also, daß um Wasser und Wasserrechte gestritten, prozessiert und sogar Krieg geführt wurde.

Klares, aktives, gesundes Wasser hat eine Urkraft. Es weist einen besonders hohen Sauerstoffgehalt auf, macht den Boden lebendig und verstärkt die Vitalität der Pflanzen. Dazu verfügt es über eine wunderbare Selbstreinigungsfunktion. Im Sickerbereich, in der Quelle, im Bachlauf folgt es einer natürlichen Bewegung, und indem es seinen Weg durch ein vielfach gewundenes Bachbett nimmt, Kieselsteine und Felsbrocken um- und überfließt, gewinnt es immer wieder seine Klarheit und Sauberkeit zurück. Nichts Schlimmeres kann einem Wasserlauf passieren, als daß er künstlich begradigt wird. In einem schnurgeraden, kanalartigen Gewässer, in einem zwischen befestigte Ufer eingepferchten Gerinne, das bei starken Niederschlägen mit viel zu hoher Fließgeschwindigkeit zu Tal schießt, verliert das Wasser nicht nur seine Kraft zur Selbstreinigung und Selbstvitalisierung, sondern wird auch zur Gefahr für Landschaft, Siedlungen und Menschen. Natürlich setzen die Einleitung von Schadstoffen und die später nötige Behandlung mit chemischen Mitteln dem Wasser weiter zu, zerstören viele nützliche Kleinstlebewesen und nehmen diesem Element das ursprüngliche Leben. Nicht zuletzt hat auch die Überdüngung der Quellgebiete und des Einzugsgebiets von Gewässern zur Verschlechterung der Wasserqualität beigetragen.

Speicherwässer aus Talsperren, Sammelbecken und Rohrsystemen sind zwar für uns heute lebenswichtig, erleiden aber durch Energieverlust eine Qualitätsminderung und verlieren ihre Eigendynamik.

Wasser als Lebenselement

Daß es Möglichkeiten zur Belebung des Wassers gibt, habe ich nicht nur aus Büchern und Vorträgen erfahren, sondern auch in langjährigen Versuchen mit ionisierten Quarzsanden, zum Beispiel beim Gießwasser für Blumen und für die Tomaten im Gewächshaus, aber auch an dem Wasser überprüft, in dem unsere Laufenten baden. Natürlich ist das keine wissenschaftliche Beweisführung, meine Ergebnisse bestärken mich aber in dem Bemühen, Wasser, indem ich es durch einen Wasserbeleber leite, wieder lebendiger zu machen. Gesundes und belebtes Wasser ist nämlich eine Vorbedingung für stabile Gesundheit unserer Pflanzen.

Es lohnt sich, in diesem Zusammenhang einmal über die alten Wasserrechte in unserem bäuerlichen Umfeld nachzudenken. In höheren Gebirgsregionen hatten manche Almbauern das Recht, zum Buttern Wasser aus ganz bestimmten Quellen zu nutzen. Auch durften sie, jahreszeitlich befristet, Wasser gewisser Quellen für Bewässerungen ableiten. In langen Holzrohren floß es über große Strecken, bevor es sich in einem offenen Grabensystem verteilte. Dieses lebendige Wasser, reich an Mineralstoffen und Spurenelementen, brachte in die Vegetation dieser Flächen Kraft und Schwung und förderte die Pflanzenvielfalt in unglaublichem Maße.

Auch eine andere Beobachtung, die die Almbauern schon vor vielen Generationen gemacht haben, gibt uns heute wieder zu denken: Auf Almen, deren

Thema des Monats

Nach langem Winter bricht sich das Wasser wieder Bahn, läßt überall Leben aufkeimen. Klares, aktives Wasser hat eine Urkraft, es macht den Boden lebendig.

Das Wasser der Hunza

Daß den Menschen vieler Kulturkreise und zu allen Zeiten der Mond so wichtig war, hat gewiß mit dem großen Einfluß zu tun, den unser Erdtrabant auf das Wasser hat. Er bewegt durch seine Umlaufbahn Meere und andere Gewässer, läßt sie anschwellen, meterhohe Wellen bilden, sich tief in den Boden graben.

Wie lebensspendend aber für uns Menschen das Wasser ist, das demonstriert uns eindrucksvoll der Volksstamm der Hunza, ein Gebirgsvolk, das im Karakorum lebt und als »Volk ohne Krankheiten« zu Berühmtheit gelangt ist. Dank ihrer Reinlichkeit und gesunden Ernährung, vor allem aber weil sie ungewöhnlich viel Wasser trinken, sind die Hunzas nach Ansicht der Forscher eines der gesündesten Völker auf Erden, und sie haben eine ungewöhnlich hohe Lebenserwartung. Das Wasser aus den schnellfließenden Gebirgsbächen, das gleichsam Lebenselixier für sie ist, enthält überdurchschnittlich viele Mineralstoffe, besonders Silber; es ist durch seine Polarisierung lebendiger, ändert dauernd seine Struktur und seine Oberflächenspannung. Es fließt frei, ist nicht in Leitungen eingesperrt, sondern nimmt seinen Weg, auf dem es auch für Einflüsse aus dem Kosmos, vor allem die des Mondes, empfänglich bleibt.

Daß Wasser nicht gleich Wasser ist, hat fast jeder schon einmal selbst erfahren. Ein kühler Trunk aus einem Gebirgsbach, der frei zu Tal rauscht und in ständiger Berührung und im Austausch mit den Kräften der Erde und der Planeten ist, schmeckt ganz anders als Wasser aus dem Wasserhahn; es erfrischt, läßt die Haut prickeln, belebt. Diese innere Spannkraft natürlich fließenden Wassers macht uns bewußt, wie stark die Kräfte sind, die in der Natur walten und auch uns und unser Leben bestimmen, solange wir im Kontakt mit der Natur bleiben.

Wasser als Lebenselement

Bewässerung zum großen Teil das Schmelzwasser übernimmt, findet man, verglichen mit der Talvegetation, ein Mehrfaches an würzigen Wiesenkräutern. Natürlich schmecken deshalb Milch, Butter und Käse von hochgelegenen Almen viel besser als die Erzeugnisse, die aus der Milch von im Tal weidenden Kühen hergestellt werden. Einsichtige Käser machen sich diese Tatsache heute wieder zunutze (hinzu kommt, daß die Hochalmen nur vom weidenden Vieh und nicht künstlich gedüngt werden).

Warum gerade das Schmelzwasser eine so günstige Wirkung auf die Vegetation hat? Wassermoleküle nehmen in einem neuen Aggregatzustand, also als Schneekristalle, eine andere Struktur an als im flüssigen Zustand (das beobachten wir an den bizarren Eiskristallen). Diese Struktur bleibt auch nach der Schmelze noch einige Stunden erhalten. Den Pflanzen auf den Hochweiden aber bekommt Wasser, unmittelbar nachdem es geschmolzen ist, wegen dieser molekularen Struktur besonders gut.

Nur bei oberflächlicher Betrachtung ist Wasser leblos, enthält es doch neben Salzen und Gasen u.a. organische Verbindungen und Bakterien in großer Zahl; in Wahrheit ist Wasser Grundbedingung allen Lebens. Ans Wasser sind sämtliche Lebensvorgänge in der Zelle gebunden, es dient im Organismus als Baustoff, als Lösungs- und als Transportmittel. Wir erleben seine subtilsten Eigenschaften, seinen feinstofflichen Gehalt aber erst an der Wirkung, die klares, lebendiges Quellwasser auf die Pflanzen und über die Nahrungskette auch auf Tier und Mensch hat. Es läßt jahrtausendealte Samen aufkeimen und ist im Körper jedes Lebewesens ein unersetzliches Elixier, ohne das es keine organische Entwicklung, kein vegetatives Wachstum und keine Fortpflanzung gibt. Schon in der Mythologie der alten Kulturen galt es als Symbol des Lebens und der Fruchtbarkeit sowie der chaotischen Urkraft. Das geweihte Wasser dient auch heute in

Wenn sich der Gebirgsbach aus seiner eisigen Umklammerung löst, hat das Schmelzwasser eine besondere Wirkung auf die Vegetation.

manchen Religionen zur Übertragung von numinoser Segenskraft auf Menschen, Tiere und Sachen. Schon immer sind die Menschen voller Hoffnung zu heilenden und heiligen Quellen, zu Gesundbrunnen und Strömen gepilgert, und schon immer haben sie auch vom Jungbrunnen geträumt.

APRIL

Kalendarium mit Los- und Schwendtagen

Der Garten im April

Das Hochbeet als Gestaltungselement

Österliches Brauchtum

Der Boden als lebendiger Organismus

Was Schmetterlinge mögen

Thema des Monats: Osterneumond – Ostervollmond

APRIL
Ostermond, Keimmond

»Wohl hundert Mal schlägt das Wetter um, das ist des Aprils Privilegium«, heißt es in einem Wetterreim. Der Spruch klingt modern, doch die Narrenspäße des Aprils kennt man seit Urzeiten. Die Scherze am »Haupttratzertag«, mit denen man andere »in den April schickt«, haben mit dem Wetter aber wohl nichts zu tun. Umso mehr brachte man den Gründonnerstag, den Karfreitag und die Ostertage mit Wetterwechsel und Wetterentwicklung in Verbindung: »Ist der Weichenpfinstig« (Gründonnerstag) weiß, wird der Sommer sicher heiß« und »Karfreitag-Regn bringt Jahres-Segn«; dagegen »Regen am Ostertag, wenig Futter man erwarten mag«.

Los- und andere Bauerntage Bauern- und Wetterregeln

1.4. Hugo, Irene; Haupttratzertag, starker Schwendtag?
2.4. Franz, Rosamunde; Lostag — *Bringt Rosamunde Sturm und Wind, ist Sibylle (29.4.) uns gelind*
8.4. Walter, Beate — *Walter naß, Sommer dürr*
10.4. Ezechiel, Hulda, Vinzenz (nach dem alten Kalender der 23.4.); Schwendtag? — *St.-Ezechiels-Tag, der hundertste Tag nach Neujahr, ist zum Leinsäen der beste Tag, wie auch der Tag St. Georg*

Bei aller Launenhaftigkeit ist der April bis Monatsmitte v.a. naß, und das ist gut so, denn der Boden braucht viel Feuchtigkeit: »Wenn der April stößt rauh ins Horn, so steht es gut um Heu und Korn. Ist der April windig und trocken, macht er alles Wachstum stocken.« Doch der Frühling ist nicht aufzuhalten. Jetzt werden die Weichen für die Wachstumsperiode gestellt.

14.4. Tiburtius, Valerian — *Am Tag Tiburtii sollen alle Felder grünen*
16.4. Benedikt, Gerold; Schwendtag?
17.4. Eberhard, Rudolf; Schwendtag?

Ins letzte Aprildrittel fällt meist die Blüte des Löwenzahns, dieser wichtigen Futterpflanze für die Bienen; das Grünland ist übersät mit gelben Butterblumen. Ab dem »Ergitag« (St. Georg) ist Querfeldeingehen verboten, die Wiesen stehen im besten Wuchs. Schlimm, wenn dann nach milden Tagen plötzlich der April wieder zuschlägt und die Bienen mit kaltem Wind, Regen oder gar Schnee überrascht; sie bleiben steif und wehrlos liegen. – Der Gärtner aber muß sich in Geduld üben: Der Boden soll warm und trocken sein, muß atmen können. Zutreffend der Reim: »Der Eardäpfel sagt, um Rat angfragt: Setzt du mi im April, kimm i, wenn i will – setzt du mi aber im Mai, nachr kimmi glei«

23.4. St. Georgitag, Adalbert (6.5.) — *Auf St. Gürgen soll man die Kuh von der Weide schürgen (weil von nun an die Wiese ins Heu geht) Ist's zu Georgi klar und schön, wird man noch rauhe Wetter sehn!*
25.4. Markus, Erwin (8.5.) — *Ist's vor St. Markus warm, friert's hernach bis in den Darm*
28.4. Vitalis, Paul — *Friert's am Tag von St. Vital, friert es wohl noch fünfzehn mal*
30.4. Pius; Walpurgisnacht, Lostag — *Regen auf Walpurgisnacht hat immer ein gutes Jahr gebracht*

Mutmaßliche Witterung

Die ersten zwei Wochen sind häufig vom sprunghaften Aprilwetter bestimmt. Das Ringen der Warmluft aus dem Süden mit der Polarluft aus dem Norden sorgt für die sprichwörtlichen Wetterkapriolen. Aussicht auf freundlichere Tage besteht zwischen 16. und 20. April; doch das letzte Monatsdrittel ist dann meist wieder unbeständig.

APRIL

Ein ganz besonderer Monat ist der April – nicht nur, weil hinter jedem Zaunpfahl ein anderes Wetter hockt und weil er vom ersten Tag an die Leute narrt, sondern auch weil die Christenheit mit dem Ostervollmond, der fast immer in den April fällt, ihr größtes Fest, die Auferstehung, feiert. Und nicht nur Christus ist auferstanden, auch die Natur begeht in festlichem Schmuck ihr Frühlingserwachen. – Das Allerwichtigste im Garten ist, daß wir in diesem Monat etwas für den Boden tun; jetzt braucht er Belebung durch Dünger, Anbau und Pflege, jetzt kommen auf Bauernland Hafer und bald auch Gerste in den Boden. Im Garten werden Mark- und Zuckererbsen angebaut und dann in zeitlicher Staffelung all die Kopf-, Schnitt- und Pflücksalate, damit uns das Grün in der Küche den ganzen Sommer lang nicht ausgeht. – An den im April sprichwörtlichen Wechsel von mildem Sonnenschein, Eiseskälte, Regen und Schnee können wir Menschen uns gewöhnen, den Bienen aber machen vor allem die plötzlich aufkommenden kalten Winde zu schaffen, die sie steif werden lassen und die Völker gefährlich schwächen können. – *In der Zeit vom Palmsonntag bis Ostermontag erwarten uns Tage mit uralten, zum Teil in heidnischer Vorzeit wurzelnden Bräuchen.*

Sattgrün sprießt es auf den Wiesen, und das hellgrüne Blätterkleid der Bäume spiegelt sich im klaren Wasser.

Der Garten im April

Wo im März wegen Nässe und Kälte an Gartenarbeit noch nicht zu denken war, können jetzt die dort empfohlenen Arbeiten ausgeführt werden. Der Ziergarten wird nun täglich bunter und lebendiger. In voller Pracht stehen Tulpen und Narzissen, Träubelhyazinthen und Hyazinthen. Und auch der Steingarten gewinnt von Tag zu Tag an Farbe hinzu. Mancheiner kann sich vielleicht entschließen, ein Stück des viel zu großen, langweiligen Rasens »auszuhungern«, damit an seiner Stelle nach längerer Entziehungskur ohne jeden Dünger eine artenreiche Blumenwiese sprießen kann (s. Seite 119/120).

Arbeiten im Gemüsegarten

Mark- und Zuckererbsen werden nun in regelmäßigen Abständen mehrmals hintereinander ausgesät, damit es bis in den Herbst laufend frische Erbsen und Schoten zu ernten gibt. Auch für den Anbau von Sommerendivien, Pflück- und Schnittsalat ist jetzt immer noch die richtige Zeit.

Die Beete für all die Pflanzen, die erst nach den Eisheiligen in die Erde kommen, können jetzt bei schönem, trockenem Wetter vorbereitet und mit etwas Grasschnitt abgedeckt werden. Dann verlieren wir im Mai, wenn es besonders viel Arbeit im Garten gibt, damit keine Zeit mehr.

Pünktlich zum Fest erblühen die goldgelben Osterglocken und künden vom Sieg des Lebens.

An einem Blattag in der Pflanzzeit können Kohlgemüse wie Blumenkohl, Wirsing, Brokkoli und Kohlrabi gepflanzt werden (notfalls Folie zur Abdeckung gegen Nachtfröste bereithalten!). Weißkohl wird bei uns zuerst in Kistchen gesät und ins Gewächshaus gestellt. Anfang bis Mitte Mai erfolgt dann die Auspflanzung ins Freiland. Von den vielen aufgegangenen Pflänzchen können wir meist auch noch Freunde und Nachbarn mitversorgen.

An Wurzeltagen in der Pflanzzeit sind Radieschen, Zwiebeln und Möhren, aber auch die zarten Mairübchen an der Reihe, während wir mit dem Spinat bis zu den nächsten schönen Blattagen warten, an denen auch vorgezogene Petersilie auf die Beete kommt bzw. noch gleich im Freiland ausgesät wird.

Das Hochbeet als Gestaltungselement

Abgesehen vom praktischen Nutzwert sieht ein Hochbeet in jedem Garten hübsch aus, es macht sich als dekoratives »Möbelstück« sogar im Ziergarten oder auf einer Rasenfläche gut. Die Pflanzen auf dem Hochbeet sind dem Auge des Betrachters ein Stück näher als in einem normalen Beet. Besonders praktisch ist es zum Beispiel für Schwangere, aber auch für ältere Leute, die sich nur schwer bücken können. Sogar Rollstuhlfahrern bietet es die Möglichkeit zur Gartenarbeit.

Das Hochbeet braucht im Garten einen möglichst sonnigen, also unbeschatteten Platz. Eine Breite von 1,20 bis 1,40 Meter macht die Bearbeitung von beiden Seiten einfach, die Länge kann 4-5 Meter betragen, die Höhe 60-80 Zentimeter.

Bei der Anlage wird zunächst der Boden bis in eine Tiefe von 40 Zentimeter ausgehoben, dazu stechen wir ggf. die Grassoden ab und schaufeln die Humusschicht darunter auf einen separaten Haufen. Die Grube wird mit feinem Maschendraht ausgelegt, der auch hochgezogen werden muß, damit die lästigen Nager nicht von den Seiten eindringen. Darauf kommt nun sperriges Material wie abgeschnittene Aststücke von Bäumen und Sträuchern sowie die grobe, steinige Erde vom Aushub, darüber Pflanzenabfälle wie Kohlstrünke, Gestrüpp oder Reisig. Nun folgt eine etwa 10-15 Zentimeter hohe Schicht Stallmist und halbfertiger Kompost. Die folgende Schicht besteht aus Sand, damit Staunässe vermieden wird. Der seitlich

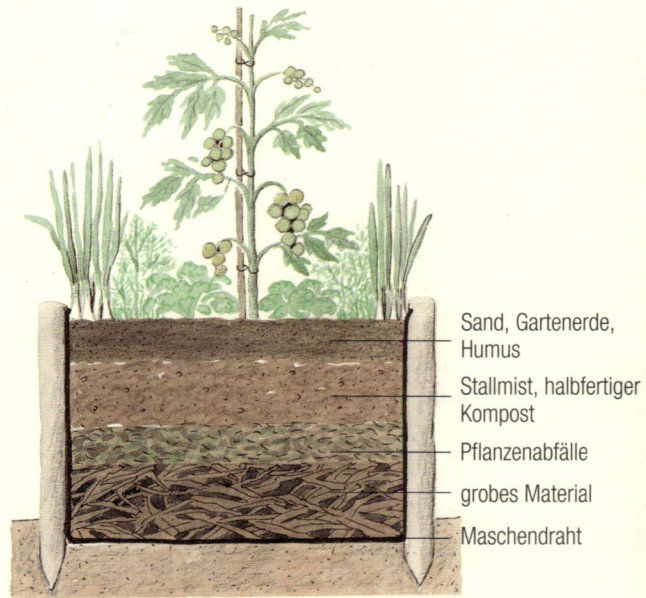

Ein Hochbeet muß richtig »aufgebaut« werden, damit auf engem Raum viele Pflanzen gedeihen.

Der Garten im April

Österliches Brauchtum

In der Karwoche – von Montag bis Montag – hat jeder Tag seinen Namen, der Bezug auf alte Traditionen nimmt. Die Aufzählung reicht vom »Stillen Montag« über den »Blauen Erchtag« (Dienstag), den »Krumpmittig« (Mittwoch), den »Weichenpfinstig« (Gründonnerstag), »Klagfreitag« (Karfreitag), »Klag- und Ruhsamstag« (Karsamstag) bis zum »Heiligen Tag« (Ostersonntag) und »Ostermorgen Emausgang« (Ostermontag). Schauen wir uns zum Beispiel den Weichenpfinstig mit seinem reichen Brauchtum einmal genauer an:

Schon vor dem Tagwerden müssen im Hühnerstall alle Eier, die vielleicht noch vom Vortag sind, aus den Nestern genommen werden, weil nur die Eier, die die Hühner an diesem Tag legen, für den Osterbrauch tauglich sind. Sie werden am Abend des Gründonnerstag in einem Korb eingesammelt, gekocht und schließlich liebevoll als Ostereier bemalt. Das Färben und Bemalen der Ostereier hat übrigens eine lange Geschichte. Einstmals wurden die Eier nur rot bemalt, weil man der roten Farbe Schutz- und Zauberkräfte zuschrieb. Doch aus dem heidnischen Ritual ist längst ein christlicher Brauch geworden, denn das Osterei gilt uns als Symbol der Auferstehung Christi. Deshalb bringen wir unsere Eier am Ostersonntag zur Weihe in die Kirche. Die Eier wurden leicht angeschlagen, damit »d'Weich« (die Weihe) besser in dieselbe eindringen konnte. Jedes Familienmitglied ißt dann am Abend eines davon.

Lämmer und junge Zicklein springen zur Osterzeit schon ausgelassen herum.

Früher wurde, wenn im Stall eine kranke Kuh stand, ein geweihtes Ei unter ihrem Liegeplatz eingegraben. Auch an Gefahrenstellen, wo in Wald oder Wiese ein Lahnbruch (Erdrutsch) drohte, grub man eines dieser kostbaren Eier in den Boden. Mancherorts im Norden und Osten glaubte man, daß Äcker und Wiesen, über die man ein geweihtes Osterei rollen ließ, fruchtbarer würden und daß die Saaten besser aufgingen.

Am Gründonnerstag verstummen dann die Kirchenglocken, und die Ratschnbuben treten in Aktion. An diesem Tag gibt es bei uns zu Mittag eine Grünsuppe, die aus frischen, jungen Brennnesselblättern und anderem Grünzeug gekocht wird, das jetzt schon ums Haus herum sprießt. Die Suppe soll helfen, den Körper nach der langen Fastenzeit zu reinigen und zu läutern; sie hilft, die Frühjahrsmüdigkeit zu über-winden und macht den Geist frei für das Osterwunder. In manchen Gegenden bereitet man am Gründonnerstag die Sieben- oder Neunkräutlsuppe, anderenorts wieder einen Brennesselspinat, wohl wissend, daß diese Pflanze in den jungen Triebspitzen besondere Heilkräfte birgt (sie enthält ja reichlich Vitamine, Mineralstoffe, Gerbstoffe und organische Säuren).

Beim »Baumbeten«, das wie eine mystische Kulthandlung anmutet, sucht sich jedes Familienmitglied im Obstanger seinen Lieblingsbaum aus und kniet dort zur Erinnerung an die Ölbergszene zu einem kurzen Gebet nieder.

Die Beete im Gemüsegarten sind schon bestellt und mit Mulch versorgt; in der Kräuterspirale beginnt es zu sprießen.

gelagerte Humus wird nun mit Gartenerde vermischt und rund 25 Zentimeter hoch aufgetragen. Ganz obenauf kann man als Deckschicht noch eine Mischung aus Gartenerde und Reifkompost geben. Die Einfassung bilden Rundhölzer, die im Kreuzverband aufgerichtet werden.

An die Ränder kommen rankende Gewächse wie Gurken, hängende Erbsen oder Erdbeeren, zur Mitte hin Kräuter und Salate, Spinat, Möhren und Zwiebeln. In der Beetmitte pflanzen wir Tomaten, Paprika oder Porree und Kohlarten. Auch Radieschen, Fenchel und Knoblauch gedeihen gut auf dem Hochbeet. Und natürlich ist dazwischen überall für Blumen Platz, die für Farbe und Duft im Hochbeet sorgen. Auf die gleiche Weise läßt sich übrigens auch ein Hügelbeet anlegen.

Arbeiten im Kräutergarten

Tee- und Gewürzkräuter werden nicht nur für die Küche gebraucht, sondern auch für die verschiedenen Kräuterbrühen (s. Seite 96-98), die die Pflanzen gesund erhalten sollen. Unsere Kräuterspirale bekommt wieder neuen Schwung durch Bepflanzung mit allerlei Teekräutern. Schnittlauch wird aufgenommen, geteilt und an anderer Stelle, wo die Erde vorher mit Reifkompost versorgt wurde, neu eingepflanzt. Im Gewächshaus säen wir bei Bedarf Thymian, Ysop, Melisse und Salbei in Kistchen, um möglichst viele Duft- und Gewürzkräuter anzuziehen, die später an vielen Stellen im Nutz- und Ziergarten ihren Platz finden werden. Das dauerhafte Bergbohnenkraut, ein Halbstrauch, treibt schon wieder kräftig durch, Dill und Borretsch gehen überall in den Beeten von selbst auf, aus seinem mächtigen Wurzelstock bringt der würzige Liebstöckel, das Maggikraut, die ersten Blätter hervor. Dillsamen wird unter die Möhrensaat gemischt, weil Dill seine Nachbarn nicht nur zur Keimung anregt, sondern auch besonders schnell aufgeht und die Reihen markiert. Außerdem ist der Bedarf an diesem aromatischen Gewürzkraut in unserer Küche besonders groß. Erfreulicherweise schreckt gerade dieses Aroma allerlei Schadinsekten vom

Der Garten im April

Besuch dieses Beetes ab. Einige Dillpflanzen, die wir zum Blühen und Fruchten kommen lassen, sehen mit ihren gelben Dolden und schönen Fruchtständen im Sommer überall wunderschön aus. Direkt ins Freiland säen wir auch Kerbel, falls er nicht von selbst aufkommt, aber auch weitere Petersilie sowie Kümmel, dessen Früchte später im Jahr Kartoffel- und Kohlgerichte, Brot und anderes Gebäck, vor allem aber das Sauerkraut so würzig und bekömmlich machen.

Arbeiten im Obstgarten

Anfang April ist immer noch Zeit für die Neupflanzung von Obstbäumen (s. Seite 145-147). Vielleicht setzen wir ein paar selbstgezogene Sämlinge irgendwo an einen Beetrand, um an ihnen im August das Äugeln (Okulieren) mit alten Edelsorten auszuprobieren.

Alle Obstbäume vertragen jetzt kleinere Gaben von Reifkompost auf die Baumscheibe, außerdem empfiehlt sich dort jetzt die Aussaat von Lupinen, Klee oder Kapuzinerkresse; nicht nur weil das später so dekorativ aussieht, sondern auch zur Bekämpfung von Parasiten.

Monatserdbeeren können jetzt gesetzt werden. Alle Beerensträucher aber brauchen bei feuchtkalter Witterung im April eine Spritzung mit Ackerschachtelhalm-Tee.

Arbeiten im Ziergarten

Am prächtigsten entfalten sich um diese Zeit die Blütenpolster im Steingarten, wo die Blau-, Violett- und Gelbtöne zu einer üppigen Farbensinfonie zusammenstimmen. Es lohnt sich, hier täglich einige Zeit zu verweilen, um all die Blütenschönheit so früh im Jahr in sich aufzunehmen.

Wie die Beerensträucher sind auch die Rosen für ein Übersprühen mit Ackerschachtelhalm-Tee dankbar, der die Blätter vor Pilzkrankheiten schützt.

Der Rasen kann jetzt im April erstmals geschnitten werden und bekommt auch eine erste Kompostgabe. Wo sich Moos gebildet hat, sollte die Grasnarbe kräftig durchgekämmt und mit etwas Sand bestreut werden. Den abgerechten Rasenschnitt benötigen wir bereits dringend zum Mulchen der Gemüsekulturen.

Der Boden als lebendiger Organismus

Bei unserem Bemühen um gesunde Lebensmittel aus Feld und Garten steht im Mittelpunkt aller Aktivitäten – der Boden. Je reicher das Bodenleben, desto besser gedeihen die Pflanzen, vor allem wenn sie auch im Einklang mit den kosmischen Kräften herangezogen werden.

Die Beschaffenheit eines Bodens ist abhängig vom jeweiligen Ausgangsgestein. Über schwerem Gestein wie Granit oder Schiefer entwickeln sich schwere Tonböden, deren Bestandteile so fein zerrieben, von so geringer Korngröße sind, daß zwischen ihnen kaum Luft eindringen kann. Man spricht deshalb von verdichteten Böden. Sie sind besonders schwer zu bearbeiten. Über Sandstein aber entwickeln sich Böden mit starker Korngröße, die leicht und sandig sind. Sie können auch die Sonnenwärme gut aufnehmen. Groß ist allerdings ihre Durchlässigkeit für Wasser und Nährstoffe.

Für unsere Gärten und Felder wünschen wir uns eine Mischung aus »leichtem« und »schwerem«, lockerem und verdichtetem Boden. Wir setzen einem tonigen Boden grobkörnigen Sand zu, Sandboden aber wird mit Lehm oder Ton verbessert.

Doch unsere fruchtbaren Böden bestehen nicht nur aus mineralischen Partikeln, sondern weisen auch einen beträchtlichen Gehalt an organischer Substanz auf, den sogenannten Humusanteil. Er entsteht durch den natürlichen Abbau abgestorbener Organismen, also von Pflanzenresten wie Laub, Nadeln, Holz, aber auch aus tierischen Überresten. Sie verrotten an der Oberfläche und bilden die Deckschicht des Bodenprofils, das gleichsam ein Schnitt durch die Bodenschichten ist. Die darunter abgelagerten Stoffe sind dank der Abbautätigkeit unzähliger Bodenlebewesen schon in einen Rottezustand übergegangen und leiten über zur eigentlichen Humusschicht, in der die Pflan-

> *Blütenpolster im Steingarten, wo die Blau-, Violett- und Gelbtöne zu einer üppigen Farbensinfonie zusammenstimmen: Es lohnt sich, hier täglich einige Zeit zu verweilen, um all die Blütenschönheit so früh im Jahr in sich aufzunehmen.*

Daß der Gartenboden locker und lebendig ist, muß Ziel aller Bearbeitungsmaßnahmen im Frühjahr sein.

zenwurzeln ihr Auskommen finden. Der Humus ist viel dunkler als die Deckschicht, dazu locker, feucht, aber gut durchlüftet. Er riecht nicht etwa faulig, sondern angenehm frisch.

Diese Humusschicht lebendig und aufnahmefähig zu halten, ist das oberste Ziel der Bodenbearbeitung, denn sie sichert den Pflanzen Nahrung und Wachstum. Durch dauernden Nachschub von Kompostmaterial zur Anreicherung der Humusschicht müssen die Verluste ausgeglichen werden, die dem Boden dadurch entstehen, daß ihm die Pflanzenwurzeln Nährstoffe entziehen. Der natürliche Kreislauf bleibt also geschlossen, denn wir führen dem Boden ja wieder zu, was wir ihm in Form von Pflanzenmasse nehmen, die wir für unsere Ernährung brauchen.

Weiter unten im Bodenprofil folgt auf die auch als Oberboden bezeichnete Humus- und Rotteschicht der vorwiegend mineralische Unterboden. Der Humusanteil in diesem Bereich ist nur noch gering und nimmt nach unten immer mehr ab, bis im Untergrund nur noch das nackte Gestein lagert.

Von den vielen Helfern im Boden, die der Zersetzung Vorschub leisten, ist schon mehrfach die Rede gewesen, vor allem von einem, dem wir besonderen Dank schulden, dem Regenwurm (s. Seite 117). Er wirkt an vorderster Front bei der Erzeugung von wertvollem Mutterboden mit. In seinem Darm durchmischt er organisches und mineralisches Material und kann nach Bedarf sogar noch mit Kalkgaben aus eigener Herstellung dienen. Ihm ist die Entstehung der so wichtigen Ton-Humus-Komplexe zu verdanken. Und doch ist er nur einer von vielen. Milliarden von Bakterien, Pilzen, Algen, Gliedertierchen beleben ja jeden Quadratzentimeter Boden. Und diese Mikroorganismen müssen mit Sorgfalt gehegt werden. Unkrautbekämpfungsmittel und Überdüngung aber werden für die Bodenlebewesen zur Belastung.

BODENLEBEN UND BODENPFLEGE. Das Wichtigste bei all unseren Maßnahmen zur Bodenpflege ist, daß wir eine Verdichtung des Bodens verhindern und ihm mit Hilfe einer ständig erneuerten Mulchschicht die Feuchtigkeit erhalten. Wir müssen wissen, welche Fruchtfolgen wir ihm zumuten können, um ihn nicht auszubeuten, und wann er Ruhe braucht. Ziel aller Kulturmaßnahmen wie Düngung, Lockerung, Pflanzenanbau und -pflege aber soll stets die Belebung des Bodens sein. Und dafür müssen wir im Laufe der Zeit und mit zunehmender Praxis ein gewisses Fingerspitzengefühl entwickeln. Nicht jeder Boden verträgt dieselbe Menge Kompost; ein wenig belebter Boden kann nur kleinere Mengen abbauen. Dynamisches,

Von den Regenwürmern kann man im Boden und Kompost gar nicht genug haben.

Was Schmetterlinge mögen

An der bunten Blütenpracht in unserm Garten erfreuen wir uns nicht lang allein. Bunte Schmetterlinge gaukeln bald durch die Luft, um an so mancher Blüte etwas süßen Nektar zu naschen. Mit einem Stück Blumenwiese, dem Kräuterbeet und den überall verteilten Blütenpflanzen haben wir schon eine Menge dafür getan, daß sich Schmetterlinge bei uns wohlfühlen. Doch sollte in der Nähe des Kompostplatzes oder an Zaun und Hecke möglichst auch eine Brennessel-»Kultur« Platz haben, damit viele Schmetterlingsraupen – Admiral, Tagpfauenauge, Kleiner Fuchs, Landkärtchen, Distelfalter – das Futter finden, auf das sie so dringend angewiesen sind. Viele Raupen fressen nämlich nur die Blätter einer einzigen Pflanzenart. Dem prächtigen Schwalbenschwanz bzw. seinen Raupen etwa hat es das Karottenkraut auf unseren Gemüsebeeten angetan, der Apfelwickler bevorzugt die Blätter unserer Apfelbäume, Kohlweißlingsraupen knabbern begeistert von den Kohlpflanzen und Lauchmotten räumen beim Porree auf. Doch angesichts der Gefährdung so vieler Schmetterlingsarten, von denen einige der schönsten schon auf der roten Liste stehen, sollten wir auch mit dem, was wir selber gern ernten wollen, großzügig sein. Auf den überall so intensiv bewirtschafteten Äckern, in Wäldern und Feldgehölzen ist für die Schmetterlinge und vor allem ihren Nachwuchs nämlich nicht mehr viel zu holen; auch die früher so üppig bewachsenen Wegraine werden heute von den Giftspritzen erreicht, viele Rückzugsgebiete wie Sumpfwiesen, Moore, Heiden oder Trockenhänge sind längst wegkultiviert. Und gerade die besonders üppig blühenden Blumen sind zwar schön zum Anschauen, produzieren aber gar keinen Nektar. Lassen wir also auch ein paar Wildgräser und Wildblumen in unseren Gärten sprießen. Schließlich geht es um die Rettung und Bewahrung von Tierarten, ohne die unsere Welt viel eintöniger und ärmer wäre.

Manche Schmetterlinge brauchen unbedingt Brennesseln als Futter für die Raupen.

---

lebendiges Erdreich aber verträgt Reifkompost in größerer Quantität; in ihm wird der Nährhumus alsbald zu Dauerhumus umgebaut.

Wer sich seiner Sache noch nicht ganz sicher ist, sollte über die ganze Vegetationsperiode verteilt kleine Gaben von Reifkompost auftragen, die sich schließlich zu einer Menge von einem Zentimeter Höhe über die Gesamtfläche summieren.

Wenn eine vernünftige Fruchtfolge (s. Seite 16-18) eingehalten und die Flächen von Zeit zu Zeit mit Gründüngung bestellt werden, ist außer diesen Reifkompostgaben, denen etwas abgelagerter Stallmist zugefügt sein sollte, kaum noch Düngeaufwand nötig. Man kann den Kompost auch zusätzlich mit Hornspänen, Hornmehl oder Knochenmehl aufwerten und dann und wann etwas Patentkali (bei uns Holzasche aus dem Kachelofen) zufügen.

Rindermist wird im Frühjahr kompostiert und kann dann im Herbst ausgebracht werden. Wer ihn nicht kompostieren möchte, mischt ihn mit Gartenerde und deckt ihn immer wieder mit Grasmulch ab. Bis zum nächsten Frühjahr machen ihn die Mist- und Regenwürmer schwarz und krümelig. Besonders wertvoll zur Bodenanreicherung ist übrigens Geflügelmist, der allerdings vorsichtig dosiert werden muß.

URGESTEINSMEHL. Für die Mineralstoffversorgung des Bodens streuen wir regelmäßig Urgesteinsmehl (bei uns das bewährte Biolit aus fein vermahlener Vulkanlava, s. Seite 164) auf die Flächen.

APRIL

Ruhender Boden braucht eine Gründecke zur Förderung des Bodenlebens.

Die Ausbringung erfolgt
- durch direktes Ausstreuen auf Beete und Wiese bei feuchter Witterung
- durch Zugabe zu den Küchenabfällen (fördert die Verrottung, vertreibt Fliegen)
- durch Zusatz zum Komposthaufen
- durch Angießen an die Pflanzen
- durch Einstäuben gegen Mehltau (z.B. Rosen, Kartoffeln, Beerensträucher)
- durch Zugabe zur Brennesseljauche

Ein Überdüngen mit Biolit oder anderen Urgesteinsmehlen ist praktisch unmöglich.

Schließlich sorgen wir durch Kräuterjauchen für den Schutz und die Kräftigung unserer Pflanzen.

GRÜNDÜNGUNG. Wieviel wir aus der bäuerlichen Überlieferung lernen können, erweist sich nicht zuletzt am Beispiel der Gründüngung. Durch Einsaat verschiedener Pflanzen sorgen wir für eine optimale Bedeckung des ruhenden Bodens. Eine Gründecke
- hilft, die Bodenerosion zu stoppen
- fördert das Bodenleben und die Harmonie der Kreisläufe
- trägt zur besseren Verwitterung bei
- läßt die Stickstoffsammler, an erster Stelle die Leguminosen mit ihren Knöllchenbakterien, aktiv werden und reichert so den Boden mit organisch gebundenem Stickstoff an
- verbessert den natürlichen Luft- und Wasserhaushalt des Bodens
- verhindert den Unkrautaufwuchs und sorgt für Beschattung und Durchwurzelung

Außerdem sehen Gründüngungspflanzen wie Phacelia, Lupinen, Kapuzinerkresse, Sonnenblumen und Tagetes auch noch wunderschön aus.

Im Folgenden ein paar Vorschläge für sinnvolle Gründüngung:
- Zur Vorbereitung des Bodens mit besonderer Tiefenwirkung eignen sich vor Sommerkulturen Hafer und Roggen; sie werden im Frühjahr eingesät, Mitte Mai abgemäht und machen dann verschiedenen Kohlarten Platz. Den Grünschnitt verwenden wir zum Mulchen.
- Als Brache, aber auch nach der Ernte von Kartoffeln oder Salat im Herbst, ist ein Gemisch aus Ackerbohnen, Wicken, Klee und Phacelia günstig. Es eignet sich aber auch als Vorfrucht vor Spätkulturen.
- Zwischen die Kohlköpfe kann man im August Erbsen und Klee auf den gelockerten Boden einsäen und mit einer Mulchschicht bedecken. Bis zur Ernte des Kohls Ende Oktober stehenlassen.

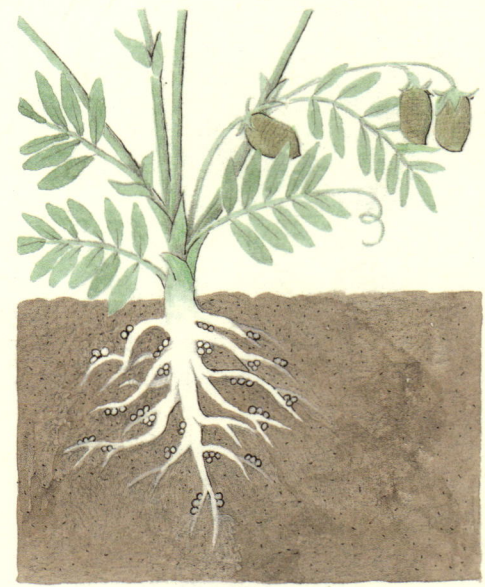
Dank der Knöllchenbakterien an ihren Wurzeln reichern Leguminosen den Boden mit Stickstoff an.

Thema des Monats

Ostern, das zu den beweglichen Festen im Jahreslauf gehört, erinnert uns daran, daß es auch vor Einführung unseres Kalenders bereits eine Zeitrechnung als ordnendes System gegeben hat. Damals richteten sich die Menschen zusammen mit der gesamten belebten Natur ausschließlich nach den Himmelserscheinungen, den Gestirnen und Konstellationen.

Aus uralter Überlieferung und aus dem Brauchtum der Völker wissen wir, daß es schon immer Feste und Riten gab, die mit den Gesetzmäßigkeiten kosmischer Kräfte in direktem Zusammenhang standen. So feierte man schon bei den Germanen zum ersten Frühjahrsvollmond eine Art Ur-Osterfest. Mit der Tag- und Nachtgleiche, also zu einer Jahreszeit, da man schon ahnen kann, wie der Kampf zwischen Winterkälte und wärmender Frühlingssonne entschieden wird, wächst überall die Hoffnung; sie manifestiert sich im zunehmenden Mond und gipfelt beim Ostervollmond für uns im Fest der Auferstehung. Bei diesem Festkreis wird also besonders deutlich, wie eng christliches Gedankengut mit kultischen Handlungen unserer Vorfahren verwoben ist. Vom Neumond an, der gleichsam den Nullpunkt darstellte, spürten die Menschen, daß von nun an in der Natur wieder neue, aufsteigende Kräfte wirksam werden. Sie wußten – wie wir es heute wissen –, daß in dieser Zeit des Aufstrebens die wiederkehrenden Tätigkeiten, z.B. die Kulturarbeiten in Garten und Feld, besser gelingen, daß alles Natürliche harmonischer zusammenspielt. In den letzten Tagen vor dem Vollmond kommt es dann zu höchster Steigerung der Energien und damit auch zu besonderer Fruchtbarkeit und Empfänglichkeit. Wenn dann mit dem Vollmond der Höhepunkt der Kraftentfaltung erreicht und der Zenit überschritten ist, reagiert alles und jeder besonders sensibel, ist leicht verletzlich, die aufbauenden Kräfte lassen nach, jetzt »fällt die Frucht vom Baum«, jetzt finden beispielsweise gehäuft Entbindungen statt (bei Naturvölkern und bei sehr naturverbunden lebenden Frauen ohne irgendwelche Eingriffe oder unterstützende Medikamente).

Osterneumond – Ostervollmond

Vom Sinn des österlichen Fastens

In der Zeit vom ersten Frühjahrsneumond bis zum Ostervollmond herrscht in der Natur eine überall spürbare Erregbarkeit und Empfänglichkeit für die Wirkungen der erwachenden Naturkräfte. So läßt sich auch die Tradition des österlichen Fastens erklären. Wer sich in diesen Wochen mit innerer Bereitschaft einer heilsamen Fastenkur unterzieht, der wird mit der Reinigung des Körpers von Schlacken eine ganz besondere geistig-seelische Befreiung erfahren. Verbunden ist damit eine neue Aufgeschlossenheit für die Wirkung kosmischer Kräfte.

Das ursprünglich 40 Tage dauernde Fasten begann früher einmal mit dem Vorfrühlingsneumond und endete beim Ostervollmond. In dieser Zeit wurde der Körper vorbereitet für die aufbauenden Kräfte.

Österliche Riten

Zum Ritual des Osterfestkreises gehören auch die geweihten Zweige am Palmsonntag, das Osterbrot und das Osterlamm. Warum der sogenannte »Palmbuschen« oder Palmbesen aus Weidenzweigen besteht, wissen heute die meisten Leute, die ihre Palmkatzerl zur Weihe in die Kirche tragen, gar nicht mehr. Weiden können durch die in ihren Zweigen enthaltenen Salizylverbindungen negative Strahlungen und Spannungen herabsetzen oder neutralisieren (Ähnliches gilt übrigens auch vom Honig, von der Brennessel und der Ameisensäure). Sie werden genau dann geschnitten (kurz vor Sonnenaufgang), und geweiht (kurz vor dem Ostervollmond, nämlich am Palmsonntag), wenn die natürlichen Kräfte besonders stark sind. In manchen Gegenden bindet man die Palmzweige auf Latten und ziert sie mit vielfarbigen Bändern und mit kleinen Brezen. Die

Thema des Monats

Weiden können negative Strahlung und damit Spannung herabsetzen; der Baum liefert auch die Zweige für den Palmbuschen.

Osterneumond – Ostervollmond

geweihten Zweige bewahrt man trocken auf (manche stecken sie hinters Stubenkreuz) und wirft sie bei Gewitter ins Feuer. In der offenen Feuerstelle entfalten sie dann eine besondere Wirkung, indem sie die Spannung im Raum herabsetzen. In einer so entspannten Aura aber fühlten sich die Menschen früher sicherer als wir heute mit einem Blitzableiter. Andernorts steckt man die Stangen mit den geweihten Palmbuschen in den Garten oder aufs Feld, um so die Fruchtbarkeit zu mehren.

Auch das traditionelle Osterfeuer, ist ja nicht irgendeine Brandstätte, sondern dient dazu, Spannung herabzusetzen und ein Gefühl der Befreiung und des Wohlbehagens zu erzeugen. Am Karsamstag tragen Burschen und Mädchen »Klaubholz« zusammen – früher hatte jeder Hof sein Oster- oder Auferstehungsfeuer, das in der Osternacht angezündet wurde. Dann sah man an den Berghängen ringsum die Feuer lodern, und im Morgengrauen hörte man vielerorts Böllerschüsse (Sonnebegrüßen am Ostermorgen). Die Asche vom Osterfeuer aber streute man bei Flurgängen auf den Feldern aus; sie sollte die Feldfrucht vor Mißernte bewahren.

Nicht nur mit dem Feuer, auch mit dem Wasser hat es zu Ostern seine besondere Bewandtnis. In manchen Landstrichen holten die Mädchen am Ostermorgen vor Sonnenaufgang schweigend frisches Osterwasser aus dem Bach oder dem See; es sollte sie frisch erhalten und verschönern. Sie mußten es aber in aller Frühe und heimlich tun, denn wenn sie dabei von jungen Burschen überrascht und zum Reden gebracht wurden, war der Zauber dahin. Das Wasser hatte seine magische Wirkung verloren und war nur noch »Plapperwasser«.

Am Vormittag des Karsamstags wird bei uns das Osterbrot gebacken; es hat je nach Talschaft, Landstrich oder Region unterschiedliche Formen (Gebildebrote) und gilt wie auch die aus Teig geformten Sonnenräder, Hasen, Lämmer, Zöpfe als Symbol der Fruchtbarkeit. Das Osterlamm mit der Fahne, das Sieg und Auferstehung bedeutet, weist auf den neuen Schwung der Natur hin, denn überall springen in diesen Wochen neugeborene Lämmer über die sprießenden Wiesen. Auch ein aus Butter kunstvoll geformtes und mit Grün und Blüten verziertes Lamm gehört mancherorts zum Osterbrauch.

All die zum Fest der Auferstehung gefertigten Symbole neuen, jungen Lebens aber werden am Ostersonntag zur Weihe vor den Altar gebracht und erst danach gemeinsam gegessen.

> *Auch das traditionelle Osterfeuer ist ja nicht irgendeine Brandstätte, sondern dient dazu, Spannung herabzusetzen und ein Gefühl der Befreiung und des Wohlbehagens zu erzeugen.*

MAI

Kalendarium mit Los- und Schwendtagen

Der Garten im Mai

Zäune und Einfriedungen als Kulturmerkmale

Würze auf Vorrat

Thema des Monats: Wunder und Strahlkraft der Blüte

MAI
Wonnemond, Weidemond

Meist bringt der Wonnemonat nach dem launischen April eine Schönwetterperiode. Der Blütenreigen der Polsterpflanzen im Steingarten beginnt und geht nahtlos über in die Pracht der blühenden Obstgehölze; auf allen Ebenen des Gartens wird es bunt und bunter. Das Maiengrün erfüllt uns mit Freude und Hoffnung, staunend stehen wir vor der Schöpferkraft der Natur. Der Mai ist auch der entscheidende Monat für die Honigbiene; dem Gärtner aber bringt er viel Arbeit.

Los- und andere Bauerntage
3.5. Philipp, Jakob; Kreuzauffindung (nach dem alten Kalender der 16.5.)
4.5. St. Florianitag, Valeria; Schwendtag?
7.5. Gisela, Stanislaus
8.5. Ida, Desiderius; Schwendtag?

Bauern- und Wetterregeln
Philippi und Jakobi, viel friß i, wenig hob i (klagte der Bauer einst im Mai, wenn die Arbeit hungrig machte, die Vorratskammer aber schon oder noch leer war)
Wie's Wetter am Kreuzauffindungstag, bis Himmelfahrt es bleiben mag
Der Florian noch schneien kann
Auf Stanislaus rollen die Erdäpfel aus

Was die Natur und unser Garten jetzt brauchen – Sonnenschein, Wärme, Regen –, das bringt uns der Mai. Vor allem ums unverzichtbare Naß ging und geht es dem Bauern: »Mairegen auf die Saaten, dann regnet's Dukaten«, heißt der alte Reim. Im zweiten Drittel (heute meist zwischen 9. und 17. Mai) können die Eisheiligen noch ungemütliche Tage mit kaltem Wind bringen, gefolgt von klaren Nächten und Spätfrost. Umsichtige Gärtner planen das ein: »Besser etwas erwarten, als etwas errennen«, gilt auch in diesem Fall.

11.5. Gangolf, Alt-Mamertustag; Lostag
12.5. Pankratius, Domitilla; Lostag — *Pankratius und Servatius bringen oft noch viel Verdruß*
13.5. Servatius, Agnes; Lostag — *Vor Servaz kein Sommer, nach Servaz kein Frost*
14.5. Bonifatius, Klemens, Jakob; Lostag — *Pankrazi, Servazi, Bonifazi sind drei frostige Bazi,*
15.5. Sophie; Lostag — *und zum Schluß fehlt nie, die kalte Sophie*
16.5. Johannes Nepomuk (Brückenheiliger) — *Heilger Johann Nepomuk, halt uns die Wassergüß zuruck*

Im letzten Monatsdrittel sind die Kälteeinbrüche vorbei. Jetzt gibt es kein Halten mehr, auch frostempfindliche Gewächse können gesät und gepflanzt werden. In diesem Maidrittel gibt es meist auch die beste Blütenhonigtracht.

25.5. Urban, Gregori (7.6.); Lostag — *Wie sich's an St. Urban verhält, so ist's noch zwanzig Tag bestellt*
31.5. Petronilla, Helmtrud — *Ist es klar an Petronell, meßt den Flachs ihr mit der Ell*

Mutmaßliche Witterung
Ein langjähriger Durchschnitt verspricht für die erste Dekade des Mai eine Stabilisierung des Wettergeschehens; zwischen 9. und 17. muß aber noch mit Nachtfrösten gerechnet werden. Die früher so pünktlich auftretenden »Eisheiligen« (11.-14.) und die »Kalte Sophie« (15.5.) nehmen es mit dem Kalender nicht mehr so genau. Ab 22. gewinnt meist trockenes, warmes Wetter die Oberhand.

MAI

Der Mai ist es, der unsere Lebensgeister weckt, der uns packt und auf unerklärliche Weise in den Schwung der Natur einbezieht. Seine Schönheit macht uns fast benommen, mit allen Sinnen genießen wir Farben, Formen, Düfte, die die Natur so prächtig entfaltet. – Aufnehmender Mond, die wachsende Tageslänge, das Grünen und Sprießen locken ins Freie, wir können uns nicht sattsehen an all der Pracht. – Mit Vorliebe suchen wir jetzt unseren Lieblingsplatz auf, um ihn in dieser schönsten und aufregendsten Zeit des Jahres besonders zu genießen. Das kann ein Flußlauf, ein Berggipfel, das Ufer eines Sees, ein Strand, ein Baum oder ein Stück weites Land sein, durch das sich ein Weg ins Unendliche zu winden scheint. Wir spüren die Kraft und die Geborgenheit, die von diesem Ort ausgeht und auch von uns Besitz ergreift. Die Stimmung in der Natur nimmt uns mit, läßt uns aufleben, wir müssen die überall waltenden Kräfte nur hereinlassen und uns ihrer bewußt werden. Dann erleben wir, daß jeder Tag ein Geschenk, jede Blüte ein Wunder ist. Doch der Mai hat nicht nur Blütenwunder zu bieten, da sind schließlich noch die Eisheiligen, und mit ihnen kommt das letzte Aufgebot des Winters daher, das dem Sprießen und Blühen ein jähes Ende bereiten könnte. Wir üben uns also in Geduld, bevor wir wärmeliebende Pflanzen Wind und Wetter aussetzen. – In der zweiten Maihälfte gibt es dann kein Halten mehr. Alle Pflanzen kommen ins Freie. *An Fruchttagen werden bei trockener Witterung Bäume gepfropft und Baumscheiben bepflanzt – zum Schutz vor Schädlingen und um den Blüten auch im Obstanger den ihnen gebührenden Platz zu geben.* – Der Mai ist aber auch die große Zeit der Kräuter, die wir frisch in der Küche brauchen oder ernten, um sie in Form von Kräutersalz und -essig, Tee und Duftsträußen zu konservieren, damit wir auch zu anderen Jahreszeiten von ihren Aromen und ihrer Aura buchstäblich zehren können.

Ausblick vom Elternhaus des Autors in den Talkessel der Schönangeralm.

Der Garten im Mai

Jetzt ist nicht nur die Zeit für ständiges Säen und Pflanzen gekommen, es kann auch schon geerntet werden. Im Gewächshaus oder Frühbeet vorgezogene Salate sorgen für vitaminreiche Beilagen, die wir mit den ersten Küchenkräutern aus dem Freiland würzen. Auch an frischen Wildkräutern gibt es im Wald und am Wegrand allerlei zu holen. Erste Thymianblättchen verfeinern Gemüse- und Fleischgerichte, Waldmeister aromatisiert die festliche Maibowle.

Arbeiten im Gemüsegarten

Alles, was bisher noch im Gewächshaus oder Frühbeet ausharren mußte, kommt in diesem Monat ins Freiland. Wer schon im April die Beete entsprechend vorbereitet hat, tut sich jetzt leicht. Für die Pflanzung von Rosenkohl und Grünkohl ist es jetzt höchste Zeit. *Sie finden an einem Blattag (s. Seite 23), also zu einem »wässrigen« Sternzeichen wie Fisch, Krebs oder Skorpion, im Gemüsebeet ihren Platz.* Dasselbe gilt für die verschiedenen Schnitt-, Pflück- und Bindesalate, die ja immer wieder nachgesät werden. *Übrigens sind die erwähnten Zeichen zum Ernten für Vorratshaltung nicht geeignet; diese Ernte erfolgt vielmehr an Fruchttagen (an den »wässrigen« Tagen wäre ihr Wassergehalt zu hoch für längere Lagerung).*

Auf Wurzeltage (s. Seite 23) im Zeichen Stier, Jungfrau warten wir, um Steckzwiebeln und Karotten in wechselnden Reihen zu säen und um die vorgezogenen roten Beten zu setzen.

Fruchttage mit den Zeichen Löwe, Widder und Schütze sind für das Legen der Stangenbohnen ideal. Wenn wir sie ab Anfang des Monats schon im Gewächshaus vorziehen, kommen sie nach den Eisheiligen schon mit einem Wachstumsschub ins Freiland.

Wer im Herbst und Winter von Kartoffeln aus eigenem Anbau zehren will, der legt an Wurzeltagen (s. Seite 23), bevorzugt zum Sternzeichen Stier, die vorgekeimten und mit Urgesteinsmehl bestäubten Knollen. Auch in jede einzelne Setzgrube kommt eine gute »Prise« Urgesteinsmehl (bei uns Biolit).

Sobald die Eisheiligen vorbei sind, kommt die große Zeit für alle besonders wärmeliebenden Pflanzen, die zum Teil aus südländischen Gefilden stammen. Die im Gewächshaus oder am Fensterbrett vorgezogenen Pflänzchen von Gurken, Tomaten, Paprika, Auberginen, Zucchini, Kürbis, aber auch von Zuckermais kommen nun ins Freie. *Wir pflanzen sie bevorzugt, natürlich nur, wenn das Wetter es zuläßt, an Fruchttagen (s. Seite 23/24) mit dem Sternzeichen Löwe, Widder oder Schütze aus.*

Alle Pflänzchen werden nach dem Setzen gut angegossen, damit sie ausreichend Feuchtigkeit zur Verfügung haben. Durch ständiges Mulchen wird ein Austrocknen des Bodens um die Wurzeln verhindert, auch ohne daß noch weitere Wassergaben verabreicht werden.

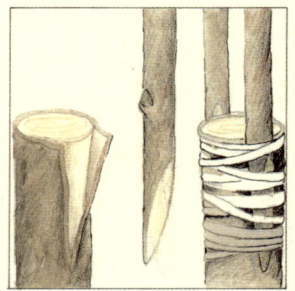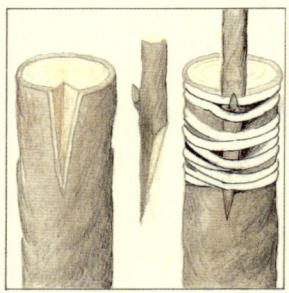

Beim Rindenpfropfen (links) wird das Edelreis unter die vorsichtig abgelöste Rinde geschoben und mit der Unterlage verbunden; eine andere Möglichkeit ist das Geißfußpfropfen (rechts).

Arbeiten im Obstgarten

Anfang Mai, wenn das Wetter trocken und die Hauptpflanzzeit vorbei ist, machen wir uns an Fruchttagen (s. Seite 23/24) bei über sich gehendem Mond, also bei starker Saftzügigkeit der Obstbäume, an die Pfropfarbeiten, um den einen oder anderen Baum umzuveredeln. Bei älteren Bäumen ist das Rindenpfropfen die häufigste Art der Veredlung. Dazu muß sich die Rinde an der Schnittstelle gut ablösen lassen. Dann wird vom glattgeschnittenen Pfropfkopf aus ein senkrechter Schnitt nach unten gemacht. Vorsichtig löst man die Rinde zu beiden Seiten ab und schiebt das Edelreis mit dem Schrägschnitt (Kopulationsschnitt) von oben unter die Rinde. Von der Schnittstelle des Edelreises sollen nur zwei bis drei Millimeter den Pfropfkopf überragen. Natürlich muß beim Edelreis an der Rück-

Der Garten im Mai

Zäune und Einfriedungen als Kulturmerkmale

Zäune markieren Grenzverläufe, grenzen gefährliche Gefälle ab oder sind Einfriedungen von Weidegründen, Gärten oder Gartenteilen. Über Jahrhunderte wurden sie mit dem in der jeweiligen Landschaft zur Verfügung stehenden Material in traditionellen Formen gestaltet. So entwickelten sich die verschiedenen Zaunformen, an denen sich auch ein Stück Kulturgeschichte einer Region ablesen läßt. So gab und gibt es bei uns den Rantenzaun oder Schwartlingszaun (seitliche Abfälle beim Holzschnitt), den Staketen- oder Lattenzaun, den Stangenzaun, die kunstvollen und nur mit viel Material- und Zeitaufwand herzustellenden Schrankzäune, auch doppelte Schrankzäune, den Kreuzzaun für die »Schnealuckn«, den Ringzaun und viele andere mehr.

Ein Ringzaun beispielsweise ist heute längst zur Rarität geworden. Wenn die Frauen nach den Holzschlägerungen im Winter die Fichten- oder Tannenäste aushackten, sortierten sie schlanke, biegsame Äste aus. Sie wurden im Feuer am 1. Mai leicht angesengt und dann über dem mit Leder geschützten Knie mit dem »Krechtholz« (Holzknüppel mit Spitzen) als Ring geformt und für den Ringzaun beiseitegelegt.

Mit beginnendem Grummetsaft, wenn das Holz noch im Saft steht, wird auch heute noch zum richtigen Zeichen (siehe auch November) das Zaunholz geschlagen. Wichtig ist dabei die Wuchsform des Gehölzes. Man bevorzugt die »Haselfeichten«, die einen besonders schlanken Wuchs haben. Zum günstigen Zeitpunkt, nämlich im ersten Drittel des zunehmenden Mondes, wird dann das Holz »in Ranten und Stecken gekloben« (in längere flache und in kürzere, schlanke Stöcke aufgespalten) und dann sauber aufgerichtet, so daß es windzügig trocknen kann und für den Gebrauch im nächsten Jahr leicht wird. Wenn im Mai der Kuckuck zurückkehrt, hört man außer seinem Ruf auch allerorts den »Zaunschlögl«, mit dem die Zaunpfähle eingeschlagen werden. Deshalb heißt es zu recht: »Der Gugg (Kuckuck) und der Zaunschlögl sind die sichersten Langsvögel (Lenzvögel).«

Die Weidezäune, die das Vieh nach beiden Seiten in die Schranken weisen, wurden früher stets in Gemeinschaftsarbeit der Nachbarn aufgestellt, und zwar an besonderen Tagen im Jahr. Auch war eine ganze Bauernfamilie an solchen wie an vielen anderen Arbeiten im Bauernjahr beteiligt; so wurde schon bei den Kindern eine tiefe Beziehung zum Tagwerk aufgebaut. Natürlich hat sich durch Maschineneinsatz und das Gebot der Wirtschaftlichkeit heute vieles geändert. Doch wächst – gerade bei jungen Leuten – die Einsicht wieder, daß es sich lohnen könnte, an alte Traditionen, wo sie heute noch sinnvoll erscheinen, anzuknüpfen.

Einen Ringzaun muß man heute lange suchen; seine Herstellung erfordert viel Geduld und Geschick.

Eine Menge Material und viel Zeit braucht man zum Aufstellen des Schrankzauns.

Wenn die Erdbeeren in Blüte stehen, brauchen sie eine Kompostgabe und Bodenabdeckung, damit die Früchte trocken heranreifen.

seite der Schnittstelle ein Auge (Knospe) vorhanden sein, aus dem der Austrieb erfolgen kann. Die Veredlungsstelle wird sorgfältig verbunden, wobei das Auge am Edelreis frei bleiben muß. Zum Schluß wird die Wunde mit Baumwachs bestrichen.

Etwas komplizierter ist das sogenannte Geißfußpfropfen, bei dem das Edelreis keilförmig zugeschnitten wird, während man am Pfropfkopf des zu veredelnden Baumes einen keilförmigen Ausschnitt vornimmt, in den das Edelreis genau hineinpassen soll. Auch hier wird die Veredlungsstelle gut verbunden und mit Baumwachs versorgt.

Natürlich gibt es, vor allem bei Anfängern, auch Fehlschläge, aber wir dürfen uns nicht entmutigen lassen, denn die Baumveredlung gibt uns, und vor allem den Kindern, einen wunderbaren Anschauungsunterricht. Wir pfuschen dabei nicht etwa der Natur ins Handwerk, sondern nutzen einfach nur die Möglichkeiten, die sie uns bietet, um uns selbst »schöpferisch« zu betätigen und durch aufmerksame Beobachtung so manchem Geheimnis auf die Spur zu kommen. In jedem Frühjahr warten wir dann voller Spannung darauf, daß Fruchtruten, die wir in den letzten Jahren gepfropft haben, zu blühen beginnen und Früchte tragen. In unserem Garten steht im Mai der 12-Sorten-Baum gleich neben dem Entenhaus im Mittelpunkt des Interesses; bei ihm habe ich alle mir wichtigen Apfelsorten auf einen einzigen Stamm gepfropft.

Zur Vorbeugung gegen Pilzkrankheiten gießen wir, vor allem bei den Zwetschgenbäumen, Brennesseljauche in die Baumscheibe und spritzen mit verdünntem Schachtelhalmtee, dem etwas Urgesteinsmehl (Biolit) zugesetzt wird.

Die im April angelegten Sämlingskulturen für den Obstbaumnachwuchs versorgen wir mit reifem Kompost und achten auf eine ausreichende Mulchschicht. Bei guter Entwicklung können sie dann im August (s. Seite 107) geäugelt werden.

Die Beerensträucher reagieren um diese Zeit empfindlich auf Trockenheit. Vor allem Johannisbeeren beginnen nach der Blüte zu rieseln, wenn sie nicht feucht genug gehalten werden.

Das Erdbeerbeet braucht eine Kompostgabe. Wir bedecken den Boden um die Pflanzen mit Stroh, damit die bereits angesetzten Früchte trocken zur Reife kommen. Pflanzen, die besonders gut fruchten, markieren wir mit einem Stöckchen, weil wir später von ihnen Ausläufer abnehmen.

Der Kräutergarten

Wir legen uns zwar keinen Garten an, in dem ausschließlich Kräuter wachsen, wie dies in den Klostergärten des Mittelalters oder in vielen Schloß- und Gutsgärten früherer Zeiten üblich war. Bei uns gilt also auch keine strenge Beeteinteilung für die verschiedenen Kräuter. Vielmehr nützen wir, wie im bäuerlichen Hausgarten alter Prägung, die Randbereiche von Gemüsebeeten und Blumenrabatten oder ziehen vielerlei Kräuter in der Kräuterspirale heran.

Natürlich machen wir uns die Tatsache zunutze, daß es bei Pflanzen wie bei uns Menschen gute und schlechte Nachbarn gibt. Einige Arten, und zu ihnen gehören vor allem die Würz- und Heilpflanzen, verbreiten um sich eine Art Kraftfeld der Düfte, das der ganzen Pflanzengemeinschaft ringsum wohltut. Sie verströmen selbst Duftstoffe und regen oft sogar die Nachbarpflanzen zur Produktion von Duftstoffen an, die zugleich eine Schutzfunktion gegen Schädlinge haben. Es gehört bei naturnah wirtschaftenden Bauern und Gartenfreunden längst zum Allgemeinwissen,

Der Kräutergarten

daß Pflanzen in Mischkulturen einander fördern und schützen. Ein eindrucksvolles Beispiel dafür sind Karotten und Zwiebeln, die sich gegenseitig die Möhren- bzw. Zwiebelfliege vom Leib halten. Mit Hilfe ihrer Wurzelausscheidungen bekämpfen Tagetes und Ringelblumen die Nematoden im Boden. Die Aromastoffe des Dill verhindern Schädlingsbefall bei Gurken und Bohnenkraut schützt Busch- und Stangenbohnen, aber auch die roten Beten. Tomaten und Petersilie mögen sich, nicht aber Petersilie und Salat.

Ganz genau sind die Zusammenhänge des gegenseitigen Pflanzenschutzes bis heute nicht geklärt; doch hier wie in vielen anderen Fällen ist auf das Wissen unserer Vorfahren Verlaß, die aus langer Überlieferung wußten, welche Gemüse, Kräuter und Blumen sie in ihren Bauerngärten nebeneinandersetzten.

Unsere Heil- und Gewürzkräuter verfügen jedenfalls nicht nur über chemisch nachweisbare Inhaltsstoffe wie ätherische Öle, Vitamine, Mineralstoffe, Schleim- und Gerbstoffe, sondern sie haben feinstofflich noch viel mehr zu bieten und teilen sich über ihre Aura auf vielfältige Weise mit.

Die Würz- und Heilpflanzen verbreiten um sich eine Art Kraftfeld der Düfte, das der ganzen Pflanzengemeinschaft ringsum wohltut. Sie verströmen selbst Duftstoffe und regen oft sogar die Nachbarpflanzen zur Produktion von Duftstoffen an.

Die einjährigen Kräuter wie Basilikum, Bohnenkraut, Borretsch, Dill, Kapuzinerkresse, Knoblauch, Kresse, Majoran (frostempfindlich), Ringelblume und Senf haben wir schon im zeitigen Frühjahr im Gewächshaus oder auf dem Fensterbrett vorgetrieben; sie kommen jetzt ins Freiland, und zwar an einen anderen Platz als in der letzten Saison.

Zweijährige Kräuter wie Kerbel, Kümmel, Petersilie bringen im ersten Jahr ihre kräftigen Blätter hervor, die wir in der Küche so gut verwenden können; im zweiten Jahr sind sie auf Fortpflanzung eingestellt, blühen und fruchten also. Sobald die ersten Blüten erscheinen, ist es mit der Würzkraft der Blätter vorbei.

Mehrjährige Kräuter sind Bergbohnenkraut, Dost (oder Oregano), Estragon, Lavendel, Liebstöckel, Pfefferminze, Pimpinelle, Rosmarin, Salbei, Schnittlauch, Thymian, Ysop, Zitronenmelisse. Einige von ihnen wie Lavendel, Rosmarin und Salbei sind wegen ihrer Herkunft aus wärmeren Regionen kälteempfindlich und brauchen einen gut geschützten Platz, wenn sie nicht im Winter ins Haus genommen werden. Wir vermehren unsere mehrjährigen Kräuter durch Teilung des Wurzelstocks, durch Stecklinge (Juli bis August) oder durch Samen, den wir selbst ernten und trocknen.

Mehrjährige Kräuter, die sich häufig zu Halbsträuchern oder Sträuchern entwickeln, haben meist durch ihre dekorativen Blüten einen hohen Zierwert und sind zugleich eine wunderbare Bienenweide. Sie passen gut in jede Staudenrabatte, aufs Hügel- oder Hochbeet, an den Rand von Gemüsebeeten, in den sonnigen Vorgarten oder zwischen Rosen (z.B. Lavendel). Einige besonders kalkliebende Arten wie Thymian und Ysop sind im Steingarten gut aufgehoben.

Fast alle Kräuter lieben einen sonnigen Platz und mögen es eher trocken als feucht. Für die meisten Gewürzkräuter sollte der Boden nicht zu nährstoffreich sein, denn darunter leidet ihre Würzkraft. Sie

Viele Würz- und Heilpflanzen sind in der Kräuterspirale konzentriert und stimulieren sich gegenseitig.

Würze auf Vorrat

Nicht nur frisch, also gleich nach der Ernte, liefern uns die Kräuter Aromen und heilsame Wirkstoffe, sondern auch in konservierter Form. Viele lassen sich gut einfrieren, andere werden besser getrocknet, um sie als Tee oder Gewürz zu verwenden oder um sie noch weiter zu verarbeiten, zum Beispiel zu Kräuteressig, manche zu Kräutersalz.

Kräuteressig: Außer den schonend getrockneten und fein zerriebenen Kräutern brauchen wir einen Weinessig mit hohem Säuregehalt. Da er nicht ohne weiteres zu bekommen ist, frieren wir bei uns daheim zwei Liter normalen Weinessig nur so lange ein, bis der Wasseranteil des Essigs gefroren ist. Wir seihen die verbliebene Flüssigkeit ab, bis etwa ein halber Liter Essigkonzentrat übrig ist. In dieser hohen Säurekonzentration bleiben die Kräuteraromen über längere Zeit erhalten. Wir füllen ein Glas locker mit den Kräutern und gießen dann den Essig auf; je mehr Kräuter wir nehmen, desto aromatischer wird der Essig. Drei Wochen lang müssen die Kräuter auf einem sonnigen Fensterbrett oder neben dem Herd vergären. Für Salatzubereitungen wird das Kräuteressig-Konzentrat dann stark verdünnt oder in geringen Mengen normalem Weinessig zugesetzt.

Kräutersalz: Um 1 Kilogramm würziges Salz zu bekommen, müssen 850 Gramm gemischte, getrocknete Kräuter sehr fein zerrieben oder im Mörser zerstoßen werden. Dazu kommen 150 Gramm Salz. Die Mischung wird in Schraubdeckelgläser gefüllt und dient uns über lange Zeit als Zutat zu vielen Gerichten.

Kräuter können auf vielerlei Weise für den Winter konserviert werden.

entwickeln nämlich ihr ätherisches Öl nur auf mageren Böden optimal.

Wir ernten Kräuter nur bei trockener Witterung, oberirdische Teile beim zunehmenden und über sich gehenden Mond, also außerhalb der Pflanzzeit (s. Seite 24/25), und vor allem erst dann, wenn der Morgentau abgetrocknet ist. Besonders günstig für die Ernte sind Fruchttage (Blattage sollten gemieden werden). Knoblauch, Zwiebeln und alles, was seine eßbaren Teile unter der Erde hat, wird an Wurzeltagen ausgenommen.

Arbeiten im Ziergarten

Die goldenen Narzissen sind verblüht, sammeln aber noch Nährstoffreserven in den Tochterzwiebeln, deshalb dürfen die Blätter nicht abgeschnitten werden. Um das allmählich welkende Laub zu verdecken, setzen wir überall Sommerblumen dazwischen. Tagetes, Salvien, Astern, Zinnien, Löwenmäulchen, Levkojen sind nach der Aussaat im Gewächshaus zu kräftigen Pflanzen geworden und kommen jetzt an ihre Standorte. Sie werden uns diesen Gartensommer mit ihren Farben und Formen bunter und lebendiger machen. Blumen sind für den Gärtner genauso wichtig wie Gemüse und Kräuter, statt Nährstoffen bieten sie uns jeden Tag neue Freude und bringen uns immer wieder zum Staunen.

Die große Zeit des Steingartens geht mit dem Mai zu Ende. Die großen Polsterstauden sind abgeblüht. Verblühtes wird entfernt; bald werden die Sommerblumen neue Farbe bringen.

Auch in den Balkonkästen wird es allmählich lebendig, die überwinterten Pflanzen und auch die Stecklinge vom letzten Jahr bringen kräftiges Grün hervor. Wir geizen immer wieder einzelne Triebe aus, damit sich die Pflanzen verzweigen und freuen uns schon auf die ersten Blüten. *Alle Arbeiten an unseren Blütenpflanzen im Garten wie in den Balkonkästen erledigen wir natürlich an Blütetagen (s. Seite 23) in der Zeit des über sich gehenden Mondes.*

Thema des Monats

Staunend stehen wir vor der Schönheit der Blüte, die gleichsam die »Seele« der Pflanze ist. Blütenfarben verbreiten eine eigenartige Atmosphäre, sie wirken auf uns ganz anders als die Farben des Spektrums. Ähnlich wie uns muß es auch den Bienen ergehen; während sie sich niemals auf einem blaugestrichenen Brett niederlassen würden, umschwirren sie das Blaukissen (Aubrieta) im Steingarten, lassen sich auf den blauen Sternen des Borretsch nieder und genießen emsig den Nektar der Phaceliablüten. Sicherlich hängt das nicht nur mit dem Nahrungsangebot dieser Pflanzen, sondern auch mit der Strahlkraft ihrer Blütenfarben zusammen.

Zur Zeit der Frühlingsblüte zieht es uns hinaus, fasziniert beobachten wir, wie sich Blütenkelche und -körbchen allmählich öffnen, lassen uns von der Farbenpracht der Blumen seltsam verzaubern. Es ist, als spürten wir eine von Blüten scheinbar ausgehende Kraft und Geborgenheit. Etwas Bewegendes, man möchte fast sagen Heilsames, ist an all dieser Blütenschönheit. Schließlich schenken wir nicht umsonst den Menschen, die wir besonders mögen, denen wir eine Freude machen wollen, am liebsten Blumen.

Es gibt Augenblicke und Stimmungen, da fühlen wir uns selbst wie eine Blüte, öffnen uns Eindrücken und Gefühlen, verschließen uns dann wieder, um uns auf unsere eigentlichen Aufgaben zu konzentrieren.

Ganz besondere Impulse zur Kraftentfaltung kennt die Natur in der Zeit der aufsteigenden Sonne bis zur Sommersonnenwende im Juni, also in den Tagen um Johannes. In dieser Zeit pflücken wir Blumen für Heilzwecke und ernten wertvolle Teekräuter.

Ein prächtiges Schauspiel können wir an schönen Frühsommertagen erleben, wenn wir vor Sonnenaufgang draußen in der Natur oder im Garten sind. Sobald die Sonne über dem Horizont erscheint, öffnen sich die unter dem Morgentau noch schweren Blütenköpfe allmählich und wenden sich der wärmenden Sonne zu.

Wunder und Strahlkraft der Blüte

Eine ganz ähnliche Wirkung wie auf die Blüten hat die Sonne auch auf uns. Das habe ich schon in meiner Jugend auf der Schönangeralm erlebt, wo ich mich um zwei Uhr morgens schlaftrunken von meiner Bettstatt erhob, um zu den Ställen hinüberzugehen und dreißig Kühe zu melken. Eine gute Stunde später, wenn sich im Osten der Himmel zu färben begann und sich der neue Tag ankündigte, stieg eine unbestimmbare Freude in mir auf, die manchmal mit einem Jauchzer hinausposaunt werden wollte. Die Morgenstimmung der Natur, das habe ich seitdem tausendfach erfahren, reißt uns einfach mit, läßt uns wie die Blumen aufleben.

Jede Blüte ist auch Ausdruck ihres Standortes und Umfeldes. So können wir beobachten, daß es Anfang Mai mit Löwenzahn übersäte Wiesen gibt, die von den Bienen gar nicht besucht werden; eine andere Löwenzahnwiese ganz in der Nähe aber zieht die fleißigen Insekten fast magisch an. Dabei ist bei oberflächlicher Betrachtung zwischen beiden gar kein Unterschied deutlich. Das geschulte Auge sieht, daß im gelben Löwenzahnteppich der einen Wiese die grünen Pflanzenteile durch zu hohe Stickstoffgaben fast blaugrün sind und daß die Zusammenstellung der Pflanzengesellschaft dort unausgewogen und einseitig ist. Bienen spüren eine solche Disharmonie, die Blüten der einen Wiese erscheinen ihnen nicht einladend, verheißen keine gesunde Beute (das Bienenauge sieht übrigens, anders als wir Menschen, nicht das Gelborange des Löwenzahns, sondern das kurzwellige, ultraviolette Licht, das die Blüten reflektieren).

Natürlich liefert eine überdüngte Wiese mehr Ertrag, die Milchleistung der Kühe, die das Gras oder Heu fressen, wird beträchtlich gesteigert. Doch es fehlt dieser Milch der feinstoffliche Gehalt, der nicht durch schnell aufschießendes Pflanzenmaterial zu erzielen ist. Die Natur läßt sich nicht überlisten; jahrzehntelang haben wir in der Landwirtschaft unser Heil in einer Ertragssteigerung gesucht, die bald über jedes gesunde Maß hinausging. Sie ist dem Vieh, dem

Thema des Monats

Bauern, dem Verbraucher und dem Boden nicht gut bekommen.

Ein Garten, in dem die Pflanzen – Gemüse, Kräuter und Blumen – im Einklang mit der Natur heranwachsen, gibt uns den engen Bezug zu allem Lebendigen wieder, bringt uns einen Lebensrhythmus nahe, der uns bewußter und glücklicher macht. Wir finden wieder Kontakt zu den Blumen, den Früchten, haben Anteil an ihren positiven Kräften, erleben das ständige Werden und Vergehen aus nächster Nähe mit. Wir ernten und genießen im Herbst die Äpfel, deren Blüten wir im Frühjahr bewunderten, die unter unseren Augen von Bienen besucht und bestäubt wurden, Früchte ausgebildet haben, die langsam herangewachsen und reif geworden sind. Ein solcher Apfel muß doch einfach anders schmecken als das Obst, das auf fernen Obstplantagen massenhaft produziert wird!

Nie sieht ein von der Sonne beschienener Tautropfen schöner aus, als wenn er an einer Blume haftet und sein spiegelnder Glanz den Zusammenhang zwischen Licht, Luft und Blüte transparenter macht.

Wenn die Schönheit der Natur am augenfälligsten ist:
Blütenwunder im Mai.

Wunder und Strahlkraft der Blüte

Die Blütenkelche der Sumpfdotterblume sind von ganz besonderer Strahlkraft.

Als Kinder haben wir unbewußt und instinktiv begriffen, daß uns Blüten gerade über das wässrige Medium besonders ansprechen. Wir badeten Gänseblümchen im Wasser, ließen das Wasser eine Weile in der Sonne stehen und tranken es dann aus. Beim Heuen wurde die mitgebrachte Butter in Blätter gewickelt und dann in frisches Quellwasser gelegt. Sie schmeckte danach viel besser. Nicht zufällig prägen die alten Model immer eine Blüte in die frische Butter.

In unserm Garten wollen wir viele Blumen haben, denn Blüten, die in ständigem Kontakt mit dem Kosmos sind, geben viel Kraft an ihr Umfeld weiter. Wir können diese Kraft nicht messen, spüren sie aber und empfinden Freude dabei. Die Blüte als Pflanzenseele ist zugleich Informant und Mittler, verbindet unsichtbar und nur für den aufmerksamen und sensiblen Betrachter spürbar irdische und kosmische Kräfte.

Über ein wässriges Medium, etwa einen Blütentee, machen wir uns ihre Kräfte nutzbar. Selbst dem Honig merken wir an, ob der Nektar, den die Bienen für ihn gesammelt haben, aus harmonisch herangereiften Blüten stammt; das läßt sich durch eine Pollenanalyse belegen.

Die Blüte ist vielgestaltig und mehrdimensional, sie kann uns in ihren Bann ziehen, ohne daß ein Funke, der zwischen ihr und uns überspringt, meßbar wäre. Sie rührt an die kosmischen Kräfte und wirkt über die Befruchtung und den Samen in die Zukunft.

JUNI

Kalendarium mit Los- und Schwendtagen

Sonnwend- und Johannisfeuer

Der Garten im Juni

Arbeiten im Gemüse- und Obstgarten

Hausbaum – Lebensbaum

Arbeiten im Kräuter- und Ziergarten

Thema des Monats:
Almkulturen – Wissen
und Brauchtum

JUNI
Brachmond

Die alte Bezeichnung des sechsten Monats im Jahr bezog sich auf das Umbrechen des Bodens für die Frühjahrsaussaat. Zumindest der Monatsbeginn wäre dafür heute nur selten geeignet, denn seit geraumer Zeit zeigt er sich meist nicht nur kühl, sondern auch naß. In alten Wettersprüchen wurde der warme Juniregen stets begrüßt (»Juniregen bringt reichen Segen«), aber »Wenn naß *und* kalt der Juni war, verdirbt er meist das ganze Jahr«. Zum Glück ist ein völlig verregneter Juni selten.

Los- und andere Bauerntage	**Bauern- und Wetterregeln**
1.6. Justin, Konrad	*Justin klar, gutes Jahr*
8.6. Medardus, Isabella (nach dem alten Kalender der 21.6.); Lostag	*Sankt Medard kein'n Regentag, es regnet sonst wohl vierzehn Tag und mehr, wer's glauben mag*

Wenn in milden Klimaregionen schon der Holunder blüht und die Rosen duften, wird in rauhen Gebirgsgegenden das Vieh auf die Almen getrieben – ein Markstein in der bäuerlich-alpenländischen Kultur. Jetzt beginnt die Zeit der langen Arbeitstage – die intensive Sonneneinstrahlung, hohe Bodentemperatur und -feuchtigkeit sind das ideale Wachstumswetter. Der Frühsommer ist aber auch die Zeit der Gewitter und Hagelschauer, für viele des Heuschnupfens. Und auch der Juni bringt einen Kälterückfall, die Schafskälte.

11.6. Barnabas (24.6)	*Mit der Sens' St. Barnabas, schneidet ab das längste Gras*
	Regnet's an St. Barnabas, schwimmen die Trauben bis ins Faß
15.6. Veitstag (28.6.); Almauftrieb, Lostag	*O heiliger Veit regne nicht, daß es uns nicht an Gerst gebricht*
	Nach St. Veit wandelt sich die Zeit
16.6. Benno, Berthold	*Wer auf Benno baut, kriegt viel Flachs und Kraut*
17.6. Gregor, Adolf; Schwendtag?	

Je mehr sich der Monat neigt, umso wichtiger die Sommerwärme für Bauer und Gärtner; Regentage sind jetzt nicht willkommen. »Vor Johanni bitt um Regen, nachher kommt er ungelegen«, sagt der Kalenderspruch. Nach langjährigen Erfahrungen ist eine längere Schönwetterphase zum Monatsende wahrscheinlich. Mit dem 27.6. aber haben wir nochmals einen wichtigen Lostag: »Ist der Siebenschläfer naß, regnet's weiter ohn Unterlaß«, wenn auch nicht gleich sieben Wochen, wie es der Volksmund wissen will.

24.6. Johannes (7.7.); Sommerweihnacht; Lostag	*Johannisregen bringt keinen Segen*
	Vor Johannistag keine Gerste man loben mag
27.6. Hemma, Cyrill; Siebenschläfertag, Lostag	
29.6. Peter und Paul; Lostag	*Peter-Pauli hell und klar, bringen dir a guates Jahr – doch*
	Regnet es an Peter und Paul, wird des Winzers Ernte faul

Mutmaßliche Witterung
Der Monat beginnt wechselhaft, und sofern sich die Schönwetterperiode von Ende Mai nicht verspätet hat, sind die ersten Junitage kühl und regnerisch. Frühsommerlich warme und kühle Tage mit Wind und Gewitterregen wechseln sich bis zum kalendarischen Sommerbeginn ab. (Vorstöße kühler Meeresluft sind in den letzten Jahrzehnten vom 2.–5., vom 12.–14. und vom 24.–26. nicht selten.) Nach »Siebenschläfer« stabilisiert sich meist trockenes Sommerwetter.

JUNI

Dieser Monat hat nicht nur den längsten Tag des Jahres, Licht und Sommerwärme zu bieten, er beschert uns auch die Sonnenwende. Am 21. Juni erreicht die Sonne ihren höchsten Stand. Das wurde und wird in vielen Kulturkreisen mit Freudenfeuern und allerlei Riten gefeiert. Im Alpenland brennen um das Fest des heiligen Johannes auf den Gipfeln die Johannisfeuer. – Rund ums Haus und im Garten wartet überall Arbeit. Auf den Gemüsebeeten wird noch fortlaufend nachgesät und gehegt, daneben auch schon geerntet. Vor allem Kräuter und Salat kommen täglich in die Küche und damit gesunde, würzige Frischkost. Die Rhabarber- und Spargelernte geht schon zu Ende. Die ersten Salatbeete sind wieder frei und warten auf Neubepflanzung. In vielen Gegenden gibt es Ende des Monats die ersten Frühkartoffeln. Erdbeeren werden täglich reif, und die Johannisbeeren beginnen, sich rot zu färben. – Große und kleine Blütenstauden veranstalten ein Fest der Farben, Rosen und Klematis tragen das Ihre dazu bei. – *Im Obstanger brauchen junge Bäumchen an Blütetagen (s. Seite 23) einen Sommerschnitt.* Die Beerensträucher biegen sich schon unter ihrer Last, manche müssen gestützt und hochgebunden werden. – Und wieder einmal erweist sich das Urgesteinsmehl (Biolit), mit dem wir nirgendwo im Garten sparen, wegen seiner günstigen mineralischen Zusammensetzung als Quelle der Lebendigkeit; es hilft mit, den Pflanzen ihre Vitalität und Ursprünglichkeit zu bewahren. – Für die Bergbauern beginnt die große Zeit des Almauftriebs. Schafe, Ziegen, Rinder und Pferde ziehen hinauf auf die Alm. Die »Almerer«, denen das Vieh anvertraut ist, richten sich auf einen ganzen Sommer oben auf den Hochalmen ein. – *Bei abnehmendem und unter sich gehendem Mond (natürlich nur wenn das Wetter mitspielt) kommt der große Tag, an dem es unter dem Gebimmel der großen und kleinen Glocken bergan geht – einem hoffentlich gesegneten Almsommer entgegen.*

Der Almsommer beginnt: Ein Grund mehr, an Feiertagen die alten Weisen zu blasen.

Der Garten im Juni

Da wir in diesen Wochen wie überhaupt in den Sommermonaten viel zwischen den Beeten herumgehen müssen, bewähren sich mit Klee oder anderen Deckpflanzen (Wiesenrispe, Wegerich) bewachsene Wege. Zwar bearbeiten wir den Gartenboden grundsätzlich nur in trockenem Zustand, aber Erntezeit für Blumen und vor allem für frische Zutaten, die wir täglich in der Küche brauchen, ist auch an Regentagen. Damit wir dann nicht die Gartenerde unter den Schuhen ins Haus tragen, bewähren sich solche »grünen« Wege ganz besonders.

Arbeiten im Gemüse- und Obstgarten

Hier sind die Beete, auf denen die Karotten, die wir noch im letzten Spätherbst gesät haben, aber auch die Reihen mit Radieschen und frühen Erbsen bereits abgeerntet. Sie werden jetzt mit Kohlpflanzen, vorgezogenem Lauch und Sellerie sowie mit Petersilie besetzt. Alle drei Wochen ist eine neue Erbsenaussaat fällig, und auch Radieschen werden noch laufend nachgesät.

Die Tomaten verlangen jetzt verstärkte Aufmerksamkeit. *An Fruchttagen (s. Seite 23/24) entfernen wir die Geiztriebe aus den Blattachseln. Wir lassen sie zwischen den Pflanzen liegen und decken den Boden zusätzlich mit abgemähten, leicht welken Brennesseln ab.* Dann dringen mit jedem Regen – bei Tomatenkulturen im Gewächshaus oder im Schutz der Terrasse oder eines Vordachs mit dem Gießwasser – die wertvollen und schützenden Inhaltsstoffe der Brennesseln in den Boden um die Pflanzen ein.

Lauch und Kartoffeln können jetzt angehäufelt werden. Sie bekommen ebenso wie die roten Beten, Karotten und Krautpflanzen zur Stärkung einen Guß Brennesseljauche (s. Seite 96-98).

Wir können uns eine Menge Arbeit sparen, wenn wir jetzt den Boden ständig mit einer Mulchauflage bedeckt halten. So wird die Erde nicht bei den häufigen Sommergewittern durch Platzregen ausgewaschen und verdichtet. Sie kann unter einer Schutzschicht aus welkem Gras oder Heu atmen und bleibt gleichmäßig feucht, ohne daß wir sie zwischendurch hacken oder sonstwie lockern müßten. Die Bodenlebewesen steigern ihre Aktivitäten, die »Lebendverbauung«, zu der auch Gaben von Jauchen und Brühen beitragen, funktioniert auf diese Weise bestens. Mit Unkrautjäten haben wir nicht viel zu tun, allenfalls in den Reihen mit den aufkommenden Karotten gibt es hier und da etwas zu zupfen.

Vor allem wenn es langanhaltend regnet, streuen wir über die Gemüsekulturen und besonders die Kartoffeln gelegentlich ein paar Handvoll Urgesteinsmehl (Biolit). Auch im Obstanger ist Gesteinsmehl bei länger anhaltender naßkalter Witterung ein probates Mittel gegen drohende Pilzkrankheiten. Wir nebeln die Bäume an naßkalten Tagen, wenn der Wetterbericht für den nächsten Tag Sonne verspricht, einfach mit Biolit ein, indem wir das Mehl aus der Hand in Richtung Krone werfen. Der Staub bleibt dabei an den feuchten Blättern und Ästen hängen, und auch das Umfeld des Baumes und die Baumscheibe werden noch mitversorgt.

Arbeiten im Kräutergarten

Entstehende Lücken in der Kräuterspirale und bei Kräutern in den Beeten werden durch selbst angezogene oder gekaufte Pflänzchen immer wieder geschlossen. Manches kann jetzt noch ausgesät wer-

Um die Entwicklung der Tomatenpflanzen zu fördern, werden die Geiztriebe ausgebrochen.

Der Garten im Juni

> **Sonnwend- und Johannisfeuer**
>
> *Sie sind ein eindrucksvolles Beispiel dafür, wie eng Riten aus vorchristlicher, meist germanischer oder römischer Zeit, und christliches Brauchtum verknüpft sind. Sonnenfeste wurden ursprünglich an den vier Hauptpunkten des Sonnenlaufs gefeiert: am kürzesten und am längsten Tag des Jahres sowie zur Tag- und Nachtgleiche im Frühling und im Herbst. Die lodernden Flammen sollten Mensch und Tier vor Krankheit schützen. In manchen Gegenden tanzte man um das Feuer, anderswo sprangen die Burschen mit ihren Mädchen darüber. Man verbrannte auch Kränze, Knochen und Tiere darin. Die Asche streute man über Feld und Garten. Häufig wurden an einer Stange befestigte Popanze oder Hexen in den Flammen verbrannt. In christlicher Zeit sind aus den Sonnenfestfeuern unserer heidnischen Vorfahren die Weihnachts-, Oster-, Johannis- und Michaelisfeuer geworden. Von ihnen gerieten im Lauf der Jahrhunderte Weihnachts- und Michaelisfeuer in Vergessenheit, Oster- und Johannisfeuer blieben im Brauchtum erhalten.*
>
> *Das Geburtsfest Johannes des Täufers wird schon seit dem 4. Jahrhundert gefeiert. Bei uns in den Bergen brennen am Vorabend oder Abend des Johannistages (heute auch oft an den Samstagen davor oder danach) auf den Graten und Berggipfeln die Feuer, für die junge Burschen das Holz in oft mühsamem Aufstieg hinauftragen. Mancherorts werden auch Feuerräder oder brennende Fässer zu Tal gerollt. Bräuche wie diese sind ein Beweis dafür, welche Bedeutung die Menschen zu allen Zeiten den Gestirnen beigemessen und wie stark sie den Einfluß von Sonne, Mond und Sternen auf ihr Leben und Schicksal, auf Wachsen und Werden in der Natur eingeschätzt haben.*

den, damit uns die Kräuter das ganze Jahr nicht ausgehen, darunter Kresse, Kerbel, Dill und Borretsch; *wir wählen für ihre Aussaat bevorzugt Blattage.*

Andere Kräuter stehen bereits jetzt zur Ernte an: *Zitronenmelisse, Kerbel, Petersilie und Estragon werden an Blütetagen geerntet und dann getrocknet.* Die Ernte von Thymian- und Salbeiblättern soll noch vor der Blütezeit dieser Kräuter erfolgen, weil sie dann am würzigsten schmecken. Bei uns ist aber ein großer Teil dieser Kulturen als Futter für die Bienen bestimmt, die diese Blüten geradezu begeistert anfliegen. Das gleiche gilt für Lavendel, der nicht nur Bienen anlockt, sondern für die duftende Aura des Gartens so wichtig ist.

Natürlich finden zwischen all den Kräutern, auch in der Kräuterspirale, noch immer Sommerblumen Platz, die zusätzlich zu Duft und Würze auch noch Farbe liefern.

Arbeiten im Ziergarten

Im Steingarten ist das große Farbenspiel vorbei; doch dafür blühen jetzt Prachtstauden wie Rittersporn und Pfingstrosen, Iris, Margeriten und Bartnelken. Die Gladiolen müssen mit Stäben gestützt werden, ebenso

In den Rabatten beginnt um diese Zeit das große Farbenspiel der Sommerblumen.

Hausbaum – Lebensbaum

Zur Geburt eines Kindes pflanzte der Hausvater früher einen Baum. Damit verbunden war die Erwartung, daß sich der Sohn, die Tochter genauso kräftig und gesund entwickeln würden wie dieser Baum. Als Symbole des Lebens und der Fruchtbarkeit hatten Bäume zu allen Zeiten und in allen Kulturen ihren Platz im engsten Lebensbereich der Menschen; sie spendeten Schutz und Schatten, gaben einem Marterl oder einem Nistkasten Halt, beherbergten wohl auch gelegentlich die guten Geister des Hauses; an ihnen ließ sich der Wechsel der Jahreszeiten ablesen.

Ein großer Baum auf dem Dorfplatz prägte nicht nur das Ortsbild, sondern diente auch als Treffpunkt für Alte und Junge. In seinem Schatten ruhte man aus, plauderte mit den Nachbarn, spielten die Kinder. Unter mächtigen Eichen, Linden oder Eschen wurde in alten Zeiten sogar Gericht gehalten und Recht gesprochen.

Ein Hausbaum steht in besonderem Bezug zu dem Gebäude, das er meist überragt. Er spendet ihm Schatten und er prangt im Frühjahr im Schmuck frischen Grüns und duftender Blüten, die er im Sommer zu Früchten reifen läßt; das herbstliche Laub eines mächtigen Ahorns, einer Linde oder Kastanie aber gehört zum Prächtigsten, was die Natur hervorbringt.

Im Umfeld der Bauernhöfe dominierten früher einmal die Obstbäume, ein einzelnstehender besonders großer Apfel- oder Birnbaum hatte im Obstanger oft die Funktion des Haus- und Lebensbaums. Inzwischen sind viele Obstbäume von Bauernhöfen verschwunden, Obstbaumwiesen haben pflegeleichten Rasenflächen Platz gemacht. Laubabwerfende Bäume sind kaum mehr gefragt, statt dessen pflanzt man allerlei Immergrüne, Fichten- und die für das Auge so tristen Thujahecken. Zum Glück haben manche Bauern und Gartenbesitzer inzwischen den Kulturverlust erkannt und wünschen sich heute wieder einen schützenden Hausbaum, der viele Generationen überdauert und eines Tages auch Kindern und Kindeskindern noch Früchte trägt.

Ein prächtig gewachsener und gepflegter alter Apfelbaum steht hier in engem Bezug zum Bauernhaus.

Arbeiten im Ziergarten

Eine alte Rosensorte mit unverwechselbarem Duft.

Im Juni überziehen die Kletterrosen mit ihrem Blütenschmuck Zäune und Mauern.

die hoch aufstrebenden Stengel der Sonnenblumen. Auch viele der anderen Sommerblumen brauchen Halt und Lenkung.

Damit sie zu einem zweiten Flor kommen, werden Lupinen und Rittersporn gleich nach der Blüte auf etwa 15 Zentimeter über dem Boden abgeschnitten. Sie liefern dann bis in den Herbst hinein Blumensträuße fürs Haus. *Wenn wir die Schnittblumen gleich in der Früh, also noch taufrisch, hereinbringen und in die Vase stellen, bleibt ihnen die aufstrebende Kraft des Morgens über viele Tage erhalten.*

Es ist aber auch immer noch Aussaatzeit für Ziertabak, Mandelröschen, Jungfer im Grünen, Bechermalven und Ringelblumen, die dann ab September in voller Blüte stehen; viele von ihnen säen sich, wenn sie im Garten erst einmal Fuß gefaßt haben, von selbst immer wieder aus. *Es versteht sich von selbst, daß wir alle Arbeiten mit und an den Blumen an Blütetagen (s. Seite 23) vornehmen.*

Im Juni beginnt auch die große Zeit der Rosen, sie klettern blühend an Hauswänden, Pergolen oder Zäunen hoch, Edelrosen stehen in Hausnähe, Strauchrosen sind in die Hecke einbezogen, ein paar Hochstämme veredeln die Rabatten oder auch das Kräuterbeet. Sie alle brauchen in diesem Monat eine nicht zu reichlich bemessene Kompostgabe, bekommen etwas Schachtelhalmtee ins Gießwasser; auch Brennesseljauche (im Verhältnis 1:10 verdünnt) tut Rosen gut, vor allem wenn sie vom reichen Blühen erschöpft sind. Gegen Mehltau hilft die Bestäubung der Blätter mit Urgesteinsmehl (Biolit). Der zwischen die Rosenstöcke gepflanzte Lavendel hält mit seinem aromatischen Duft die Blattläuse auf Distanz. Kranke Triebspitzen und Blätter der Rosen müssen abgeschnitten werden; sie dürfen nicht auf den Komposthaufen!

Rasen oder Wiese brauchen ihren regelmäßigen Schnitt. Auch die Versorgung mit etwas Kompost ist für sie günstig. Den welken Rasenschnitt brauchen wir dringend zum Mulchen. Was nicht gleich verwendet wird, kann getrocknet und in Papiersäcken aufgehoben werden. Im Winter mischen wir das lockere Heu dann unter die nassen Küchenabfälle im Sammelbehälter.

Die Hecke muß um diese Zeit geschnitten werden. Die zerkleinerten Zweige leisten uns für den Kompostansatz, aber auch als Mulchmaterial an den Himbeerruten gute Dienste.

Thema des Monats

Dort wo heute die Wanderlustigen bis nah an die Almen heranfahren, um dann weiter aufzusteigen, galt es noch vor einem oder zwei Jahrzehnten, schwere Lasten über schmale Steige und steile Hänge zu transportieren. Mit der »Kopfkraxn« trugen wir alles, was im Sommer oben gebraucht wurde, hinauf, denn selbst mit dem Pferdefuhrwerk waren manche Almen nicht zu erreichen.

Trotz aller Plage bestimmt der Almsommer im Alpenland das Bauernjahr. Sobald auch in größeren Höhen die Schneeschmelze einsetzt, beginnt die bäuerliche Großfamilie mit den Vorbereitungen für den Almauftrieb. Vieles ist oben noch zu tun und zu richten, bevor die Almerer mit dem Vieh hinaufziehen können: Zäune und Wege in Ordnung bringen, Dächer ausbessern, die Ställe instandsetzen, Brücken reparieren und die Käsestatt vorbereiten, in der der Almkäse heranreifen wird. All diese Arbeiten wecken und nähren die Sehnsucht nach dem Almsommer. Zum Schluß wird entschieden, wie heuer die Glocken zugeteilt werden, welche Kuh zur Moarin (Leitkuh) aufrückt, welche Kalbin schon eine größere Glocke tragen darf.

Almkulturen – Wissen und Brauchtum

Die Kinder brauchen am großen Tag des Almauftriebs, der ja nicht nur ein harter Arbeitstag, sondern ein großes, feierliches Ereignis für die Bauernfamilie ist, nicht in die Schule zu gehen.

Im Morgengrauen geht es schließlich hinaus, Menschen und Tiere machen sich auf den langen Weg zur Alm hinauf. Die Leitkuh mit der größten Glocke voraus, alle anderen Kühe und Kälber hinter ihr. Immer wenn eine vom Weg abkommt, weil ihr der Sinn nach dem fetten Gras auf den Wiesen rechts und links steht, muß sie mit Zurufen, einem Schubser oder dem erhobenen Stock wieder zur Räson und in die Reihe gebracht werden.

Lange bevor die Almvegetation noch den Auftrieb zuläßt, haben der gewissenhafte Bauer, die Bäuerin geeignete Tage ausgewählt. Niemals erfolgt der Aufbruch an einem Dienstag oder Donnerstag. Der Tag wird auch nicht nur vom Wetter bestimmt, vielmehr spielt der Stand des Mondes eine wichtige Rolle. Wird das Vieh bei abnehmendem Schein aufgetrieben, der womöglich noch durch den unter sich gehenden Mond verstärkt ist, so werden die Tiere nach altem Glauben den ganzen Sommer über ruhig grasen. Schütze, Steinbock, Widder und Löwe, die auch »Maulzeichen« heißen, sind unbedingt zu meiden. Der erfahrene Almerer weiß, daß das Vieh bei diesen Zeichen nicht zur Ruhe kommt, sondern rastlos auf Futtersuche ist und nicht recht »leiben« (an Gewicht zulegen) will. Geht das Vieh auf eine besonders trockene Alm hinauf, wählt man ausnahmsweise den zunehmenden Mond und das Zeichen der Fische, weil dies für die Flora der Weiden günstig ist. Schafe aber sollen, wie eine alte Schrift aus der Tauernregion empfiehlt, nicht an Wassertagen aufgetrieben werden, da sie sonst nur schwer von den tiefgründigeren Rinderweiden fernzuhalten sind und die weiten Wege auf den trockenen Karen scheuen.

Die so arbeitsintensive Almwirtschaft kann nur eine extensive Bewirtschaftungsform sein. Auch wenn die Talkessel und Kare hoch oben über Jahrhunderte ganz allmählich und behutsam in wertvolles Kulturland umgewandelt worden sind, so erlauben sie doch nur eine der Natur angepaßte, »sanfte« Nutzung, damit die Harmonie dieser Landschaft – und damit auch die der Lebensmittel, die hier erzeugt werden – erhalten bleibt. Auf den Nieder- und Hochalmen gibt es keine Massentierhaltung. Rationalisierung ist (auch wenn die Melkmaschine inzwischen Einzug gehalten hat) nur in engen Grenzen möglich. Aber die vielfältige Flora der Weiden, die Bekömmlichkeit des Futters von trockenen Hangbiotopen und feuchten Sauerwiesenregionen bewirken, daß Milch, Butter, Käse und Fleisch von unvergleichlicher Qualität sind. Hier oben gibt es keine Milchschwemme und Überproduktion. Die Erzeugnisse einer gut geführten Alm finden meist schon lange vor dem Auftrieb ihre Abnehmer und sind in manchen Fällen bereits auf Jahre versprochen.

Almkulturen – Wissen und Brauchtum

Mit viel Mühe und Muskelkraft brachte man früher die großen Almkäse talwärts.

Wenn auf der Alm durch intensive Bewirtschaftung – etwa durch konzentrierte Ausbringung von Gülle – gesündigt wird, so folgt die Rache auf dem Fuß. Jede Intensivierung wirkt sich nämlich nachteilig auf die Almvegetation aus. Das konnte ich schon früh beobachten. Weil damals unsere Möglichkeiten zur Mistausbringung auf den Bereich um die Stallungen beschränkt war, stieg dort der Stickstoffgehalt des Bodens so stark an, daß Brennessel und Ampfer bald das ganze Umfeld überwucherten und nur schwer zu vertreiben waren. Das bedeutete natürlich auch eine unliebsame Anreicherung des Bodens mit Nitrat.

Viele Almen werden heute nur noch mit Jungvieh beweidet; und selbst bei größerer Milchviehhaltung ist der Milchtransport heute schon so gut organisiert, daß die wenigsten Almbauern ihre Milch an Ort und Stelle selbst verarbeiten. So findet das »Kasamandl«, der Almgeist, dem man in den Käsekellern der Hütten früher immer ein paar Käserinnen zurückgelassen hat, im Sommer nur noch selten eine ganze Familie vor.

Und doch gibt es sie noch oder schon wieder, die Familien, die mit ihrem Vieh und viel Begeisterung für die herkömmliche Almkultur über den Sommer hinaufziehen, um dort die würzigste Butter und den köstlichsten Käse zu erzeugen.

Der Almsommer hält nicht nur Arbeit bereit, sondern auch Feiertage. Herz-Jesu-Feuer, Sonnwendfeuer, Petersfeuer, das Sommerteilen am Jakobitag (26. Juli) oder beim ersten Talgang die Sonntagsmesse von Portiunkula im August sind die markanten Tage, an denen die Alltagsarbeit zwar weitergeht, aber doch auch Spaß und Unterhaltung zu ihrem Recht kommen.

In der zweiten Hälfte des Almsommers aber denkt man schon wieder an das festliche Ereignis des Almabtriebs. Er soll in die Zeit des zunehmenden Mondes (s. Seite 20) fallen, damit sich die Tiere mit der inzwischen ungewohnten heimatlichen Weide wieder anfreunden können. Beliebte Tage für den Viehtrieb zu Tal sind – von Alm zu Alm verschieden – die Tage Matthäus, Rupert oder Michael Ende September. Schafe, Kälber und Pferde werden schon am St. Bartheltag (24. August) von den höchstgelegenen Almen auf niedrigere Weidegründe gebracht.

Sind Unfälle, Krankheiten und Naturkatastrophen ausgeblieben, ist in der Bauernfamilie kein Todesfall zu beklagen, so kehren die Tiere reichgeschmückt von den Almen heim. Und für die Almbauern und Almerer ist das Erntedankfest alljährlich ein wichtiger Anlaß, aus tiefer Überzeugung für einen guten Sommer auf der Alm zu danken.

Damals als die Milchprodukte noch im Holzgeschirr mit dem Milchstein und in dem auf Hochglanz gebrachten Kupferkessel erzeugt wurden, entsprach das sicher nicht den heutigen Hygienebestimmungen der EU. Aber Qualität, Geschmack und Aroma der so gewonnenen Nahrungsmittel stimmten. Auch wenn wir die Uhren des Fortschritts nicht zurückdrehen wollen, so können wir doch manches von dem, was unsere Eltern und Generationen vor ihnen praktiziert haben, in unsere moderne Welt herüberretten, vor allem die Erzeugung von wertvollen Lebensmitteln für die Lebensmitte.

Der Almsommer geht zu Ende, die geschmückten Tiere streben wieder heimwärts.

JULI

Kalendarium mit Los- und Schwendtagen

Der Garten im Juli

Wildfrüchte des Sommers

Arbeiten im Nutz-, Obst- und Ziergarten

Von Wanderimkern und Bienenfleiß

Thema des Monats:
Holzschlag nach Zeichen

JULI
Heumond

Die Sonne steht hoch, die Tagestemperaturen erreichen Höchstwerte, und die von der Warmluft gespeicherte Feuchtigkeit liefert meist auch das nötige Naß: Normalerweise sorgt der Juli dafür, daß alles, was bis zum Herbst geerntet werden soll, jetzt wachsen und reifen kann. Ein besonderer Lostag war früher für die Bauern Mariä Heimsuchung; da ging die Familie zur nächsten Kapelle, um im Gebet des beschwerlichen Gangs der Muttergottes übers Gebirg zu gedenken. Wir daheim und alle Nachbarn hielten es so.

Los- und andere Bauerntage	Bauern- und Wetterregeln
2.7. Otto, Mariä Heimsuchung (nach dem alten Kalender der 15.7.); Hauptlostag	*Regn am Maria Hoamsuchungstag, vier Wochen lang andauern mag*
4.7. St. Ulrichstag, Elisabeth	*A a Fauler bringt's Heu guat ein, wenn St. Ulrich Sonnenschein*
8.7. Kilian (21.7.)	*Kilian, der heilige Mann, stellt die ersten Schnitter an* (der Zeitpunkt paßt wieder besser nach dem Datum des alten Kalenders am 21.7.)
10.7. Sieben-Brüder-Tag, Engelbert (23.7.); Lostag	*Wie's die sieben Brüder treiben, so soll s'Wetter vier Wochen bleiben*

Hochsommer! Im Garten blüht und fruchtet es, die Obstbäume hängen übervoll; es bleibt nur zu hoffen und zu wachen, daß Unwetter und Schädlinge dem Gedeihen nicht ein vorzeitiges Ende machen. Beim Sommerregen entlädt sich die schwüle Luft oft in örtlichen Gewittern oder Hagel. Der Juli ist Heumonat – zuviel Regen kann man jetzt nicht gebrauchen – und überall duftet es nach frischgeschnittenem Gras, nach Feld- und Wiesenblumen. In die 2. Julihälfte fallen die Hundstage mit meist beständiger Sommerwitterung und viel Wärme.

17.7. Alexius, Irmgard; Schwendtag?	*Regn nach Alexe weard zur altn Hexe!*
19.7. Vinzenz	*Vinzenz Sonnenschein, füllt die Fässer mit Wein*
20.7. Margareta; Lostag	*Hat Margaret kein Sonnenschein, dann kommt das Heu nie trocken rein*
21.7. Laurentius; Schwendtag?	

Im letzten Monatsdrittel werden auf hochgelegenen Almen die Nächte kühler, und die Milch wird weniger. Ein besonderer Tag für die Almerer war der Jakobitag, da hieß es nämlich, »den Sommer zu teilen«. Die Senner kamen erstmals wieder unter die Leut', und das wurde gefeiert (»Lustig is gwesn an Jakobitag z'Alm, da is da kloa Melcher in Rührkübl gfalln«).

22.7. Maria Magdalena, Verena	*Magdalena weint um ihren Herrn, drum regnet's an ihrem Tage gern*
25.7. St. Jakobitag (7.8.)	*Hundert Tag nach dem ersten Reif nach Jakobi schneit es zu* *Wenn Jakobi klar und rein, wird das Christfest frostig sein*
26.7. Anna und Joachim; Lostag	*Sankt Anna regnt in die Muaspfanna*

Mutmaßliche Witterung

Während der ersten Woche kühlen Regenschauer und Gewitter die aufgeheizte Luft etwas ab, und es bleibt bis 11./12. des Monats unbeständig; danach setzt erneut heiteres, trockenes Wetter ein. Etwa um den 18. Juli wird es wieder wechselhaft, und man muß mit Regen rechnen, wenn auch kaum ein Tag ohne Sonnenschein bleibt.

JULI

Die Sonne hat ihren Höchststand erreicht, und überall duftet es nach frischem Heu. Während im Tal bereits das Grummet (der zweite Grasschnitt) eingebracht wird, schneiden die Bergbauern ihre Wiesen jetzt zum ersten Mal. Viel Handarbeit ist vonnöten, denn die steilen Hänge müssen wie eh und je mit der Sense gemäht, das Heu mühsam gewendet, getrocknet und eingebracht werden. Bleibt nur zu hoffen, daß kein Unwetter die Heuernte beeinträchtigt! – In den Gärten wächst und reift es, die Blumen prangen in goldenen Sommerfarben. In den Wäldern und auf Lichtungen aber hält die Natur ganz besondere Kostbarkeiten bereit für alle, denen die Ernte von Wildfrüchten nicht zu mühsam ist. – In der Jakobiwoche, wenn schwülheißen Tagen mächtige Gewitter folgen, beginnen überall die Waldpilze zu sprießen, die soviel Aroma in unsere Speisen bringen und auch getrocknet bis in den Winter ihre Würze bewahren. – Anfang Juli brechen die letzten Wanderimker mit ihren Völkern auf, damit ihre Bienen mit dem Nektar und Pollen zugleich auch Duft, Harmonie und Schönheit der Almrosen einsammeln. Der so gewonnene Honig schließt dann die ganze Kraft des Sommers und der Blüten in sich.

Schwerstarbeit war und ist die Heuernte an den steilen Wiesenhängen.

Der Garten im Juli

Unsere Hauptarbeit besteht in diesen Wochen darin, zu ernten, Gemüse und Früchte zu konservieren und Vorräte für den kommenden Winter anzulegen – auch wenn die Sonne jetzt viele Stunden am Tag zeigt, welche Kraft sie hat und uns die Schweißperlen auf die Stirn treibt. Abgeerntete Beete warten auf den erneuten Besatz mit Gemüse und Blumen oder auf eine wohltuende Gründüngung oder eine Mulchdecke, die dem Boden Erholung bringt.

Arbeiten im Gemüsegarten

Damit es in den Mischkulturen nicht durch die Starkzehrer unter den Pflanzen zu Mangelerscheinungen kommt, brauchen sie eine Reifkompostgabe und etwas verdünnte Brennesseljauche. Das gilt vor allem für Beete mit roten Beten, Karotten, aber auch Kohlgewächsen. Tomaten, Gurken und Zucchini sind ebenfalls für eine Kompostauflage dankbar. Nach sehr heißen Sonnentagen werden abends Gurken und Tomaten gegossen, vor allem wenn sie ihren Standort an regengeschützten Plätzen haben.

Die Rillen von Porree und Zuckermais werden jetzt nach und nach mit reifem Kompost aufgefüllt. Eine Mulchschicht tut den Beeten gut. Unkraut wird ausgezupft und kommt ganz einfach zwischen die Himbeeren.

Endivien und Zuckerhut sowie Chinakohl sollten jetzt gesät werden. Auch für Bindesalate und Kohlrabi ist die Zeit günstig.

An Frucht- und Blütetagen werden Gewürz- und vor allem Teekräuter, die noch vor der Blüte stehen,

JULI

Beim Porree werden jetzt die Pflanzrillen mit einer Lage Reifkompost gefüllt.

bei trockener Witterung geerntet und im Schatten getrocknet.

Arbeiten im Obstgarten

Die Himbeerernte geht Anfang Juli zu Ende. Abgeerntete Ruten und schwach nachwachsende Triebe schneiden wir direkt über dem Boden ab. Nur wenige kräftige Ruten bleiben stehen. Auch Stachelbeeren und Johannisbeeren brauchen nach der Ernte einen Rückschnitt der alten, vermoosten, abgetragenen Äste (s. Seite 48/49). Für einen reichen Blüten- und Fruchtansatz brauchen die Sträucher Kompostgaben und sollten gut gemulcht werden.

Die schon markierten Erdbeerkindl (s. Seite 74) kommen jetzt, bevorzugt an Fruchttagen, an ihren neuen Standort. Besonders günstige Zeitpunkte sind Löwe-Tage. Blätter mit Spuren von Mehltau werden abgeschnitten. Erdbeerpflanzen können mehrere Jahre auf demselben Beet bleiben, vor allem wenn der Abstand zwischen den Pflanzen groß ist und wenn aromatische Pflanzen wie Lavendel, Thymian, Knoblauch oder Tagetes sie »begleiten«.

Im Obstanger können Marillen (Aprikosen) noch pinziert werden. Bei Jungkulturen empfiehlt sich ein Sommerschnitt. Alles was nach innen wächst, aber auch Konkurrenz- und sich kreuzende Triebe werden weggenommen, größere Schnittflächen mit Baumwachs verstrichen.

Bei den Weichseln (Sauerkirschen) sollten wir unbedingt abgetragene Äste entfernen, weil sie dann im nächsten Jahr an den Jungtrieben umso besser fruchten.

Wichtig ist eine Kontrolle der Veredlungen (s. Seite 72). Der Bast wird vorsichtig entfernt, damit die Jungtriebe nicht leiden. Trockenrisse im Baumwachs sind nochmals zu verschmieren, damit die Triebenden nicht austrocknen und sich kräftiger Kallus bilden kann.

Wir beobachten, wie sich die Triebe nach dem Pfropfen im letzten Jahr entwickelt haben. Stehen sie zu steil, müssen sie unbedingt flachgebunden (weniger als 45°) werden.

Wildfrüchte des Sommers

Ein wunderschöner Sommersonntag lockt uns zu einem Ausflug; wir wollen bei einer Wanderung Kraft schöpfen, aber auch, wie in Kinder- und Jugendtagen, hinaus an unsere alten »Beerenplätze«, um Kannen und Eimer mit aromatischen Heidelbeeren oder Waldhimbeeren zu füllen.

Wüßten die Menschen, welche Kraft von den Wildbeeren – im Frühsommer gab es schon die Walderdbeeren, im Herbst erwarten uns Brombeeren und Preiselbeeren – ausgeht, sie würden bereitwilliger steile Anstiege und mühsames Bücken auf sich nehmen. Wildbeeren sind nicht nur viel feiner und doch intensiver im Geschmack als ihre hochgezüchteten Verwandten, sie haben auch heilsame Wirkungen, stecken voll mit Vitaminen und unvergleichlichen Aromen. Wildfrüchte haben die ungetrübte Aura heißer Sommertage in sich aufgenommen. Sie atmen Frische und vermitteln uns mit ihrem Wohlgeschmack auch etwas vom Lebensglück aller Kreatur und vom Sinn der ewigen Kreisläufe. Blumen und Früchte lassen uns an den Schwingungen der belebten Natur teilhaben, wir müssen nur offen sein und mit allen Sinnen Anteil nehmen.

Der Garten im Juli

Abgeerntete Himbeerruten und schwache Jungtriebe sollten abgeschnitten werden.

Auch im Obstanger ist ständiges Mulchen der Baumscheiben wichtig, damit der Boden nicht austrocknet und locker bleibt.

Arbeiten im Ziergarten

Die Balkonblumen stehen jetzt in schönster Blüte. Zu besonderer Farbenpracht tragen die einjährigen Sommerblumen bei, die wir im Frühjahr selbst herangezogen haben.

Die Blumenwiese sollte jetzt längere Zeit nicht geschnitten werden, damit die Samen der blühenden Pflanzen zur Reife kommen und ausfallen können.

Natürlich denken wir auch schon an die Blüte des nächsten Jahres. Selbstgeerntete Samen von Sommerblumen wie Bartnelken, Glockenblumen, Goldlack werden in Kistchen gesät; ebenso die zweijährigen Königskerzen und Fingerhut; sie bilden im ersten Jahr kräftige Blattrosetten und blühen im zweiten.

Wer Stauden wie Mohn, Akelei oder Lupinen aus Samen heranziehen will, sät sie besser in Kisten als im Freiland aus, weil sie nur bei kontrollierter Feuchtigkeit und Wärme keimen.

In den Blumenbeeten ist Abgeblühtes zu entfernen, um den Blütenflor, etwa von Ziertabak, Salvien oder Tagetes, um Wochen zu verlängern. Günstig ist jetzt auch eine Behandlung mit Brennesseljauche (s. Seite 96-98); sie gibt den Pflanzen mehr Widerstandskraft und sorgt für harmonisches Gedeihen.

Natürlich wählen wir für die Arbeit an unseren Blumen die Blütetage.

Von Wanderimkern und Bienenfleiß

Viele Imker verlassen bei uns Ende Juni oder spätestens Anfang Juli den heimischen Bienenstand und bringen ihre Völker in die Almrosen. Die blühen in vielen Seitentälern der Kitzbüheler Alpen in üppigster Blütenpracht.

Inzwischen ist es höchste Zeit, ältere Königinnen auszuwechseln, soweit das nicht schon zu Beginn der Waldtracht im Juni geschehen ist. *Mir kommt das Sommerschleudern an einem Frucht- oder Blütetag sehr entgegen.* Der volle Honigraum wird abgenommen und nach entsprechender Vorbereitung ein neuer Honigraum mit Brutableger und junger Königin über Zeitungspapier aufgesetzt. Die Altkönigin muß vorher entfernt werden. Geschleudert wird nur ganz reifer Honig, mindestens zwei Drittel der Waben müssen bereits mit Wachs verdeckelt sein; unreifer Honig ist minderwertig.

Wichtig ist jetzt, daß es im Garten immer noch reichlich blüht; Phacelia, Goldmelisse, Lavendel, Salbei und viele Teekräuter bieten optimale Futterquellen. Der verantwortungsvolle Imker bedankt sich bei seinen Bienen für die Honiggabe mit ausreichend Futter in Form von Blütenhonig und Pollen. Mit minderwertiger Auffütterung ist es jedenfalls nicht getan.

Dem ehrwürdigen alten Balkon genügt dieser bescheidene Blumenschmuck.

Thema des Monats

Gott sei Dank hält die Natur unzählige Heilmittel gegen Pflanzenkrankheiten und Schädlinge bereit. Wir müssen sie nur kennen und anzuwenden wissen. In Kräuterbrühen und -jauchen sind die heilenden Kräfte der Kräuter gleichsam konserviert.

Kräuterbrühen und Kräutertees

Aus Kräutern wie Thymian, Majoran, Lavendel, Rosmarin, Wermut, aus starkriechendem Rhabarber und Holunderzweigen, aus Wacholder und Fichtennadeln, aus Kamille, Rainfarn, Beinwell, Farnkraut, Knoblauch und Zwiebeln läßt sich Heilkräftiges für unsere Gartenpflanzen, für Gemüse und Obst brauen. Wir wählen dazu die Fruchttage.

Die Herstellung von Brühen ist ganz einfach. Auf die abgeschnittenen Kräuter, die grob zerkleinert werden können, gießen wir Wasser, am besten Regenwasser, und lassen den Ansatz 24-48 Stunden stehen. Er kann dann abgeseiht als Auszug verwendet werden. Besonders wirkungsvoll aber wird die Mischung, wenn man sie erhitzt, zum Kochen bringt und dann abseiht. Die abgekühlte Brühe wird dann verdünnt angewendet. Außer mit Brühen behandeln wir unsere Pflanzen nach Bedarf auch mit Kräutertees, die mit kochendem Wasser aufgegossen werden, eine Viertelstunde ziehen müssen und dann abgeseiht und verdünnt werden.

Für eine Rainfarnbrühe brauchen wir 300 Gramm blühendes oder 30 Gramm getrocknetes Kraut (Rainfarn ist übrigens kein Farn, sondern ein Korbblütler) auf 10 Liter Wasser. Nach der Verdünnung im Verhältnis 1:2 spritzen wir mehltau- und rostempfindliche Pflanzen damit. Insekten wie Blattwespen oder Himbeerkäfer werden mit unverdünnter Brühe bekämpft. Im Sommer können wir die Mischung auch als Gießwasser um die Pflanzen ausbringen, im Herbst spritzen wir sie direkt auf gefährdete Kulturen.

Für Farnkrautbrühe, die wir aus Wurm- und Adlerfarn herstellen, brauchen wir etwa 1 Kilogramm Kraut (oder 100 Gramm getrocknetes Pflanzenmaterial) auf 10 Liter Wasser. Wir setzen die Brühe in den Obstkulturen unverdünnt gegen Schild-, Schmier- und Blutläuse ein. Im Hühnerstall tut sie gute Dienste im Kampf gegen Hühnerläuse, im Käsekeller wirkt sie gegen die Käsemilbe. Durch Rost gefährdete Pflanzen kann man vorbeugend noch vor dem Blattaustrieb mit der Brühe behandeln.

Pflanzen helfen Pflanzen

Wermutbrühe oder auch Wermuttee werden bei uns gegen die Maden der Kohlfliege wie gegen Apfelwickler, Blattläuse, Raupen und Ameisen eingesetzt. Wir bereiten die Brühe aus 300 Gramm frischen Wermutwedeln (oder 30 Gramm getrockneten) auf 10 Liter Wasser und setzen sie verdünnt (1:10) ein. Gegen die Eiablage der Kohlweißlinge, aus denen die Krautwürmer schlüpfen, legen wir frische Wermutwedel zwischen die Pflanzen.

Zwiebel- und Knoblauchbrühe, für die wir ein halbes Kilo Zwiebeln und Knoblauch mit 10 Liter Wasser übergießen, ist ein wirksames Mittel gegen Pilzkrankheiten. Sie wird 1:10 verdünnt und tut vor allem Erdbeeren und Kartoffeln wohl. Ein Tee aus Zwiebelschalen und einigen Knoblauchzehen hilft gegen allerlei Ungeziefer. Verdünnt und am späten Abend gespritzt, wirkt er gegen Erdbeermilben und Krautfäule.

Vom Ackerschachtelhalm und seiner Zubereitung war schon bei den Pilzkrankheiten (s. Seite 159/160) die Rede.

Wenn wir den verschiedenen Kräuterbrühen und -tees auch noch jeweils ein paar Handvoll Urgesteinsmehl (Biolit) zusetzen, wird die Wirkung noch nachhaltiger sein. Wir können auch die Triebspitzen gefährdeter Kulturen mit Gesteinsmehl bestäuben und sie später noch besprühen. Ameisenstraßen und Gänge von Mäusen werden ebenfalls mit Urgesteinsmehl bestäubt und danach mit Brühen aus besonders würzigen Kräutern getränkt.

Brennesseln als Schutz und Hilfe

Warum ist wohl gerade diese Pflanze, deren übermäßiges Erscheinen auf nahrhaften Boden (im Garten

Pflanzen helfen Pflanzen

Viele Wildpflanzen für heilsame und pflegende Kräuterbrühen sind in nächster Nachbarschaft zu finden.

Den vielgescholtenen Brennesseln sollte man einen Platz im Hausumfeld reservieren; sie haben eine gute Wirkung auf andere Pflanzen.

etwa in Kompostnähe), aber auch auf Mängel in der Bodenpflege (Stickstoffüberdüngung) hinweist, ein so wertvoller Inhaltsstoff für Jauchen und Auszüge?

Nun, die Pflanze bringt wertvolle Wirkstoffe in Form von organischen Säuren, Gerbstoffen, Vitaminen und Mineralstoffen, vor allem Kieselsäure und Eisen, in die heilsamen Flüssigkeiten ein.

Für einen Brennesselauszug, den wir möglichst an einem Fruchttag machen, nehmen wir auf 100 Liter Wasser etwa 10 Kilo Brennesselkraut (für einen Kleingarten genügen 10 Liter Wasser auf 1 Kilo Kraut). Die Pflanzen werden mit der Grasschere grob zerkleinert, damit sie sich besser umrühren lassen und kommen in einen Bottich aus Holz oder Kunststoff (nicht aus Metall!). Dann wird kaltes oder handwarmes Wasser zugegossen. Wir rühren 300 bis 500 Gramm Urgesteinsmehl dazu. Gleich zu Anfang und auch zwischendurch wird kräftig umgerührt. Die Mischung ist schon nach 24 Stunden gebrauchsfertig. Im Verhältnis 1:1 verdünnt gießen wir den Auszug an Weißkohl, rote Beten, Karotten, Porree, aber auch an die Blumen, vor allem die mehltaugefährdeten Rosen. Unverdünnt werden die Obstbäume, vor allem Zwetschgen, damit versorgt. Der Auszug wird nur auf den Boden ausgebracht und soll mit grünen Pflanzenteilen nicht in Berührung kommen.

Für die Brennesseljauche brauchen wir dieselben Mengen Wasser, frisches Kraut und Urgesteinsmehl, doch lassen wir den Ansatz mindestens eine Woche, bei kühler Witterung noch länger, stehen. Zwischendurch wird öfter mal gründlich umgerührt, damit sich das Urgesteinsmehl nicht am Boden absetzt, sondern aufgewirbelt wird. Es liefert in dieser Mischung zusätzliche Mineralstoffe.

Für die Tomaten im Gewächshaus und in Kübeln nehmen wir auf eine Gießkanne (12 Liter) etwa einen

Thema des Monats

halben Liter Jauche. Kulturen mit Blattlausbefall, vor allem Zwetschgenbäume, bekommen bei feuchter Witterung die Jauche unverdünnt, bei trockenem Wetter mit Wasser verdünnt (1:1) in die Kronentraufe, also nur auf den Boden. So werden genau die feinen Wurzeln der Bäume versorgt, die die äußersten, jüngsten und damit anfälligsten Triebe zu ernähren haben. Während des Gartensommers, also von Mai bis August, wird eine Kultur höchstens dreimal gegossen. Zwei Jauchegaben in der Vegetationsperiode – und zwar an Wurzeltagen – bekommen rote Beten, Porree und Zuckermais (meist Anfang Juni und Ende Juli). Ab einem Zeitpunkt von mindestens vier Wochen vor der Ernte darf nicht mehr gegossen werden, damit die harmonische Ausreifung nicht gestört wird.

Stellen wir beim Beerenobst und bei den Rosen Pilz- oder Läusebefall fest, nehmen wir dreimal täglich eine Behandlung mit Brennesseljauche vor, und wiederholen die Prozedur am übernächsten Tag. Kartoffeln werden bei uns nicht mit der Jauche versorgt, sondern wiederholt mit Urgesteinsmehl (Biolit) bestäubt, aber auch sorgfältig und immer wieder gemulcht.

Von der positiven Wirkung der Brennessel konnten wir uns auch auf andere Weise überzeugen. Wir haben zwei Bäume von gleicher Sorte, Wuchsform und Größe gepflanzt und gut versorgt. Bei einem wurden Brennesseln in die Baumscheibe gesetzt. Geduldig haben wir beide beobachtet. Es stellte sich heraus, daß das von Brennesseln benachbarte Bäumchen (ein Boskoop-Halbstamm) merkbar besser wuchs und zwei Jahre früher fruchtete als das andere. Inzwischen ist aus dem »Brennessel-Bäumchen« ein Prachtbaum geworden.

Einen anderen Versuch mit den magischen Kräften der Brennessel kann jeder im eigenen Garten machen: Ein paar Eimer frischer Stallmist werden in einer Gartenecke aufgeschüttet, darüber eine Schicht Gartenerde und zuletzt welkes Gras. Obenauf setzt man ein paar Brennesselpflanzen. Ein Jahr später ist aus dem »Misthaufen« krümelige, schwarze, angenehm riechende Gartenerde geworden, die sich bestens für die Balkonkästen, zum Pikieren von Jungpflanzen oder fürs Erdbeerbeet, für Rosen oder Kräuter eignet. Diese schwarze Erde vermittelt auch dem ungeübten Auge den Eindruck von Lebendigkeit und Harmonie.

Bei der Aktion »Pflanzen helfen Pflanzen« setzen wir die verschiedenen Kräuterbrühen, -tees und -jauchen natürlich nur gezielt ein und sprühen sie nicht wahllos aus. Wir planen ihren Einsatz längerfristig mit Hilfe des Mondkalenders (s. Seite 165 ff), nutzen also die für jede Pflanzenart günstigsten Tage. Darüberhinaus aber müssen wir lernen, Signale, die unsere Pflanzen aussenden, richtig zu deuten und ihnen von Fall zu Fall bei der Selbstheilung hilfreich zur Seite stehen.

Biologische Schadensbegrenzung

Schädlinge und Krankheiten stellen sich oft nur deshalb ein, weil wir durch allzu rigorose Eingriffe in die natürlichen Kreisläufe das biologische Gleichgewicht des Gartens und seines Umfeldes zerstört haben. Hier ist Umdenken der erste Schritt zum Erfolg, sonst laufen wir ständig »mit dem Stroh hinter dem Feuer her«. Es mag zwar seltsam klingen, doch dürfen wir die

*Gegossen wird in der Kronentraufe,
weil dort die feinen Wurzeln sind,
die den Baum versorgen.*

Pflanzen helfen Pflanzen

Stein- und Reisighaufen im Garten bieten vielen nützlichen Tieren einen Unterschlupf oder Brutplatz.

Schädlinge gar nicht allzu rigoros bekämpfen. Sie sind zwar Störenfriede, doch ihre totale Vernichtung würde zugleich den Nützlingen im Garten den Garaus machen, die ja von ihnen leben. Wichtig ist also, daß die Nützlinge durch Schutzmaßnahmen und vor allem durch Harmonie im Garten immer die Oberhand behalten. So wächst unser Gemüse in Mischkulturen heran, für ein ausgewogenes Verhältnis von Ziersträuchern und Wildgewächsen ist gesorgt. Stein- und Reisighaufen stehen vielen Tieren offen, üppiges Wachstum und Blühen in den Baumscheiben lockt Bienen dorthin, wo sie gebraucht werden, und vertreibt Krankheitserreger. Vögel fühlen sich in der lockeren Hecke wohl, Schmetterlinge finden an den Brennessel-»Kulturen« ihr Auskommen, und es bleibt doch genügend Kraut für Jauchen und Brühen übrig. Wir achten bei Aussaat, Pflanzung und Pflege auf die optimalen kosmischen Zeichen, wählen widerstandsfähige Sorten, pflegen den Boden durch regelmäßige Kompostgaben und Mulchauflagen, vergessen den Fruchtwechsel im Gemüsegarten nicht. Kurz, wir fühlen uns in die Kreisläufe des Gartens hinein, denken mit und greifen nur dort helfend ein, wo es wirklich nötig ist. Natürlich gibt es trotz alledem nicht immer nur Erfolge zu vermelden. Aus meiner Praxis kann ich dazu berichten, wie es mir im Sommer 1995 mit zwei Klarapfelbäumen ergangen ist. Mai und Juni waren völlig verregnet, das Wetter über Wochen viel zu kalt. Ich machte mir Sorgen um die Bäume, die schon voll mit Früchten hingen. Alle zwei Wochen bekamen sie an Fruchttagen jeweils acht Liter Brennesseljauche (die acht Tage Gärzeit gehabt hatte). Mitten im Hochsommer in einer sonst eher reinigenden Schönwetterperiode stieg dann der Mehltau bis in die Kronen und vernichtete Blätter und Früchte fast über Nacht. Die Bäume sahen verheerend aus und schienen verloren. Ich muß dazu sagen, daß in dieser Nacht der Mond in Erdnähe, über sich gehend und abnehmend war (s. Seite 20ff), also eine besonders kritische Konstellation herrschte; doch kann ich auf Grund eines Beispiels natürlich nicht beweisen, daß dies den Ausschlag gegeben hat. Aber ich werde weitere Versuche machen.

Die beiden Bäume konnte ich wieder heilen; ich habe ihnen an einem Fruchttag einen kräftigen Sommerschnitt verordnet und sie mit einem Tee aus Ackerschachtelhalm und mit reichlich Reifkompost versorgt. Stämme und Astwerk strich ich mit dem vielfach bewährten Gemisch aus Kuhmist, Biolit und Molke an. Schon nach drei Wochen zeigten sich frische Blätter, und es kam wieder Leben ins Geäst.

Wir dürfen uns auch durch gelegentliche Mißerfolge nicht entmutigen lassen, sondern müssen immer wieder geduldig neu anfangen und die Pflanzen zur Selbstheilung anregen. Mit der Natur zu denken und zu handeln kann so zur wahren Leidenschaft werden.

AUGUST

Kalendarium mit Los- und Schwendtagen

Der Garten im August

Kompostieren bringt Leben in Garten und Feld

Düngen im organischen Kreislauf

Sommerschnitt der Obstbäume

Kräuterbüschl

Thema des Monats: Schwingungen, Erdstrahlung, Wasseradern

AUGUST
Ernting, Erntemond

Daß der August zurecht auch Erntemond hieß, war in früherer Zeit überall deutlich zu vernehmen; weithin hörte man in aller Herrgottsfrühe schon das Dengeln der Sensen. Das Mähen mit der Sense und das rhythmische Schleifen des Wetzsteins erlebt man heute allenfalls noch an steilen Almwiesen, wo Ende August das Grummet geschnitten wird. – Rund um den ersten Augustsonntag gab es oft auch verregnete Tage und damit Zeit zur Besinnung und Neuorientierung, den Portiunkula-Ablaß durfte keiner versäumen.
Die nach dem »Hundsstern« Sirius benannten Hundstage (Ende Juli/Anfang August) sind im allgemeinen die heißesten Tage des Jahres; die Sonne steht jetzt ganz in der Nähe des Sirius.

Los- und andere Bauerntage

Bauern- und Wetterregeln

1.8. Alfons, Makkabäerbrüder; Schwendtag?

2.8. Portiunkulafest

Portiunkula-Sonntag (1. Sonntag im August); großer Beicht- und Kommuniontag, an dem man für sich, die Angehörigen und die armen Seelen einen vollkommenen Ablaß gewinnen kann.

5.8. Mariä Schnee

Regen an Mariä Schnee, tuat dem Korn saggrisch weh

10.8. St. Laurenzitag (nach dem alten Kalender der 23.8.); Lostag

Laurenzi guat, an schean Hirbst verhoaßn tuat

Sollen Trauben und Obst sich mehren, dürfen mit Laurenz d'Wetter aufhören

Rund um den hohen Frauentag Mariä Himmelfahrt noch einmal ein Gruß des Hochsommers mit heißen Tagen, aber auch schweren Gewittern! Jetzt stehen die Kräuter hoch im Saft und entwickeln ihre ganze Würze und Heilkraft; aus der Fülle der Natur wird durch das Kräuterbüschel der große Schwung bis in den Festkreis von Weihnachten hinübergerettet.

13.8 Kassian, Pontian, Hippolyt

Wie das Wetter an Kassian, hält es mehrere Tage an

15.8. Mariä Himmelfahrt (28.8.); Lostag

Himmelfahrt Mariä Sonnenschein, bringt guten Wein

20.8. Bernhard; Schwendtag?

21.8. Pius, Franziska; Schwendtag?

Um Bartholomä wurde früher mit dem Grummet begonnen und der Winterroggen angebaut; die Nächte sind schon kühler, morgens begrüßen uns die ersten Herbstnebel. Nun treibt es die Süße in den Wein. Die Hochalmen beginnen sich zu röten, die Wildbeeren reifen.

24.8. St. Bartheltag (6.9.); Lostag

Wie Bartholomäitag sich hält, so ist der ganze Herbst bestellt
Um Barthlmä schaut der Schnee übers Joch he

28. Augustin

An Augustin ziachn d'Wetter hin

Mutmaßliche Witterung

Im ersten Augustdrittel herrscht Hochsommer, vor allem zwischen 1. und 11. kann man mit konstant heißem und trockenem Wetter rechnen; zwischendurch dürfte es sehr schwüle Tage geben. Um den 18./19. ist es oft unbeständig.

AUGUST

Wie lange ist es schon wieder her, daß überall auf den Gipfeln die Johannisfeuer brannten und wir um die Sommersonnenwende die längsten Tage des Jahres genossen haben. Die Tageslänge geht jetzt schon spürbar zurück. – Nach uralter Überlieferung beginnt der August gleich mit einem Schwendtag (s. Seite 165). An diesem Tag, so heißt es, sollte man nichts Neues anfangen, sondern abräumen. Doch in der Natur ist nichts streng festgelegt, alles ist dynamisch zu sehen. Meine Veredelungsversuche bei Sämlingen an verschiedenen Tagen um den ersten August und an diesem »verworfenen« Tag selbst haben ergeben, daß wir es uns viel zu einfach machen, wenn wir uns auf ein exaktes Datum fixieren. Gerade am 1. August (an dem nach altem Volksglauben alles zerstört wird, was wir mit dem Messer anritzen) hatte ich ausgesprochen gute Erfolge beim Äugeln. Dafür gab es an den Tagen danach, zwischen dem 3. und dem 6. August, Ausfälle in großer Zahl. Ich konnte diese Beobachtung mehrere Jahre hintereinander und mit vielen Versuchsexemplaren machen. – *Daraus folgt für mich, daß es Anfang August (aber eben nicht unbedingt jedes Jahr am 1. des Monats) sensible Tage gibt, an denen wir auf manche Arbeiten besser verzichten.* – Doch es wird Zeit für die Spätkulturen im Gemüsegarten; die Zweige der Obstbäume biegen sich unter ihrer Fruchtlast. *Für die Fruchttage in der Pflanzzeit (s. Seite 24/25.) nehmen wir uns Arbeiten im Obstanger vor. Doch sollten diese Tage nicht um die Zeit des Vollmonds liegen.* – Mitte August sind die Kräuter am heilkräftigsten; die Frauen sammeln sie in dicken Sträußen und binden sie kunstvoll zum Kräuterbüschl, das sie am Fest Mariä Himmelfahrt zur Weihe in die Kirche tragen.

Die ganze Kraft der Sommersonne ist in den Blumenbeeten eingefangen.

Der Garten im August

Daß es natürliche Kreisläufe gibt, ist eine Binsenweisheit. Besonders deutlich läßt sich das Ergebnis des Energiekreislaufs in der Natur am Boden ablesen. Wenn es uns gelingt, solche Energiekreisläufe für uns nutzbar zu machen, sind wir im Einklang mit der Natur. Besonders augenfällig wird die Energienutzung aus unmittelbarer Umgebung bei der Bereitung von Kompost; hier kommt es durch systematische Aufschichtung und Verrottung von Garten- und Küchenabfällen zur Erwärmung und damit zu einem Prozeß, der schließlich zur Entstehung von neuem, fruchtbarem Mutterboden führt.

Kompostieren

Kompost ist als wertvoller organischer Dünger lebenswichtig für den Garten. Er entwickelt sich aus all dem, was wir so abfällig als »Abfall« bezeichnen. Die

AUGUST

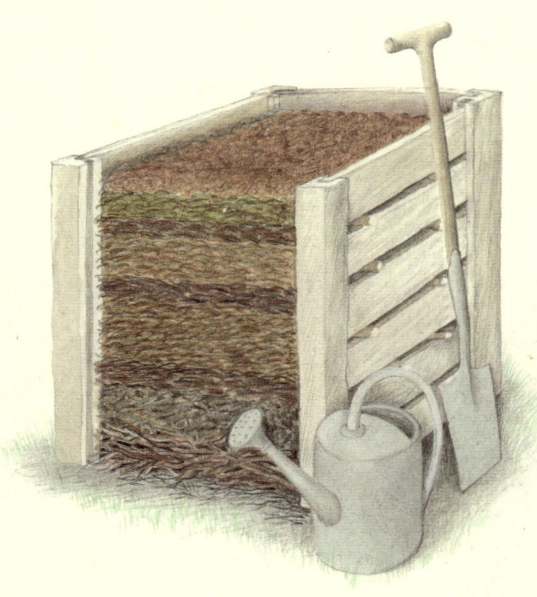

Der Kompost-Sammelbehälter nimmt organische Abfälle auf, die in Küche und Garten anfallen.

Alchimisten des Mittelalters haben vergeblich davon geträumt, aus Wertlosem Gold zu machen, uns aber gelingt es Jahr für Jahr, »Mist« in Humus, das Gold des Gartens, umzuwandeln. Und der Aufwand ist gar nicht groß. Wir geben nur den Anstoß, und die Umwandlung vollzieht sich von ganz allein.

Wir sammeln in einem Behälter alles Organische, was in Haus und Garten anfällt:
aus der Küche Obst- und Gemüseabfälle,
   getrocknete, zerdrückte Eierschalen,
   Kaffeesatz, Teeblätter (nicht zuviel gekochte
   Essensreste, da sie die Fäulnis fördern!);
aus dem Garten Rasen-, Hecken- und Strauchschnitt,
   angewelkte Wildkräuter, Laub, Stroh – auch das
   »Unkraut« aus dem Garten
Der Sammelbehälter soll abzudecken sein. Er ist aber noch nicht der Kompostbehälter.

Zum Aufsetzen des Komposts brauchen wir einen zweiten Behälter – er kann rund oder eckig, aus Holz, Stein, Draht oder Kunststoff bestehen. Wenn im Garten genügend Platz vorhanden ist, machen wir am besten einen »Walm«, also einen Haufen, der einen guten Meter hoch aufgeschichtet wird, sich oben rundet und den wir zum Schluß abdecken.

Den richtigen Zeitpunkt für das Kompostaufsetzen diktiert das Wetter. Wenn es trocken genug und der Boden schon erwärmt ist, fängt man bei uns in der Karwoche damit an.

Wir wählen als Standort für den Walm einen Platz im Halbschatten und fangen unmittelbar auf dem Boden an. Der Bodenkontakt ist wichtig, weil durch eine trennende Unterlage den Bodenlebewesen aus dem Untergrund der Zutritt in den Haufen versperrt würde.

Ganz zuunterst kommt zur guten Belüftung von unten eine Schicht aus gröberem Material, etwa dicke Staudenstengel oder kleingeschnittene Zweige (10–15 cm lang) von Hecken- oder Strauchschnitt. Darüber geben wir eine Zwischenlage aus reifem Kompost. Bestens bewährt hat sich bei uns das Einstreuen von Urgesteinsmehl (Biolit). Nun folgen die gemischten Abfälle aus Küche und Garten. Doch wir denken daran, daß nicht zuviel Rasenschnitt oder Laub auf einmal zugesetzt wird. (Heu und dürres Laub kann man ja an einem trockenen Platz in Säcken lagern und nach Bedarf zugeben). Nach jeweils 20–30 cm Sammelgut streuen wir wieder etwas Biolit ein; zwischendurch auch eine dünne Schicht Gartenerde. Wir achten darauf, daß nicht zuviel feuchtes Material

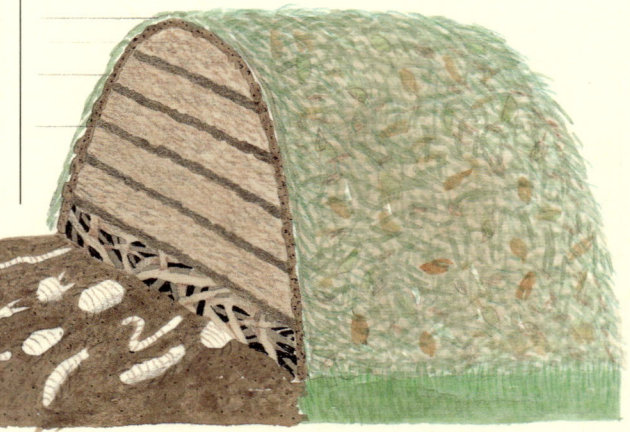

Günstig ist das schichtweise Aufsetzen eines Kompostwalms, der schon bald von viel nützlichem Getier belebt wird.

zusammenkommt, was Fäulnis bewirkt. – Und so geht es weiter, bis der Walm hoch genug ist.

Am besten setzen wir nach etwa einer Woche den Walm noch einmal um, damit sich im Innern kein schmieriger, stinkender Kern bildet.

Nach einiger Zeit brauchen wir für die Mischung unseres Komposts keine Anleitung mehr, Erfahrung und Fingerspitzengefühl sind dann die besten Ratgeber.

Der Haufen wird mit einer dünnen Erdschicht bedeckt, und obenauf kommt zusätzlich die Abdeckung, denn jeder Organismus braucht eine Haut, das gilt auch für unseren Kompost. Zur Bedeckung kann Grasschnitt oder Stroh dienen, möglich ist aber auch eine Kompostfolie. Unter einem solchen schützenden Mantel erwärmt sich der richtig aufgesetzte Kompost, wenn die Menge groß genug ist, schon nach einer Woche auf rund 60 °C. Die Abfälle aus Küche und Garten eines Einfamilienhauses reichen allerdings vom Volumen her nicht aus, um diese Temperatur zu erreichen (höchstens 45 °C); wir verwenden sie deshalb vor allem zur Nährstoffversorgung der Beerensträucher und Obstbäume und besorgen uns für Gemüse- und Blumenbeete zusätzlich etwas Mistkompost von einem biologisch bewirtschafteten Bauernhof oder erzeugen ihn aus Stallmist selbst.

Die Hitzephase ist für den Vorgang der Kompostierung wichtig! Der Walm darf nicht zu trocken oder zu naß und nie verdichtet sein, damit keine Fäulnis entsteht, denn ein fauler Komposthaufen stinkt – ein stinkender Komposthaufen aber ist eine Katastrophe. Er beleidigt nicht nur unsere Nasen, sondern stört auch die harmonische Gartenaura.

Nach der Hitzephase reift der Kompost still vor sich hin, die Regenwürmer und anderen Lebewesen nehmen ihn allmählich in Besitz und beginnen mit ihrer segensreichen Arbeit. So vollendet die Natur ihr Werk nun allein.

Kompost braucht Zeit zum Reifen, bei guter Pflege reicht die Zeit von Frühling bis Herbst; es kann aber auch länger dauern. Deshalb ist es günstig, Kompost in verschiedenen Stadien zu haben. Eine Keimprobe mit Gartenkresse ermöglicht uns die Kontrolle des Reifezustands. Auf eine Untertasse streuen wir etwas Kompost, säen Gartenkresse darauf und stellen den Behälter ans sonnige Küchenfenster. Bei ausreichender Feuchtigkeit

Die Abdeckung des Komposts verhindert, daß der Walm austrocknet oder zu naß wird.

und wenn der Kompost reif ist, entwickelt sie sich in einer Woche kräftig und gleichmäßig.

Düngen im organischen Kreislauf

Wenn wir Anfang August die ersten Gemüsebeete abgeerntet haben, lassen wir die Brachflächen natürlich nicht unbedeckt liegen, sondern versorgen sie genauso wie vor der ersten Frühjahrsbestellung mit Dünger. *Für diesen Dienst am Boden, der grundsätzlich nur im trockenen Zustand bearbeitet wird, wählen wir die Pflanzzeit (s. Seite 24/25). Vollmondtage und die Tage der Erdnähe kommen hier nicht in Frage.*

Wenn nötig, wird der Boden aufgelockert, damit er immer fein krümelig ist. Dann bringen wir eine Kompostgabe aus, die wir aber nicht eingraben, sondern nur oben auf die Gartenerde verteilen und ganz leicht anrechen.

Kompost als wertvollster organischer Dünger sorgt dafür, daß der Boden immer wieder mit Nährstoffen versorgt wird. In ständigem harmonischem Austausch nehmen die Pflanzen sie langsam auf und setzen andere Stoffe frei, die ihrerseits das Bodenleben sti-

mulieren. Pflanzen und Tiere sind perfekt eingespielt auf ihre Aufgaben.

Aber auch das Mulchen ist notwendig, denn es hält den Boden locker. Um es den Schnecken nicht allzu gemütlich zu machen, mulchen wir mit nur wenig Rasenschnitt, wiederholen den Vorgang aber öfter.

Soll keine neue Gemüse- oder Kräuterkultur mehr in den Boden kommen, säen wir eine Gründüngung wie Roggen, Klee, Phacelia, Wicke oder Senf ein, decken leicht mit Rasenschnitt ab und halten bei Trockenheit das Beet mit mäßigen Wassergaben feucht.

Am günstigsten für all diese Arbeiten sind, abgesehen von den erwähnten Pflanzzeiten, die Tage vor einem Wetterumschlag, weil dann die Natur wieder frischen Atem holt und auch uns damit mehr Tatkraft verleiht.

Arbeiten im Gemüsegarten

Mindestens zweimal in der Woche haben wir jetzt mit der Ernte der reifen Kulturen zu tun.

Bei den Kartoffeln ist es ganz wichtig, daß sie richtig reif zur Ernte sind. Wenn das Kraut einzutrocknen beginnt, fallen die Knollen leicht ab. Schon bei der Ernte suchen wir das Saatgut für den kommenden Frühling aus. Saatkartoffeln müssen absolut gesund sein; auch sollen sie in Form und Größe dem Durchschnitt der Sorte entsprechen. Wer Saatkartoffeln kauft, holt sie sich am besten bei einem Biobauern.

Die lockere Erde des abgeernteten Kartoffelbeets eignet sich bestens für die Pflanzung von Wintersalaten wie Chinakohl, Eissalat, Endivie. *Sie werden an einem Blattag (s. Seite 23) gesetzt, gut eingegossen und mit einer dicken Mulchschicht umgeben.*

Die Tomatenpflanzen müssen wir ständig im Auge behalten, sie aufbinden, ausgeizen, auch dann und wann mit Brennesselkraut mulchen und sie natürlich nach Bedarf mit abgestandenem, nicht zu kaltem Wasser gießen.

Das Beet mit den Kohlarten muß immer wieder neu gemulcht werden; wir legen außerdem einige Wermutwedel aus oder gießen mit einer Brühe aus Tomatenblättern, um den Kohlweißling auf Distanz zu halten. Der intensive Geruch dieser Pflanzen stört ihn und hindert ihn an der Eiablage. Bei längerer Schönwetterperiode wird mit verdünnter Brennesseljauche gegossen.

Mit der Zwiebelernte fangen wir an, wenn das Zwiebelrohr abgetrocknet ist. Die Zwiebeln werden in Zöpfe geflochten und an einer trockenen, schattigen Hauswand oder auf dem luftigen Dachboden zum Trocknen aufgehängt.

Sellerie und Möhren werden mit einer Kräuterjauche gegossen, der wir, zur besseren Versorgung der Pflanzen mit Kali, etwas Holzasche zusetzen. Beim Porree kürzen wir um Mitte August die langen Blätter um die Hälfte, häufeln die Pflanzen mit reifem Kompost an und füllen die eventuell noch vorhandenen Pflanzrillen auf.

An Frucht- und Blütetagen (s. Seite 23/24) ernten wir die Gewürz- und Teekräuter, sobald am Vormittag der Tau abgetrocknet ist. Wintergrüne Kräuter wie Kerbel und Petersilie sollten jetzt ausgesät werden.

Übrigens hat man Heilkräuter früher niemals mit einem Messer geerntet, sondern sie mit der Hand gepflückt, weil man glaubte, daß ihre natürliche Aura und damit ihre Wirksamkeit durch das Metall beeinträchtigt werden könnte.

Auch das Eisenkraut, das an den Hundstagen im August ausgegraben wird, und zwar zum Neumond

Zwiebeln und Knoblauch werden nach der Ernte gezopft und aufgehängt.

Der Garten im August

Okulieren, Äugeln

Wenn Anfang August der »Grummetsaft« für frischen Saftschub in den Obstkulturen sorgt und sich ein letztes Mal in dieser Vegetationsperiode die Rinde leicht lösen läßt, machen wir uns ans Äugeln. Sämlingsunterlagen, die wir selbst gezogen oder aus der Baumschule geholt haben, werden jetzt mit einer unserer Wunschsorten veredelt.

Wir entnehmen von dem gewünschten Baum im mittleren Kronenbereich einen gesunden Jahrestrieb, entfernen die weiche Spitze und den verholzten Ansatz. Aus dem übrigbleibenden Mittelteil des Triebs schneiden wir das schlafende Auge in der Blattachsel mitsamt dem Blattstiel so flach heraus, daß nur ganz wenig Holzanteil, dafür aber eine schöne Kambium-Schnittfläche erhalten bleibt.

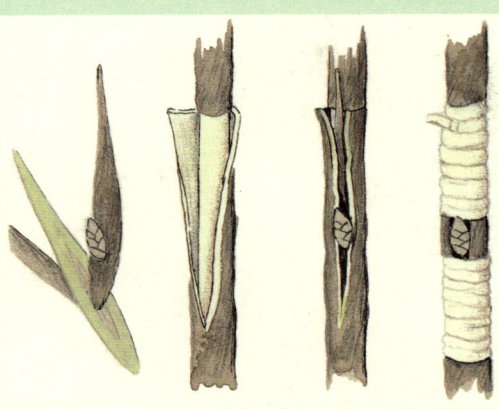

Das Okulieren wird bei frischem Saftschub vorgenommen.

Auf der Unterlage machen wir etwa 10 cm über dem Boden an glatter Rinde einen T-Schnitt. Genau hier wird die Rinde vorsichtig gelöst, das Edelauge sanft hineingeschoben, angedrückt und das obere Ende so geschnitten, daß es genau in die Schnittfläche der Unterlage paßt und förmlich hineinsinkt. Mit einer Gummilasche (Fachhandel) oder mit Bast wird es an seinem Platz fixiert.

Das Edelauge schläft nun den Winter über, treibt dann aus, und der Trieb wird am Stummel der Sämlingsunterlage aufgebunden; wir pflegen ihn sorgsam, lenken und schneiden ihn nach Wunsch. Im dritten Jahr ist bereits ein fertiger Jungbaum daraus geworden. *Er wird zur Pflanzzeit an seinen endgültigen Platz gesetzt.*

vor Sonnenaufgang oder nach Sonnenuntergang, sollte nicht mit einem Eisengerät in Berührung kommen. Man bewahrt es nach der Ernte bis zum Gebrauch am besten zusammen mit etwas Bienenwachs auf.

Wir vergessen nicht, uns von dem geernteten Gemüse (Bohnen, Erbsen, Gurken, Zucchini, Paprika, Tomaten) gesundes Saatgut fürs nächste Jahr beiseite zu legen.

Arbeiten im Obstgarten

Für die nachfolgend beschriebenen Arbeiten wählen wir – wenn die Witterung dies zuläßt – die Fruchttage (s. Seite 23/24) in der Pflanzzeit, meiden die Wassertage und die Zeit des Vollmonds.

Nach Abschluß der Ernte müssen wir uns, so weit das nicht schon im Juli geschehen ist, um die Pflege der Beerenobstkulturen kümmern. Wir versorgen die Sträucher nach Bedarf mit einer dicken Lage Reifkompost, der dann mit einer Mulchschicht zugedeckt wird. Dazu verwenden wir Rasenschnitt oder zwischen den Himbeeren ruhig auch »Unkraut« aus dem Garten. Himbeerkulturen müssen immer wieder gemulcht werden.

SOMMERSCHNITT DER OBSTBÄUME. Besonders bei Aprikosen, Schattenmorellen, Sauerkirschen und Kirschen nehmen wir im August – *und zwar an Fruchttagen in der Pflanzzeit* – einen Sommerschnitt vor und lichten die Bäume aus. Da sie alle an den Jungtrieben fruchten, kürzen wir abgetragene Triebe ein, um sie zur Fruchtdornbildung anzuregen, oder wir entfernen sie gänzlich.

Apfel- und Birnbäume werden vor allem dort ausgelichtet, wo überzählige Triebe ins Innere der Krone wachsen, wo sich Zweige überkreuzen oder aus einem Astquirl gleich mehrere Konkurrenztriebe hervorgehen (s. Seite 46).

AUGUST

Kräuterbüschl

Harmonie und Wohlbehagen aller Hausbewohner sind bei all unserm Tun das wichtigste Ziel. Deshalb denken wir schon jetzt an den Winter, in den wir ein wenig vom Duft, der Schönheit und Harmonie des Sommers mitnehmen wollen.

Wir sammeln Pflanzen für das Kräuterbüschl und halten uns dabei an den Rat einer erfahrenen Bäuerin, die in der ganzen Gegend als Kräuterfrau Respekt und Ansehen genießt.

Blumen und Kräuter werden in zunehmendem Schein (s. Seite 20) vor Sonnenaufgang gesammelt, am besten dann, wenn der Mond aufnehmend und fast voll ist. Wir nehmen die Pflanzen unseres natürlichen Umfelds, aus dem Garten Minze, Lavendel und Thymian, Astern, Dahlien und Heckenrosen, dazu noch Johanniskraut, Tausendgüldenkraut, Schafgarbe, Wermut, Kamille, Holler, Königskerzen und andere Wildkräuter. Früher band man 77 Kräuter in das Büschl hinein, heute sollen es mindestens 9, besser 15 oder 21 sein.

Das Büschl wird kunstvoll gebunden und am hohen Frauentag (Mariä Himmelfahrt) in der Kirche geweiht, bevor wir es, eingehüllt in ein Leinentuch, verkehrt herum zum Trocknen aufhängen. Bei uns daheim hatte es im Herbst in der Mantellaube, dem zur Hälfte mit Brettern verschlagenen Schlußstück des oberen Balkons, seinen Platz.

Im Weihnachtsfestkreis kommt das Kräuterbüschl ins Haus, und seine wohltuende Aura hilft Mensch und Vieh. Es vermittelt uns in der kalten Jahreszeit mit seinem Duft das Gefühl, geborgen und gut aufgehoben zu sein. Wenn ein Unwetter droht, werden einzelne Zweige aus dem Kräuterbüschl im Herdfeuer verbrannt.

Das geweihte Kräuterbüschl soll Haus und Hof beschützen.

Arbeiten im Ziergarten

Um diese Zeit braucht die Hecke wieder ihren Schnitt (s. Seite 129/130).

Die einjährigen Sommerblumen stehen noch in voller Blüte; manche müssen aufgebunden, Abgeblühtes und welke Blätter entfernt werden. Wir holen uns aus den Sommerblumenbeeten immer wieder frische bunte Sträuße ins Haus, die uns den Alltag fröhlicher machen.

Zweijährige Sommerblumen, wie Bartnelken, Stiefmütterchen, Goldlack, die wir im Juli gesät haben, werden in der zweiten Augusthälfte an Blütetagen (s. Seite 23) pikiert oder auch schon an ihren endgültigen Standort gepflanzt.

Nach dem Verblühen ernten wir die Samen der Sommerblumen und bewahren sie in einem Holzgefäß oder in einem Leinensäckchen an einem trockenen Platz auf.

Von den mehrjährigen Balkonblumen schneiden wir an Blütetagen (s. Seite 23) kräftige Triebe für die Stecklingsvermehrung ab. Sie kommen in magere Anzuchterde mit hohem Sandanteil. Wir stellen sie in ihren Töpfen an einen hellen Platz, aber nicht in die pralle Sonne. Sie müssen mäßig feucht gehalten werden, die Erde darf auf keinen Fall austrocknen.

Ab Ende August werden die Balkonblumen, die wir überwintern wollen, nicht mehr gedüngt (sie brauchen auch keine Kräuterbrühe mehr). Wichtig ist, daß sich stabile Zellen entwickeln.

Durch Blütenvielfalt, zum Beispiel am Sommerflieder und am Roten Sonnenhut, bringen wir viele Schmetterlinge in unsern Garten, beleben ihn und machen ihn bunter.

Thema des Monats

Bevor wir auf die meßbare Erd- und Wasserstrahlung, auf nachweisbare Magnetfelder zu sprechen kommen, müssen wir uns darüber im Klaren sein, daß in diesem Bereich nicht alles mit wissenschaftlichen Mitteln meß- und beweisbar ist. Auch hat nicht jeder Mensch den Wunsch oder ist gar nicht in der Lage, sich Phänomenen gegenüber zu öffnen, die mit dem nüchternen Verstand allein nur schwer zu ergründen sind.

Doch die Natur ist vielgestaltig und dynamisch und läßt sich nun einmal nicht in einen starren Ordnungsrahmen spannen. So wie für das Gedeihen und die Vermehrung von Pflanzen ihr feinstofflicher Gehalt von Bedeutung ist, so braucht auch der Mensch für sein Glück und Wohlbefinden mehr als die körperliche Unversehrtheit. Viele andere Faktoren, wie das persönliche Umfeld, die Familie, eine vollwertige, möglichst unverfälschte Ernährung, das Verwurzeltsein in Tradition und Kultur, gehören ebenso dazu wie die Bereitschaft, sich den Naturkräften zu öffnen.

Strahlung und Schwingungen erleben wir in Form von Wärme, Kälte, Licht, Spannung, Vibration. Wir lassen uns so weit sensibilisieren, daß sich uns die Haare aufstellen, daß wir eine Gänsehaut bekommen, daß also Reaktionen auf Schwingungen deutlich sichtbar werden. Noch empfindlicher als wir reagieren Tiere auf solche Kräfte, etwa wenn wir an die Orientierung beim Vogelzug denken.

Bevor früher ein Haus oder ein Futterstall gebaut wurde, holte man in einem Rupfensack Rote Waldameisen und schüttete sie über der Stelle aus, wo später der Schlafplatz der Hausbewohner sein sollte. Zogen sich die Ameisen von hier schnell zurück, so war diese Stelle für den Menschen günstig. Blieben die Ameisen, mußte man einen anderen Ruheplatz ins Auge fassen, denn Ameisen sind Strahlensucher. Das wissen auch die Wüstenbewohner, denen die Ameisen beim Aufspüren unterirdischer Wasserstellen helfen.

Vielfach haben Bauern auch die Erfahrung gemacht, daß die Kuh immer wieder einem Platz im Stall ausweicht, der ihr wegen der dort vorhandenen Strahlung Unbehagen schafft. Bäume, die an einer Stelle stehen, an der eine bestimmte Strahlung herrscht, zeigen oft einen geradezu abenteuerlichen Schiefwuchs oder bilden Gewebswucherungen aus.

Vielleicht hat auch die Seßhaftigkeit mancher bäuerlichen Familien, die oft über Jahrhunderte auf den ererbten Höfen bleiben, damit zu tun, daß diese dank einer natürlichen Aura Orte der Ausgeglichenheit und des Wohlbehagens sind. Aber es gibt auch das Gegenteil: Häuser, in denen die Bewohner von Unruhe geplagt und ihres Lebens nicht froh wurden.

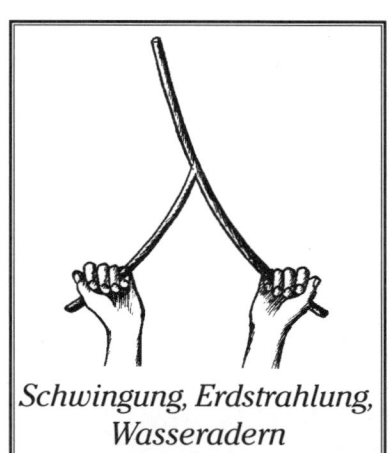

Schwingung, Erdstrahlung, Wasseradern

Die meisten Menschen spüren Erd- und Wasserstrahlung, sind also strahlenfühlig. Sie empfinden ihren Aufenthalt in einem Raum als angenehm oder unbehaglich, ohne daß sie dieses Gefühl irgendwie begründen könnten.

An vielen Stellen wird der Boden von radioaktiven Reizstreifen durchzogen und sendet aus tiefliegenden Kraftfeldern »Erdstrahlen« aus; von »rutenfühligen« Menschen werden sie als Störzonen empfunden. Die Reizstreifen haben ihre Ursache in unterirdischen Wasserläufen, Erzadern, Verwerfungen im Gestein und Verschiebungen. Die Strahlung ist besonders deutlich spürbar, wenn sich solche Streifen in einem beinahe rechten Winkel schneiden und in einem bestimmten Stärkeverhältnis zueinander stehen.

Manche unterirdischen Strahlungsfelder und Kraftwirkungen sind heute schon mit technischen Geräten und Hilfsmitteln nachweisbar. Es gibt aber auch Strahlungen und Wirkungen von Kräften, die nicht meßbar sind, die wir aber durchaus zu spüren bekommen.

Besonders feinfühligen Menschen ist es gegeben, Kräfte von Wasseradern oder Schwingungen mit Hilfe der Wünschelrute oder des Pendels sichtbar werden zu lassen.

Wenn wir darüber nachdenken, warum sich gerade Weidenzweige so gut als Wünschelruten eignen, fällt uns ein, daß an offenen Feuerstellen durch das Verbrennen von Weidenzweigen die Spannung im Raum vermindert wird. Von dieser Erkenntnis ist es nicht

Thema des Monats

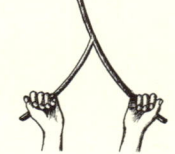

weit zum Verständnis eines uralten Brauchs, nach dem man bei einem schweren Gewitter ein paar Zweige von dem am Palmsonntag geweihten Palmbuschen ins Feuer gibt. Bei uns daheim wie in vielen anderen bäuerlichen Familien war es Sitte, zur Minderung der Spannung Heublumen und Zweige aus dem Kräuterbüschl (s. Seite 108) zu verbrennen, die Räume des Hauses also »auszuräuchern« und dann zu segnen. Dieser Brauch hatte seinen besonderen Sinn in den Rauhnächten (s. Seite 164), in denen wir mit den rauchenden Kräutern durch das ganze Haus gingen. Meiner Meinung nach wirkt sich die veränderte Aura im Raum auf das Gemüt der Menschen aus, stärkt sie und fördert den Zusammenhalt.

Doch zurück zu den Weiden: Auf manchen Äckern, die natürlich bewirtschaftet werden, fallen schmale Streifen ins Auge, auf denen die Frucht weniger gut gedeiht; hier sind die Halme kürzer, bräunlicher und haben kleinere Ähren, wohl deshalb, weil an solchen Stellen eine stärkere Strahlung wirkt. Als Gegenmittel steckten die Bauern früher geweihte Weidenzweige in die Erde. Ein bewährtes altes Hausmittel bei Kopfschmerzen als Folge von Wetterstürzen war einstmals ein Kranz aus Weidenzweigen, den man sich (und vor allem den Kindern) auf den Kopf setzte. Wir vertrauen in solchen Situationen auch auf die ähnlich entspannende Wirkung von Honig, den man morgens in frische, möglichst kuhwarme Milch einrührt.

Das uns umgebende Spannungsfeld unterliegt Veränderungen durch vielfältige Faktoren aus unserem Umfeld, die, abhängig von unserer Tagesverfassung, zu ganz unterschiedlicher Wirkung führen können. Auch im Tageslauf gibt es Schwankungen in der Leitfähigkeit von Strahlung und elektrischer Ladung. Am stärksten ist sie morgens vor Sonnenaufgang, ein wenig erhöht auch nach Sonnenuntergang.

Über besonders starke Spannung an einem bestimmten Platz hat mir auch ein befreundeter Förster

Nicht nur manche Tiere weichen der Strahlung aus, sondern auch Bäume versuchen, sich in eine andere Richtung zu entwickeln.

Schwingung, Erdstrahlung, Wasseradern

berichtet: Ein Baum, in den der Blitz eingeschlagen hat, wird bald von Schadinsekten heimgesucht, und der Specht macht sich in kürzester Zeit an die Arbeit. In die Höhlen am Stamm nistet sich, wenn Bienenstöcke in der Nähe sind, dann oft ein Bienenschwarm ein. Seine Wabenmuster können die Spannung so stark vermindern, daß der Baum oft wieder gesundet. – Außer den Waben sollen aber nach altem Glauben auch andere Bienenprodukte, sogar die Bienen selbst Strahlung mindern.

Die Fähigkeit, Strahlung anzuzeigen, sagt man bei uns auch manchen Pflanzen nach; wenn an einer Hauswand der Efeu besonders stark wuchert, herrscht in diesem Bereich wahrscheinlich eine starke Strahlung. Strahlungsmindernd sollen Eiche und Eisenhut wirken. Außerdem glaubten meine Vorfahren an die segensreiche Wirkung des Salzes, das ja den elektrischen Strom gut leitet. Meine Mutter gab uns, bevor wir abends zu einer Unterhaltung gingen, ein wenig Salz (am Stefanitag geweiht) zu lecken, um uns vor negativen Einflüssen zu schützen. Ob es wirklich genützt hat?

Wasseradern haben, je nach Mächtigkeit, Verlauf und Tiefe, ganz unterschiedliche Auswirkungen auf alles Lebendige. Mir sind mehrere Plätze bekannt, an denen der Blitz eingeschlagen hat und die sich später, nachdem ein guter Rutengänger sie untersuchte, als Kreuzungen von Wasseradern erwiesen. Randbereiche von Störfeldern sind oft besonders wirksam; das konnte ich selbst als Rutengänger nachweisen, wenn ich mich in Räumen aufhielt, in denen die Bewohner ein latentes Unbehagen spürten, ständig fröstelten oder schließlich krank geworden waren. Auch mir

In vielen bäuerlichen Familien war es Sitte, zur Minderung der Spannung Heublumen und Zweige aus dem Kräuterbüschl zu verbrennen, die Räume des Hauses also »auszuräuchern« und dann zu segnen. Dieser Brauch hatte seinen besonderen Sinn in den Rauhnächten.

selbst teilt sich in solchen Störzonen schon bei kurzem Aufenthalt jedesmal ein Unwohlsein deutlich wahrnehmbar mit. Ich werde unruhig, rücke an meinem Stuhl, versuche einen Platzwechsel, und wenn ich dann eine Weidenrute zur Hand nehme, beweisen mir ihre starken Ausschläge, daß mich mein Gefühl nicht getrogen hat. Der Raum, in dem ich mich befinde, muß über einem Störfeld liegen. Den Bewohnern des Hauses oder der Wohnung kann ich in einem solchen Fall nur raten, vor allem das eventuell darüberliegende Schlafzimmer umzuräumen und die Betten an einen anderen Platz zu stellen. In vielen Fällen gaben sie mir, nach einigem Widerstreben, nachträglich recht, weil sie sich seitdem wohler fühlten und manche gesundheitlichen Probleme verschwanden.

Seit Jahrtausenden hat der Mensch gelernt, mit natürlichen Phänomenen, wie es die Strahlung ist, fertig zu werden und umzugehen. Doch sind uns inzwischen durch Zivilisationseinflüsse, Entwurzelung und unzählige künstliche Strahlungsquellen viele instinktive Fähigkeiten abhanden gekommen.

Wenn wir den Umgang mit der Natur und ihren Erscheinungen neu lernen wollen, können wir fast immer auf Überliefertes zurückgreifen. Unseren Vorfahren stand kein wissenschaftlicher Apparat zur Verfügung, sie sind durch Beobachtung und Erfahrung klug geworden. Und gerade wenn es um Fragen geht, auf die uns die Wissenschaft bis heute keine Antwort geben kann, sollten wir uns an die Weisheit der Alten halten und Ratschläge, die sie uns gegeben haben, nicht einfach in den Wind schlagen.

SEPTEMBER

Kalendarium mit Los- und Schwendtagen

Lebensmittel – feinstoffliche Zusammensetzung

Der Garten im September

Lob des Regenwurms

Anlage einer Blumenwiese

Ernten und Konservieren

Thema des Monats:
Steine, Sand und belebte Erde

SEPTEMBER
Herbsting, Herbstmond

Warmes, trockenes Schönwetter, das uns meist zum Monatsanfang noch verwöhnt, läßt leicht vergessen, daß der Herbst naht. Der Herbstmond ist eine erfüllte Zeit für alle, die mit der Natur Hand in Hand gehen. Auch eine verstärkte kosmische Wirkung, der Einfluß des Mondes in klaren Herbstnächten, ist nicht zu übersehen. Der Septemberneumond hatte bei unseren Vorfahren einen besonderen Stellenwert; so hieß es: »Wie im September tritt Neumond ein, so wird das Wetter den Herbst durch sein«.

Los- und andere Bauerntage **Wetter- und Bauernregeln**

1.9. St. Ägiditag; Lostag — *Ist's an St.Ägidi rein, wird's so bis Michaeli sein*
7.9. Regina — *Regina warm und wonnig, bleibt das Wetter lange sonnig*
8.9. Mariä Geburt (nach dem alten Kalender der 21.9.); Lostag — *Wie's Wetter an Mariä Geburt, bestehts no vier Wochen furt*
Maria Geburt fliegen d'Schwalben wieder furt
10.9. Nikolaus, Diethard; Schwendtag? — *Doch: Wenn die Zugvögel bis Michaeli bleiben, können sie bis Weihnachten die Kälte vertreiben* (auch ein Hinweis darauf, daß diese sensiblen Tiere Zeichen der Natur richtig deuten können)

Die Sonne verliert nach Mariä Geburt immer mehr an Kraft. Das zweite Monatsdrittel beschert uns meist eine unruhige Wetterphase. In kalten Nächten gibt es in Hochlagen schon Rauhreif, oft wird das Vieh auf den Almen vom Schnee überrascht.

11.9. Protus, Felix und Regula — *Wenn's an Protus nicht näßt, ein dürrer Herbst sich erwarten läßt*
15.9. Ludmilla — *St.Ludmilla das fromme Kind bringt gern Regen mit und Wind*
18.9. Lambert; Schwendtag? — *Trocken wird das Frühjahr sein, ist St.Lambert klar und rein*

Der Altweibersommer bringt neue Farben in die Natur und lockt uns hinaus zum Sammeln von Wildbeeren – im Morgennebel streichen uns taufeuchte Spinnweben ums Gesicht. Von den Almen wird das Vieh abgetrieben, und Streu wird gesammelt. Auf abgeernteten Feldern lassen Kinder Drachen steigen.

21.9. Matthäus — *Wenn Matthäus freundlich schaut, man auf gutes Wetter baut*
Wetter, das an Matthä klar, bringt guten Wein im andern Jahr
22.9. Mauritius — *Zeigt sich klar Mauritius, viele Stürm er bringen muß*
25.9. Kleophas — *Nebelt's an St.Kleophas, wird der ganze Winter naß*
28.9. Wenzel — *Wieviel Fröste nach St. Wenzeslaus fallen, soviel werden nach Philippi und Jakobi (1.5.) folgen*
29.9. St.Michaelitag (12.10); Almabtrieb. Lostag — *Regnet's sanft am Michaelstag, sanft der Winter werden mag*

Mutmaßliche Witterung

Der September läßt sich gewöhnlich in drei etwa gleichlange Abschnitte teilen. Bis zum 10. kann man von spätsommerlich warmem Schönwetter ausgehen, danach wird es häufig kühl und regnerisch. Um den 22. beginnt dann meist der bis zum Monatsende anhaltende schöne Altweibersommer.

SEPTEMBER

Im September nimmt der Spätsommer noch einmal all seine Kraft zusammen, gilt es doch, die belebte Natur für den langen Winter zu versorgen. – Gerade in diesem Monat ist die Dreiteilung, die ja auch im Kalendarium deutlich wird, besonders augenfällig. Bauernregeln und Lostagsbräuche sind ein Hinweis darauf, daß im ersten Septemberdrittel noch der Sommer den Ton angibt. Vieles kommt jetzt zur Reife, muß geerntet und gelagert oder auf andere Weise konserviert werden. – Wenn der Altweibersommer beginnt, ist es Zeit für die Ernte von Äpfeln, Birnen, Zwetschgen und all den Früchten des Waldes, die ohne unser Zutun heranwachsen und zur Reife kommen: Holunder, Schlehen, Eberesche, Preiselbeeren u.v.a. In der Küche herrscht jetzt Hochbetrieb; Säfte, Marmeladen, Gelees, Dörrobst, Früchtetees sollen unsere Vorratskammern und -schränke füllen. Aus Äpfeln bereiten wir Saft oder fruchtigen Essig. Suppenwürze wird in Salz und Öl konserviert, Pilze und Kräuter werden getrocknet, Gemüse mieten wir in einem abgeernteten Gartenbeet ein. Wenn wir an den Gartenboden denken, vergessen wir auf keinen Fall den »Star« dieses Monats, den Regenwurm. Schließlich steht er uns als unermüdlicher Bodenverbesserer zu Diensten. – Im zweiten Septemberdrittel, wenn die Nächte kälter werden, haben wir es wieder einmal mit »verworfenen« Tagen zu tun – zwischen 10. und 18. September wollen wir deshalb aufräumen statt etwas Neues anzufangen. – *In den klaren Herbstnächten macht sich die kosmische Wirkung des Mondes besonders bemerkbar.* Wer um diese Zeit je einer Hirschbrunft gelauscht hat, weiß, wovon hier die Rede ist. Von der Erde, vor allem von den Mineralien, die sie in ihrem Schoß bewahrt, soll in diesem Monat ausführlich die Rede sein. Durch Mineralisierung unserer Böden sorgen wir für Fruchtbarkeit, ausgeglichenes Pflanzenwachstum und damit zugleich für unsere Gesundheit. *Selbst Steine haben in unserem Umfeld ihren Platz, wissen wir doch, daß sie durch ihre Strahlung Auswirkungen auch auf Pflanze und Mensch haben.*

Altweibersommer; noch einmal nimmt die Natur alle Kraft und Schönheit zusammen.

SEPTEMBER

Lebens-Mittel und ihre feinstoffliche Zusammensetzung

Damit uns die Nahrungsmittel schmecken und wohl bekommen, sollten sie unter natürlichen Verhältnissen in Harmonie wachsen und reifen können. Schließlich sind sie die Energieträger, die wir brauchen, um den ständigen Fluß der Ströme in unserem Körper aufrechtzuerhalten; wir sollten uns deshalb um Nahrungsmittel bemühen, die lebendig und natürlich, also buchstäblich Mittel zum Leben, Lebensmittel sind.

Massentierhaltung, Intensivbewirtschaftung der Böden, chemische Unkraut- und Schädlingsbekämpfung aber bringen keine Lebensmittel hervor; ihre Produkte dienen allein dem schnellen Konsum und Profit, sie verschaffen uns nur vordergründigen Genuß, oft nicht einmal das. Nahrungsmitteln, die unter Mißachtung der Naturgesetze herangezogen werden, fehlt es nämlich nicht nur an Nährwert, sondern auch am Geschmack. Darüber kann selbst die makellose Schale eines Apfels, der perfekte Salatkopf, die wie poliert glänzende Tomate nicht hinwegtäuschen. Es kommt eben nicht nur auf den schönen Schein der Lebensmittel, sondern auf ihre feinstoffliche Zusammensetzung an.

Wir sind ein Teil der Natur, Teil des Universums, und so stehen wir mit beiden in Wechselwirkung. Etwas gegen die Natur zu tun, bedeutet deshalb auf Dauer, daß wir Schaden nehmen an unserer Gesundheit, daß uns das innere Gleichgewicht abhanden kommt.

Da lohnt es sich, manche alten Bräuche unserer Vorfahren wiederaufleben zu lassen. Bei uns daheim kam an Herbst- und Winterabenden nach getaner Arbeit eine Schüssel mit »Preiselbeerwasser« (mit Wasser aufgegossenes Preiselbeerkompott) mitten auf den großen Familientisch. Wir saßen ringsum, löffelten die Früchte, die uns mit Vitaminen, also auch mit Abwehrkräften versorgten, und redeten miteinander. Ruhe und Gelassenheit kehrten ein, wie wir sie heute mit dem Bildschirm als »halbrundem Tisch« kaum wiederfinden können.

Natürlich wollen wir die Räder der Entwicklung, der Technik, des Fortschritts nicht zurückdrehen, müssen uns im Alltag und in unserer in jeder Beziehung vernetzten Welt bewähren. Doch lassen sich immer noch Vorteile ziehen aus der Rückbesinnung auf alte Gewohnheiten, die einen tieferen Sinn hatten als allein die Gesundheitsvorsorge.

Es nützt uns rein gar nichts, wenn wir die Nahrungsmittel selbst heranziehen, bei der Bestellung unseres Gartens auf die idealen Sternzeichen und optimalen Mondstand achten, doch unsere Pflanzen einem Boden anvertrauen, der überdüngt oder durch chemische Pflanzenschutzmittel vergiftet ist. Um die besagte gesunde feinstoffliche Zusammensetzung der Lebensmittel zu erreichen, muß alles zusammenstimmen. Es kommt eben auf das Ganze an.

Der Garten im September

Auch in diesem Monat der Ernte, in dem wir Keller und Vorratskammer füllen, kümmern wir uns intensiv um den Boden in unserem Garten. Auf ihn bauen wir ja unsere Hoffnungen fürs kommende Gartenjahr. Natürlich setzen wir ihn nicht nackt und unbedeckt Wind und Wetter aus. Jetzt wie während der gesamten Gartensaison ist eine Mulchauflage wichtig.

Mulchen für einen lebendigen Boden

Vom Kompost und seiner Bereitung war schon im August ausführlich die Rede (s. Seite 103-105). Für eine Flächenkompostierung eignet sich unreifer Kom-

Wichtig ist, daß der Boden nicht unbedeckt bleibt; das erleichtert dem Regenwurm seine Arbeit.

post, den man direkt mit der Grabgabel auf die Beete streuen kann. Solche Gaben liefern gleichsam die Initialzündung für verstärktes Bodenleben. Bakterien und Pilze werden aktiviert; damit sie ihre Aufgaben erfüllen können, brauchen sie immer wieder Nachschub an organischem Material. *Wir bringen es bei abnehmendem Mond in der Pflanzzeit (s. Seite 24/25) auf, der ja begünstigt, was in die Erde wirken soll.*

Als Mulch läßt sich leicht angewelkter Grasschnitt verwenden, der von Zeit zu Zeit über die Beete gestreut wird. So reichern wir nicht nur den Boden an, sondern schützen ihn auch, damit er in Trockenzeiten die Feuchtigkeit halten kann. Schließlich wird durch Mulchen das Unkraut am Aufwuchs gehindert. Zum Problem können dann allerdings Mäuse und Schnecken werden, die sich unter einer Mulchschicht ganz besonders wohl fühlen.

Doch dieser Nachteil wiegt den unschätzbaren Vorteil nicht auf, daß wir mit dem Mulchmaterial einem Helfer Nahrung geben, der in vorderster Front und unermüdlich für eine stetige Verbesserung, Lockerung und damit Belebung des Bodens Sorge trägt – dem Regenwurm.

Arbeiten im Gemüsegarten

Die Ernte im Gemüsegarten ist noch nicht vorbei. Fast täglich können wir Tomaten pflücken (Pflanzen vor der Nachtkälte schützen!), der Brokkoli bringt immer wieder kleine Röschen hervor, Karotten, Sellerie und rote Bete sind erntereif, Gewürzkräuter gibt es in Fülle. Die Natur tischt uns ein ganzes Füllhorn mit gesundem Gemüse auf. Was wir nicht gleich verzehren können und wollen, wird für den Winter eingefroren, getrocknet oder auf andere Weise konserviert (s. Seite 120-122).

Trockene Wurzeltage (s. Seite 23) sind der rechte Zeitpunkt für die Kartoffelernte. Als Saatkartoffeln suchen wir uns bewährte Sorten aus und legen sie, getrennt von den anderen, in eine mit sauberem Papier ausgelegte Holzkiste. Darüber streuen wir ein paar Schäufelchen Gesteinsmehl (z.B. Biolit). Dann werden sie kühl und trocken gelagert.

Jetzt (in der Zeit des abnehmenden Mondes) müssen auch die winterfesten Zwiebeln gepflanzt werden. Natürlich lassen wir zwischen den Reihen Platz für die

Lob des Regenwurms

Er ist blind, taub, stumm, ganz langsam in seiner Bewegung und dabei doch ein Wunder an Effektivität. Regenwürmer schaffen es, Unmengen organischer Masse, die wir auf die Bodenoberfläche streuen, nach unten zu ziehen, zu fressen und am Ende fruchtbare Erde, den sogenannten Lumbricidenhumus, auszuscheiden. Durch ständig erneuerte Mulchauflage halten wir diese Helfer mobil und fortpflanzungsfähig; ein einziger Regenwurm kann es jährlich auf eine Nachkommenschaft von 600 Jungregenwürmern bringen, wenn ihm die Bedingungen in unserem Boden zusagen. Jeder einzelne von ihnen braucht an einem Tag als Nahrung soviel organisches Material wie sein eigenes Körpergewicht ausmacht.

Mit Hilfe seiner Ring- und Längsmuskulatur durcharbeitet er den Boden bis in eine Tiefe von 70 cm. Er sorgt also für lockeren Mutterboden genau dort, wo ihn die Pflanzenwurzeln am besten verwerten können.

Von den Regenwürmern und ihrer rastlosen Aktivität können wir also gar nicht genug bekommen. Noch dazu begnügen sie sich mit lauter Stoffen, die wir gern loswerden wollen: Garten- und Küchenabfällen, Stroh, Getreidestoppeln, Obstresten, sogar Kaffeesatz; ein besonderer Leckerbissen sind für den Regenwurm Stücke von Zwiebeln und Lauch, die uns im Frühjahr nach der Lagerung übrig bleiben. Das gibt uns aber auch Verantwortung dafür auf, daß nur biologisch Einwandfreies zum Kompostieren oder als Mulch verwendet wird. Kein Wunder also, daß der Regenwurm, unser biologisch-dynamischer »Knecht«, seit jeher hohes Ansehen genießt, galt doch der »rege Wurm« schon in der Antike als Magen und Verdauungsorgan der Erde.

SEPTEMBER

Karotten, die, ebenfalls an Wurzeltagen, am besten erst kurz vor den ersten Frösten gesät werden. Im Verein ergeben diese beiden dann eine ausgezeichnete Mischkultur.

Eine andere harmonische Nachbarschaft bilden zum Beispiel Erdbeeren und Knoblauch, und so setzen wir jetzt *(bevorzugt an Jungfrautagen, s. Seite 166-173)* die Knoblauchzehen in Reihen. Einige sollten im Rosenbeet Platz finden, weil Knoblauch nicht nur den Menschen wohltut, sondern auch gegen Mehltau wirkt.

Kohl und Porree bekommen mehrmals eine Kompostgabe, weil das einen kräftigen Wachstumsschub zur Folge hat.

Fällig ist nun auch die Aussaat von Spinat für die Frühjahrsernte.

Abgeerntete und nicht mehr neubestellte Beete werden, wenn nötig, gelockert, mit reifem Kompost versorgt und mit welkem Grasschnitt gemulcht, falls nicht Gründünger (s. Seite 64), z.B. Senf oder Phacelia, gesät wird.

Arbeiten im Obstgarten

Im Obstanger warten die Beerenobststräucher auf eine weitere Lage Reifkompost, der mit etwas Holzasche versetzt sein sollte, damit die Ruten von Himbeeren und Brombeeren stark und kräftig in den Winter gehen können. Falls an einigen Ruten Spuren von Mehltau zu erkennen sind, müssen diese ausgeschnitten und verbrannt werden. Späte Himbeer- und Brombeerkulturen kann man entsprechend den Empfehlungen für Juli (s. Seite 94) versorgen.

Johannisbeeren und Erdbeeren vertragen ebenfalls eine bescheidene Reifkompostgabe und eine Mulchauflage.

Vor allem die Obstbäume nehmen jetzt unsere Aufmerksamkeit in Anspruch, die mittelfrühen Obstsorten stehen zur Ernte an. *Sobald sie pflückreif sind, also wenn sie sich leicht am Stengelansatz abdrehen lassen, ernten wir sie und achten darauf, daß sie bei trockener Witterung an Fruchttagen außerhalb der Pflanzzeit ins ins Obstlager kommen (s. Seite 24/25).*

Vielerlei Gemüse und Salate bilden im Garten des Autors mit dem herbstlichen Blumenschmuck eine harmonische Nachbarschaft.

Der Garten im September

Zur Winterpflege der Bäume kommen wir erst, wenn auch die späten Sorten geerntet sind (s. Seite 135). Fallobst, das Spuren von Krankheiten aufweist, gehört nicht auf den Kompost.

Arbeiten im Ziergarten

Die Sommerblumen stehen immer noch in voller Pracht; wir zupfen aber täglich Verblühtes ab. *An Blütetagen nehmen wir bei trockener Witterung reife Samenstände ab und bringen sie an einen luftigen, schattigen Platz zum Trocknen*; sie stehen dann für die Frühjahrsaussaat zur Verfügung.

Gegen Ende des Monats werden Blumenzwiebeln, die schon einige Jahre im Boden sind, geteilt und neu gesteckt. Die Gladiolen sind jetzt am Ende ihrer Blütezeit angelangt, und die Knollen wandern ins Winterquartier.

Schweren Boden im Blumenbeet lockern wir mit der Grabgabel und bringen auch etwas Sand ein. Für die Nährstoffversorgung ist reifer Kompost ideal. Auch der Steingarten bekommt zur Bodenaktivierung eine ganz kleine Dosis davon ab (seine Pflanzen sollen ja auf keinen Fall ins Kraut schießen). Allzu dicht stehende Pflanzen müssen hier ausgelichtet werden.

Zweijährige Pflanzen kommen an ihren endgültigen Standort, auch Stauden und immergrüne Gehölze können jetzt gepflanzt werden und brauchen dann eine kräftige Wassergabe; der Boden muß richtig eingeschlämmt werden.

Wer seine Hecke noch nicht geschnitten hat, kann sich nun daranmachen.

Anlage einer Blumenwiese

Vielleicht haben nachdenkliche Gartenfreunde den Wunsch, ein kleines Rasenstück für eine Blumenwiese zu »opfern«. Der September wäre ein günstiger Zeitpunkt für eine solche Neuanlage. Ist der Boden sehr nährstoffreich, also in den letzten Jahren reichlich gedüngt worden, wird es eine Weile dauern, bis hier Wildblumen sprießen. Aber in der Natur haben wir es ja nicht mit Zeiträumen von Tagen und Wochen zu tun, und Geduld ist eine Tugend des wahren Naturfreundes.

Trotz andauernder Blüte beginnen jetzt bereits die Aufräumarbeiten im Ziergarten.

Wir machen uns an einem Blütetag (s. Seite 23) *an die Arbeit und bringen in den sicher viel zu nährstoffreichen Boden zuerst einmal Sand ein.* Nachdem das Erdreich umgegraben und glattgeharkt ist, streuen wir eine Mischung aus einem Drittel Blumensamen und zwei Dritteln Grassamen, die wir mit ein paar Handvoll trockenem, feinem Sand gemischt haben, über die Fläche. Die Einsaat wird mit Brettchen angetreten oder gewalzt.

Bei Bergbauern mit einschnittigen Wiesen (die im Sommer nur einmal gemäht werden) sammeln sich im Laufe des Winters durch das ständige Lockern des Heus vor dem Heustock Heublumensamen, die sich wegen ihrer Robustheit und des Artenreichtums besonders gut als Saatgut für eine Blumenwiese eignen. Die aus solchen Samen sprießende Wiese kann zur wahren Augenweide werden; den Beweis dafür haben wir in unserem Schulgarten in Niederndorf (s. Seite 120).

SEPTEMBER

Ernten und Konservieren

Wir wollen die Früchte der Natur und unserer Arbeit nicht nur jetzt genießen, da alles im Überfluß zu haben ist, sondern auch vorsorgen für die kalte Jahreszeit. So nutzen wir verschiedene Möglichkeiten, um Obst und Gemüse aus dem Garten, aber auch Wildfrüchte zu konservieren und haltbar zu machen. *Günstigster Erntezeitpunkt sind die Licht- und damit die Blütetage; und am Erntetag selbst nehmen wir auch die Konservierung vor.*

TIEFGEFRIEREN. Diese Methode hat sich vor allem bei Gemüse bewährt; Vitamine und Mineralstoffe bleiben dabei zum größten Teil erhalten. Auch der Gehalt an Ballaststoffen wird durch den Kälteschock nicht beeinträchtigt. Tiefgefrorenes Gemüse sollte aber nicht länger als 6-9 Monate im Kühlgerät bleiben; man wird es also im Winter nach und nach verbrauchen.

Gemüse läßt sich roh einfrieren, man kann es aber auch vorher kurz blanchieren. Dabei gibt es zwar einen geringen Verlust an Vitaminen, doch durch das Erhitzen wird andererseits die Zersetzung durch Enzyme gebremst. Jedenfalls ist durch das Tiefkühlgerät dafür gesorgt, daß uns den ganzen Winter über fast frisches Gemüse aus dem eigenen Garten zur Verfügung steht.

Um im Winter schnell eine gute Gemüsesuppe auf den Tisch zu bringen, wird bei uns eine Mischung aus kleingeschnittenem Gemüse (Karotten, Kohlrabi, Blumenkohl, Porree, Sellerie u.a.) gleich portionsweise eingefroren.

TROCKNEN. Diese uralte Methode der Haltbarmachung läßt sich bei vielen Kräutern, bei Pilzen und bei manchen Obstarten anwenden. Gemüse zu trocknen ist recht aufwendig, außerdem leidet der Geschmack.

Solange es draußen noch warm und trocken ist, kommen Kräuter und aufgeschnittene Pilze ins Freie und werden dort so lange getrocknet, bis sie knistern; reicht ein Tag dafür nicht aus, müssen sie über Nacht ins Haus und werden am nächsten Tag weitergetrocknet. Pilze kann man ruhig in die Sonne stellen, vor allem wenn man ein Stück Gardinenstoff oder Tüll über das Tablett oder das Backblech spannt, auf dem sie ausgebreitet sind. So werden sie vor Insekten geschützt und sind zudem leicht beschattet, was ihnen ihr kräftiges Aroma bewahrt. Den empfindlichen Kräutern dagegen tut pralle Sonne beim Trocknen nicht gut, sie büßen dabei einen großen Teil ihrer ätherischen Öle ein. Damit das auch nach dem Trocknen nicht geschieht, geben wir getrocknete Pilze und die fein zerstoßenen Kräuter in Schraubdeckelgläser und heben sie an einem dunklen Platz (nicht im Keller!) auf. Von Zeit zu Zeit muß kontrolliert werden, ob sich im Glas nicht Feuchtigkeit gebildet hat; in diesem Fall kann aber nachgetrocknet werden.

Bei feuchtem Wetter trocknen wir auf dem Kachelofen oder im halboffenen Backrohr bei niedriger Temperatur. Praktisch ist aber auch ein Dörrapparat, in dem vor allem die verschiedenen Obstarten schonend trocknen; ihnen werden dabei mehr als 90 Prozent ihrer Masse, nämlich Wasser, entzogen. Trotzdem bleiben Vitamine, Mineralstoffe und der gute

Die blaue Glockenblumenpracht auf der Blumenwiese im Schulgarten von Niederndorf.

Ernten und Konservieren

Heil- und Gewürzkräuter werden an einem schattigen Platz zum Trocknen aufgehängt.

Geschmack weitgehend erhalten; Einbußen gibt es nur beim Karotin und Vitamin C.

Bevor das Trockenobst gelagert werden kann, soll es zwar noch elastisch sein, darf aber keine feuchten Stellen mehr haben. Natürlich trocknen wir nur reifes, süßes Obst. Harte Schalen werden vorher entfernt. Auch sie aber kann man dörren, denn sie sind eine wunderbare Zutat für den Früchtetee. Getrocknete Himbeeren geben übrigens dem Haustee ein besonders feines Aroma.

Trockenobst heben wir nach Sorten getrennt in Leinensäckchen auf. Wie bei Pilzen und Kräutern muß auch hier öfter nachgeschaut werden, ob die Früchte nicht wieder Feuchtigkeit gezogen haben.

Da wir den ganzen Winter über aromatisches Trockenobst im Haus haben, ist für Süßes zum Naschen und für die Weihnachtsbäckerei gesorgt; damit haben wir einen viel geringeren Bedarf an Zucker. Es lohnt sich, vor allem Kinder an Trockenobst zu gewöhnen; die Lust auf andere, ungesunde Süßigkeiten nimmt dann merklich ab.

EINMIETEN. Ideal für die Lagerung von frischem Wintergemüse ist ein Erd- oder Felsenkeller, in dem sich vor allem Wurzeln wie Sellerie, Karotten, Petersilienwurzeln, rote Bete, Schwarzwurzeln den ganzen Winter lang halten. Doch wer besitzt so etwas heute noch?

Wir können uns aber auch auf Althergebrachtes besinnen und die Wurzelgemüse in einer Erdmiete im Freien aufbewahren. Wir heben ein abgeerntetes Gartenbeet etwa 40 cm tief aus, legen feinen Maschendraht auf dem Boden und an den Seiten aus, damit die Mäuse nicht glauben, hier sei für sie der Tisch gedeckt. Das Gemüse wird hineingeschichtet und die Grube dann bis oben mit Stroh abgedeckt. Darauf kommt wieder Maschendraht und obenauf ein Erdhügel.

Immer wenn der Boden nicht gefroren ist, können wir uns aus der Erdmiete bedienen – bis in den April.

Denken wir aber daran, daß das oberirdisch wachsende Fruchtgemüse für die Vorratshaltung bei zunehmendem Mond (Fruchttage), Wurzelgemüse bei abnehmendem Mond (Wurzeltage), Blattpflanzen, also auch Kräuter und Blätter für Tees, an Blütetagen geerntet und eingelagert werden! (s. Seite 23).

Natürlich pressen wir aus der Überfülle an Äpfeln in manchen Jahren immer wieder frischen, naturtrüben Apfelsaft. Auch Apfelessig gibt es bei uns aus eigener Erzeugung; er läßt sich mit allerlei Gewürzkräutern noch veredeln.

Für die Obstlagerung im Keller eignen sich Regale in Fensternähe.

SEPTEMBER

Ernten im Obstgarten der Natur

Im September kommt die Zeit der herbstlichen Wanderungen, und dabei läßt sich der Wunsch nach Entspannung und Bewegung in frischer Luft gut mit der Ernte vieler wildwachsender Beeren verbinden.

Ihre Reifezeit haben im September die Preiselbeeren, die dann am besten sind, wenn sie bereits ein paar kalte Nächte hinter sich haben. An einem sonnigen Tag ziehen wir hinaus und sammeln die glänzenden, roten Früchte in kleinen Leinensäckchen. Für die Mühsal des Suchens und Pflückens entschädigt nicht nur der feinherbe Geschmack des Preiselbeerkompotts, sondern auch der Reichtum der Früchte an wertvollen Inhaltsstoffen.

Bei uns daheim sind seit altersher Preiselbeeren, ein natürliches Antibiotikum, als Hausmittel bei Erkältung und zur Stärkung der Abwehrkräfte geschätzt. Für uns Kinder waren übrigens auch die Heidelbeeren, die schon im Juli/August zur Ernte anstehen, ein ganz besonderer Genuß. Sie wurden frisch und als Marmelade gegessen, aber auch für den Winter getrocknet. Die Mutter schob nach dem Brotbacken ein »Dar« (breites Brett mit Randleisten) in den großen, noch heißen Backofen im Hof und trocknete dort die Beeren. Sie sind nicht nur ein Mittel gegen Verdauungsstörungen, sondern auch eine Näscherei für den Winter, die bei uns nicht weniger begehrt war als bei Kindern von heute Bonbons und Kaugummi.

Zu den Pflanzen, von deren Früchten wir uns gratis bedienen dürfen, gehört auch die Berberitze (Sauerdorn), deren saure, scharlachrote Früchte zu Süßmost, Saft, Marmelade oder Essig verarbeitet werden können. Die Beeren der Zierformen sind aber nicht geeignet.

Schon Anfang September hat die Eberesche mit ihren vielfrüchtigen Doldenrispen Wohlschmeckendes zu bieten. Wir mischen die Früchte, die nur gekocht zu genießen sind, beim Marmeladekochen mit Äpfeln

Bei Ausflügen im September sammeln wir Preiselbeeren und genießen das herbstliche Farbenspiel.

Ernten im Obstgarten der Natur

Die Vorratsregale füllen sich allmählich; für den Winter ist vorgesorgt.

»Vor dem Holunderstrauch soll man den Hut ziehen«, sagt der Volksmund, denn das anspruchslose, robuste Gehölz hat wirklich ganz Besonderes zu bieten. Das fängt schon bei den Blüten an. Sie ergeben, in Teig gebacken, eine köstliche Süßspeise; aus den Beeren gibt es Saft und Sirup, der besonders bei Erkältungshusten wirksam ist, aber auch Gelee, Kompott und Likör.

Weitere Wildbeeren mit hohem Vitamingehalt sind der unscheinbar blühende Sanddorn, der das Ausgangsprodukt für gesunde Säfte und Marmelade liefert, und die Kornelkirsche (Dirndlstrauch), die nicht nur mit ihrer leuchtendgelben Blütenpracht im Frühjahr die Bienen anlockt, sondern auch rote Früchte trägt, die frischfruchtigen, säuerlichen Saft ergeben.

und Himbeeren. Etwas ganz Edles ist ein Auszug der »Vogelbeeren« mit einem besonders guten klaren Schnaps. Ein Einkochglas wird mit den gequetschten Beeren gefüllt und dann randvoll mit Schnaps aufgegossen. Sechs Wochen lang steht das Glas an der Herbstsonne, dann wird der Ansatz abgeseiht. In kleinen Dosen ein wahres Labsal und ein Geschenk für sehr gute Freunde!

Aus Schlehen, den mit Wachs überzogenen Steinfrüchten des Schlehdorns, bereiten wir Gelee, Kompott und Saft. Man kann die Früchte auch in einen Sirup aus Essig und Zucker einlegen und zum Fleisch essen. Für einen Ansatz mit Schnaps schlägt man die Kerne auf, weil dann der Schlehenschnaps ein mandelähnliches Aroma bekommt.

Igel – putzig und effektiv

Jedermann mag ihn, weil er so lustig aussieht und sich bewegt, aber auch weil er den Schnecken mit viel Eifer nachstellt. Leider hat der tüchtige Schneckenfeind auch seinerseits Feinde, gegen die ihm seine spitzen Stacheln nichts helfen: die Autos, die ihn erwischen, wenn er sich auf dem Asphalt wärmen möchte, und die Leute, denen die Giftspritze gegen »Unkraut« und »Schädlinge« allzu locker sitzt.

Wir schichten also Reisig und abgeschnittene Äste in der Gartenecke zu einem Unterschlupf auf, in dem sich der Igel verkriechen kann. Bei Nachttemperaturen von 5°C gehen die Igel ins Winterquartier. Doch sie überleben den langen Winterschlaf nur, wenn sie ein Mindestgewicht von 600 Gramm haben. Kleinere Tiere kann man im Keller oder in einem frostfreien Schuppen solange füttern, bis sie schwer genug sind, um an sehr geschützter Stelle im Garten oder in einer Holzhütte mit der Winterruhe zu beginnen. Beim Tierschutzverein oder beim WWF bekommt man genaue Anleitungen über diese Art des Tierschutzes.

Thema des Monats

Ein weiteres Mal interessieren uns, wie schon beim Thema des Monats August, die Kräfte, die die Harmonie alles Lebendigen beeinflussen und steuern, die durch Schwingung Wohlbefinden oder Unbehagen bewirken können.

Geologische Besonderheiten aber können die Wirkung von Wasseradern und Grundwasserströmen noch verstärken. Verwerfungen des Gesteins in der Tiefe unserer Erde sind nicht nur für Geologen und Mineraliensammler von Interesse, sie gehen wirklich jeden an, denn durch Verschiebungen in der harten Erdkruste kann es zu einer Veränderung der Strahlung (im Positiven wie im Negativen) und damit auch des Umfeldes von Menschen, Tieren und Pflanzen kommen.

Das gilt in besonderem Maße für Pflanzen, die durch ihre Wurzeln an einen Standort gebunden sind und negativer Spannung nicht ausweichen können wie Mensch und Tier. Das läßt sich an manchen Obstbäumen, aber auch bei den Bäumen des Waldes beobachten, die manchmal so seltsam schief stehen, deren Wurzeln nach innen wachsen und sich gleichsam verkrampfen; ihr Wuchs ist meist kümmerlich und in den Bereichen, die besonderer Strahlung ausgesetzt sind, bilden sich krebsige Wucherungen. Auch wenn auf Bäumen verstärkt Misteln wachsen und sich Buchenstämme scheinbar grundlos mehrfach teilen, ist oft ein verstrahlter Standort die Ursache. Bäume oder Sträucher streben, so gut es eben geht, von ihrem Platz weg. Förster Koller aus Söll in Tirol hat die Erfahrung gemacht, daß Bäume im hiebreifen Alter kernholzfaul, manche sogar schon hohl sind und deshalb dem Windwurf zum Opfer fallen; Ursache kann seiner Meinung nach nur die negative Strahlung von unten sein, denn ein anderer Grund ist auch für den Fachmann nicht ersichtlich.

Sogenannte »Krebspunkte« findet man oft auch dort, wo große Steine oder Steine in größerer Zahl liegen, vor allem wenn es sich dabei um Feuersteine (Flinten) handelt. Wer für Strahlungen sensibel ist, wird feststellen, daß die Fließrichtung der Strahlung in einem Feuerstein unabhängig vom Standort im Stein selbst festgelegt ist. Blasius Rass aus Schwoich im Tiroler Unterland hat an vielen Plätzen, darunter auch in Ställen, interessante Entdeckungen gemacht: In einem Pferdestall waren ohne ersichtlichen Grund auffallend viele Tiere ständig unruhig und kränkelnd. Bei genauerer Untersuchung des Untergrundes stellte sich heraus, daß das Schüttmaterial aus Feuersteinen bestand. Als man mehrere Schubkarren davon entfernte und anderes Steinmaterial einbrachte, war es mit den seltsamen Reaktionen und der Unruhe der Pferde vorbei.

Steine, Sand und belebte Erde

Daß Steine auch Kraftfelder markieren, wissen wir aus den Steinsetzungen der Jungsteinzeit (z.B. Stonehenge in England). Die Schöpfer der oft gigantischen Konstruktionen kannten Orte der Kraft und der positiven Wirkungen und verstärkten diese noch durch die aufgesetzten Steine. Solche Orte wurden zu Weihestätten und Kultplätzen und dienten vielen zur Einkehr, zur Besinnung und als Kraftquelle. Auch in den alten Hochkulturen des Orients bezog man Kräfte aus dem Erdinnern, aber auch die Konstellationen der Planeten bei der Planung von Tempeln und Heiligtümern ein. Wir aber haben es längst verlernt, auf solche Kräfte Rücksicht zu nehmen, wenn wir unsere Häuser, Wohnblöcke, Fernsehtürme und Strommasten in die Landschaft setzen.

Nicht nur Bäume und Sträucher, auch unsere Gartenpflanzen wie Gemüse und Blumen sind von Spannungen betroffen, die sich aus dem Vorhandensein von positiven Kraftfeldern oder von Störfeldern ergeben. Wir können das Umfeld unserer Kulturpflanzen zwar geringfügig ändern und mitgestalten, doch dürfen unsere Eingriffe nicht zu gravierend sein. Aus einem von Natur aus steinigen Kulturboden sollte man auf keinen Fall alle Steine entfernen, damit die Selbstregulierung und der Wärmehaushalt nicht aus dem Lot geraten. Auch bei größeren Erdarbeiten, an die wir uns ohnehin nur in der Pflanzzeit und bei abnehmendem Mond (s. Seite. 20) machen, sollten

Steine, Sand und belebte Erde

wir eine bestimmte Menge bis kinderfaustgroßer Steine im Erdreich belassen. Die Bodenlebewesen, allen voran der Regenwurm, sorgen schon dafür, daß der Boden immer lockerer wird und diese Steine ganz ohne unser Zutun in tiefere Schichten absinken, wo sie die Pflanzenwurzeln nicht stören. Auch an der Erdoberfläche tun ein paar Steine gute Dienste, indem sie tagsüber Sonnenwärme speichern und diese nachts an ihre Umgebung abgeben. Außerdem bieten Steinhaufen oder -mauern vielen nützlichen Tieren ein Refugium im Garten.

Daß der Boden ständig der Mineralisierung bedarf, wußte man schon im alten Ägypten. Bei den alljährlichen Nilüberschwemmungen wurden nicht nur fruchtbarer Schlamm, sondern auch die Feinanteile von Sand und damit Gesteinspartikel auf die Äcker geschwemmt, fehlende Mineralstoffe wieder ersetzt. Niemand dachte daran, den Strom zu regulieren und so eine Quelle für ausgewogenes Wachstum und harmonische Fruchtbarkeit zum Versiegen zu bringen.

Auch daraus lernen wir, wie wichtig ständige Mineralisierung für unsere Böden ist. Silikathaltiges Urgesteinsmehl aus Basalt, wie er bei uns in den Tiroler Bergen abgebaut wird (Biolit), hat zum Beispiel eine besonders günstige Wirkung. Wir können uns das ganz deutlich machen, wenn wir einige Suppenteller voll Biolit über unsere im Keller gelagerten Wurzelgemüse streuen. Die bleiben darunter nämlich frisch und saftig. Lagern im selben Keller auch Äpfel, so nimmt das Urgesteinsmehl deren Aroma in sich auf und riecht dann selbst intensiv nach Äpfeln, wenn wir es im nächsten Frühjahr auf die Beete oder den Kompost streuen. Zugleich wird die unliebsame Wirkung der Äpfel auf andere Lagergemüse, vor allem Kartoffeln, durch das Biolit neutralisiert.

Um es noch einmal zu wiederholen: Steine haben für den Boden und seine Fruchtbarkeit eine tiefe Bedeutung. Steine bergen Kräfte in sich, geben an ihr Umfeld Spannung ab und regulieren die Bodenwärme. Bei Verwitterung und Auflösung werden die in ihnen enthaltenen Mineralstoffe freigesetzt, die der Mensch zur Gesunderhaltung seines Körpers ebenso braucht wie die Pflanzen. Nimmt die Pflanze als unser wichtigstes Lebensmittel die in den Boden eingebauten Gesteinsmehle, also Mineralstoffe, auf, so beziehen wir mit dem Essen diese in nahezu perfekter,

Steine im Garten speichern die Sonnenwärme und bieten vielen Lebewesen Unterschlupf.

homöopathischer Dosierung von ihr – und das in einer viel wirksameren Potenz als durch direkte Einnahme.

Wenn wir uns eine Handvoll Erde durch die Finger rinnen lassen, spüren wir etwas von dem weisen Zusammenspiel belebter und unbelebter Natur und auch von den fließenden Übergängen.

Ein altes Hindu-Sprichwort paßt in diesen Zusammenhang:

»Gott schläft in den Steinen,
atmet in den Pflanzen,
träumt in den Tieren
und erwacht im Menschen.«

OKTOBER

Kalendarium mit Los- und Schwendtagen

Der Garten im Oktober

Die Hecke – ein lebendiges Stück Naturschutz

Schnecken – was tun?

Sauerkraut einschneiden

Wintervorbereitung im Obstanger

Thema des Monats:
Tagesrhythmen und Biorhythmus

OKTOBER
Weinmond

Im Bauernjahr gliederte sich früher (und in manchen Gebirgstälern noch heute) der Oktober nach den großen Festsonntagen, um die sich auch zahlreiche Bräuche rankten. Der 1. Sonntag war Rosenkranzsonntag, der 2. Melkersonntag (die »Gruh-Nacht« der Almerer und der Almbauern), der 3. der Kirchweihsonntag. Doch mit seiner Arbeitseinteilung mußte sich auch der Bergbauer nach dem Wetter richten. Er konnte damit rechnen, daß der Altweibersommer noch einige Tage in den Oktober hineinreicht. Aber seine Erfahrung sagte ihm auch, daß das rauhe Herbstwetter, wechselhafte Tage mit Sturm und Regen, nicht mehr lang auf sich warten lassen würde; höchste Zeit also für die letzten Herbstarbeiten.

Los- und andere Bauerntage	**Bauern- und Wetterregeln**
2. 10. Leodegar	*Laubfall an Leodegar kündet an ein fruchtbar Jahr*
6. 10. Bruno; Schwendtag?
9. 10. Dionysius	*Regnet's an St. Dionys, wird der Winter naß gewiß*
	Donisl naß, Winter naß
11.10. Burkhard	*St. Burkhardi Sonnenschein, schüttet Zucker in den Wein*

Auch heute beginnt der Bauer seinen Tag mit einem Blick zum Himmel und zieht aus dem Sonnenaufgang seine Wetterschlüsse. Nicht selten ist uns im zweiten Oktoberdrittel noch einmal herbstliches Schönwetter vergönnt; ein Himmelsgeschenk für die Weinbauern. Aber auch in vielen Alpentälern ist der »Türkenröster«, der Föhn, für den Mais ein wahrer Segen. Die um diese Zeit abgefallenen, glänzenden Roßkastanien machen auch den Stadtkindern Freude. In tieferen Lagen breiten sich jetzt schon regelmäßig Morgennebel aus.

13. 10. Koloman; Orakeltag	*Hl. Koloman, schick mir einen braven Mann*
16. 10. Gallus, Hedwig (nach dem alten Kalender der 29.10.); Lostag	*Tritt St. Gallus trocken auf, folgt ein nasser Sommer drauf*
	St. Gallus sorgt für ersten Schneefall, treibt die letzte Kuh in' Stall, schließt die Obsternte jeden Fall
	(Viele dieser Wetterregeln beziehen sich noch auf den alten Julianischen Kalender, die Daten liegen also 13 Tage später. Demzufolge käme der erste Schnee am 29. Oktober)
18. 10. St.Lukastag	*Ist St. Lukas mild und warm, kommt ein Winter, daß Gott erbarm*

Die Tage werden merklich kürzer, die Winde streifen das bunte Laubkleid von Buche, Ahorn und Kastanie – untrügliche Zeichen, daß die Vegetationsperiode zu Ende ist und es auf Allerheiligen zugeht. Nun ist es höchste Zeit, das Wurzelgemüse und die Kohlköpfe abzuernten. Eine Bauernregel zum 21. Oktober mahnt: »Ursula bringt's Kraut herein, sonst schneien Simon und Juda drein«.

21. 10. Ursula; Lostag	*Ursula Beginn zeigt auf den Winter hin*
23. 10. Severin	*Wenn's St. Severin gefällt, bringt er mit die erste Kält*
25. 10. Krispin und Krispinian	*Mit Krispin sind alle Fliegen hin*
28. 10. Simon und Juda (10.11.); Lostag	*Simon und Judä hängen an die Stauden Schnee*

Mutmaßliche Witterung

Die ersten Oktobertage können noch vom mitteleuropäischen Hoch profitieren, dann kommt (bis zum 10.) meist wechselhaftes bis stürmisches Wetter mit Wind und Regen. Danach, bis etwa 22., genießen wir noch einmal Herbstwärme, wobei in Hochlagen schon Nachtfröste auftreten können. Schließlich folgt meist ein Kaltlufteinbruch von Osten oder Nordosten mit Herbststürmen.

OKTOBER

Der Herbst hat jetzt das Regiment übernommen, und meist macht er sich mit dem schon sprichwörtlich gewordenen »Goldenen Oktober« beliebt. Wie wohltuend sind die noch warmen Sonnenstrahlen um die Mittagszeit für Mensch und Tier. Es drängt uns hinaus ins Freie, als müßten wir uns einen gehörigen Vorrat an Licht und Wärme in den Winter mitnehmen. – Gleich zu Anfang des Monats haben wir am Erntedankfest von allem, was wir in Feld, Garten und im Stall herangezogen haben, etwas in die Kirche gebracht, Obst, Gemüse, Getreideprodukte, und so unsern Dank für ein gutes Feld-, Wald- und Gartenjahr abgestattet. Unsere Vorratswirtschaft erlebt mit dem Einschneiden von Weißkraut, also der Sauerkrautherstellung, ihren Höhepunkt. *Im Wald gibt es an Fruchttagen* (s. Seite 23/24) *noch Wildbeeren zu ernten, Vogelbeeren, die letzten Preiselbeeren.* In manchen Jahren verspricht ein Waldspaziergang noch gute Pilzbeute; Steinpilze, Pfifferlinge, Herbsttrompeten lassen sich trocknen und geben Wintereintöpfen und Wildgerichten ihre Würze. – Ende Oktober finden wir dann Zeit, beim Thema des Monats über den Rhythmus der Natur, der Pflanzen und Tiere und auch unseres eigenen Lebens nachzusinnen. Wir alle leben im Rhythmus der Zeiten, des Tages, des Monats, des Jahres. Die Vorgänge in der belebten Natur unterliegen periodischen Schwankungen, alle Lebewesen reagieren auf äußere Faktoren wie Licht, Temperatur, Kurz- und Langtage und natürlich auch auf Mondphasen und Konstellationen anderer Gestirne. Wer meint, seinen Biorhythmus ignorieren oder ihm gar entgegenwirken zu können, gerät in Disharmonie mit sich selbst und mit seiner Umwelt, nimmt schließlich sogar Schaden an seiner Gesundheit.

Steinpilze werden für den Wintervorrat geputzt und getrocknet.

Der Garten im Oktober

Wer geglaubt hat, mit der Ernte der letzten Äpfel und Birnen, der Krautköpfe und Spätkartoffeln sei das Gartenjahr vorbei und die Arbeit getan, der mag sich Ende Oktober wundern, wieviele Stunden die Vorbereitung der Felder, Wiesen und Beete, der Bäume und Sträucher für die Winterpause noch in Anspruch genommen hat. Die Arbeit geht dem Freizeitgärtner so wenig aus wie dem Bauern.

Die Hecke – ein lebendes Stück Naturschutz

Für die Pflanzung von Gehölzen beginnt jetzt eine gute Zeit. *Wir wählen einen Wurzeltag in der Pflanzzeit* (s. Seite 24/25), *um einen lebendigen Baum- und Strauchgürtel um den Garten zu legen oder Feldgehölze zu setzen*. Nicht umsonst gibt es in unserer Sprache das Wort Einfriedung; schließlich befrieden wir damit ein Stück unseres Lebensraums, schützen uns vor kaltem Wind, den Boden vor Erosion, bieten allerlei Tieren Nahrung und Zuflucht. Vögel, Lurche, Bienen, Schmetterlinge und andere Insekten bevölkern die Wohn- und Lebensgemeinschaft Hecke, wenn, ja wenn diese Hecke aus Wildsträuchern mit vielfältigen Blüten und farbenprächtigen Früchten besteht. Leider geht vielen Gartenbesitzern und -benützern Sichtschutz vor Naturschutz. Sie umstellen ihr Grundstück gedankenlos mit einer Hecke aus Nadelgehölzen, weil diese immergrün, immer gleich dicht und »pflegeleicht« sind – im schlimmsten Fall sind solche Nadel-

hölzer Thujen. Nun ist die Thuja gewiß ein schönes Gehölz – dort wo sie hingehört und hinpaßt. In unseren Gärten aber hat sie eigentlich nichts verloren und schon gar nicht in Form einer eintönigen, tristen Heckenpflanzung. Dort ist sie nämlich nicht nur Zwischenwirt für allerlei Pilzkrankheiten (darunter den Birnengitterrost), sondern bietet auch den Lebewesen, die normalerweise in einer Hecke hausen, keine Existenzmöglichkeit.

DIE ANLAGE. Die Hecke als Umfriedung, Lebensraum und Gestaltungselement wird entsprechend der Gartengröße angelegt. Wunderschön sehen Kombinationen von Berberitze, Kornelkirsche (beste Bienenweide), Weißdorn, Hainbuche, Liguster, Wildrosen, Hasel u.a. aus. Forsythien und Weigelien sorgen schon früh im Jahr für Farbe. Wer seine Hecke möglichst schnell heranwachsen sehen möchte, sollte sich auf größeren Baustellen und dort umsehen, wo Feldgehölze unsinnigerweise gerodet werden. Denn auch Teile von herumliegenden Wurzelstöcken können wieder austreiben und sind gleich viel wüchsiger als Neuanpflanzungen. Im Biotop Hecke haben übrigens auch ein Reisigstapel und eine kleine Mauer aus Feldsteinen Platz, die vielen Tieren Unterschlupf gewähren.

Bei der Pflanzung werden zuerst die Pflanzabstände entsprechend der Wuchsfreudigkeit der einzelnen Gehölze festgelegt. Die Pflanzgrube muß so tief sein, daß der Wurzelstock oder Ballen ausreichend Platz darin findet. Der Strauch soll etwas tiefer stehen als an seinem früheren Standort oder im Container. Das Ballentuch wird bei Baumschulpflanzen entfernt, und unter den Humus, mit dem die Pflanzgrube dann aufgefüllt wird, mischen wir reichlich reifen Kompost. Dann wird die Erde vorsichtig angedrückt und gut eingeschlämmt. Ballenlose Pflanzen müssen wir zuerst einige Stunden wässern, danach die Wurzeln zurückschneiden. Haben Jungpflanzen Verletzungen im Wurzelbereich, schneiden wir bis ins gesunde Gewebe zurück. Bei der Pflanzung ist wichtig, daß die Sträucher oder kleinen Bäume aufrecht in der Pflanzgrube stehen.

PFLEGE. Die Hecke muß in den folgenden Jahren regelmäßig gepflegt werden. *Blütensträucher schneiden wir nach der Blüte an Blütetagen in der Pflanzzeit* (s. Seite 24/25) *zurück, damit sich an vielen Kurztrieben und Verzweigungen reiche Blütenanlagen für das Folgejahr entwickeln können.* Alte und kranke Triebe werden entfernt, von Zeit zu Zeit brauchen alle Gehölze organischen Dünger in Form von Reifkom-

*Die Hecke soll mehr sein als eine Umfriedung des Gartens;
hier finden große und kleine Tiere Lebensraum.*

Der Garten im Oktober

post oder Stallmist. Auch regelmäßiges Mulchen mit angewelktem Grasschnitt ist wichtig.

Schnecken – was tun?

Warum die Schnecken in den letzten Jahren überhand genommen haben und sich heute so ungeniert über unsere jungen Pflanzen im Nutz- und Ziergarten hermachen, ausgewachsene Blütenstauden kahlfressen und in einer Nacht mit ganzen Kräuterbeeten fertig werden? Die Antwort auf all diese Fragen ist, daß die natürlichen Feinde dieser Schädlinge immer seltener auftauchen. Die Igel, eifrige Schneckenjäger, fallen dem Straßenverkehr ebenso zum Opfer wie Kröten, Blindschleichen, Salamander. Der Teufelskreis schließt sich vor allem dann, wenn wir Schneckenkorn auslegen, weil die Nützlinge dann mit den erbeuteten Schnecken zusammen das Gift aufnehmen und daran verenden.

Das abgewinkelte, abweisende Blech am Beetrand (Schneckenzaun) macht den Schnecken den Zugang zu den Jungpflanzen unmöglich.

Manches, was wir unseren Pflanzen zuliebe im Garten tun, wie etwa Mulchen mit Grasschnitt, kommt auch den Schnecken entgegen und sorgt dafür, daß sie sich in unseren Beeten so richtig wohlfühlen. Manche Gartenfreunde nehmen deshalb, sobald ein kräftiger Regenguß im Frühling oder Frühsommer eine Trockenzeit beendet, die Mulchdecke von den Beeten und zerstören damit die gemütlichen Verstecke der Plagegeister. Auch auf zusätzliches Wässern sollten wir im Sommer tunlichst verzichten, weil die Schnecken bei feuchtem Boden in ihrem Element sind und zu unvorstellbarer Fruchtbarkeit gelangen.

WIE WIR UNS SONST NOCH HELFEN KÖNNEN?
Alle herkömmlichen Empfehlungen wie Bierfallen, Gerstenspreu, Sägemehl, Steinmehl um die Pflanzen sind gegen vereinzelt auftretende Schnecken wirksam, gegen massenhaftes Auftreten hilft das alles kaum. Auch nicht, wenn wir Bretter oder welke Salat- oder Rhabarberblätter als Fallen in den Beeten auslegen. In der Morgen- und Abenddämmerung abzusammeln, ist noch das wirksamste Mittel. Der Schneckenplage des kommenden Frühjahrs können wir vorbeugen, wenn wir bei den Herbstarbeiten soviele Gelege mit den gelblichen oder weißen, glasigen Schneckeneiern wie möglich unschädlich machen. Wir können die Eiablage der Schnecken an einem bestimmten Platz fördern, wenn wir Blumentöpfe aus Ton umgekehrt so tief in den Boden eingraben, daß nur noch der Boden mit dem Abzugsloch herausschaut. In dieses Loch kriechen die Schnecken gern, um ihre Eier abzulegen. Auch unter Brettern oder in Ritzen und Hohlräumen des Steingartens finden wir ihre Gelege. Wir sollten uns nach einem Sommer mit Schneckenplage auch die Mühe machen, im Herbst die alte Mulchdecke, soweit noch vorhanden, abzunehmen und zu vernichten. Den Gartenboden darunter rechen wir glatt. Eine gute Möglichkeit zum Schutz des Kleinbeets ist auch ein Schneckenzaun.

HELFER IM EINSATZ. Ein besonders probates Rezept gegen Nacktschnecken sind Indische Laufenten. Sie brauchen nur einen bescheidenen Auslauf im Obstanger; außerdem haben nicht nur die Kinder Freude an den possierlichen Tieren mit dem bunten Federkleid. Im Winter richten wir ihnen eine windgeschützte und marderdichte Behausung ein, die mit Stroh warm und behaglich gemacht wird. Laufenten brauchen nur eine Einfriedung von 40 cm Höhe. Sie wollen nämlich gar nicht hoch hinaus, watscheln vergnügt durch ihr Geviert und bücken sich pflicht-

OKTOBER

Für Lauf- und Stockenten sind die lästigen Schnecken wahre Leckerbissen.

eifrig und gefräßig nach jeder Schnecke. Als Wasserstelle genügt ihnen eine ganz in den Boden eingelassene alte Plastikwanne. Sie brauchen wie die Mistkratzer geschrotetes Körndlfutter. Die lustigen Vögel können bis zu 10 Jahre alt werden und in dieser Zeit unzählige Schnecken und Gelege in ihrem Umkreis vertilgen. Da es leider nicht genügend Züchter von Laufenten gibt, muß man seine Bestellung fürs kommende Frühjahr meist schon im Herbst aufgeben. Eigentlich ist es erstaunlich, daß sich nicht mehr Bauern mit der Laufentenzucht eine zusätzliche Erwerbsquelle schaffen. Ebenso eifrige Schneckenvertilger sind übrigens Stockenten.

Arbeiten im Gemüsegarten

Noch liefern die Beete täglich frisches Gemüse für die Küche. Da die ersten Nachtfröste nicht mehr weit sind, verpassen wir unseren Tomatenpflanzen, an denen ja immer noch Früchte reifen, nachts eine Folienhaube oder stellen sie, falls sie in Kübel gepflanzt sind, vorsichtshalber ins Gewächshaus.

Kürbisse und Zucchini sollten an trockenen Fruchttagen (s. Seite 23/24) abgenommen werden und wandern in den Keller, wo sie noch wochenlang frisch bleiben.

Die späten Kartoffelsorten, rote Bete, Karotten haben wir an Frucht- oder Wurzeltagen (s. Seite 23/24) bereits ausgenommen. Wir sortieren geeignete Saatkartoffeln für das nächste Jahr aus. Sie werden an einem trockenen, dunklen Platz eingewintert. Das gleiche gilt für alle Rettiche, Karotten und roten Beten, die noch im Boden sind.

Weißkraut, Rotkraut und Wirsing werden an Blüte- oder Fruchttagen möglichst vormittags geerntet und im Keller gelagert.

Wenn der Oktober wieder einmal warm und trocken war, müssen Wintersalate wie Chinakohl und Zuckerhut kräftig gegossen werden. Zum Schutz des Bodens bekommen die Kulturen eine dicke Mulchschicht, mit der sie in den Winter gehen.

Im Kräutergarten können jetzt Pflanzen geteilt werden. Wer sein Beet oder eine Kräuterspirale neu anlegen möchte, kann nun all die Kräuter pflanzen, deren Würze und Heilkraft wir uns fast das ganze Jahr zunutze machen können: Salbei, Oregano, Wermut, Beifuß, Ysop, Thymian Estragon, Zitronenmelisse, Lavendel, Minze, Pimpernelle. *Samen nehmen wir an Blütetagen (s. Seite 23) ab und verwahren sie, sobald sie richtig trocken sind, an einem Platz, wo sie keine Feuchtigkeit ziehen können.*

Schnittlauch wird jetzt ausgegraben und muß durchfrieren.

Sauerkraut

Rote Bete
Eine Pflanze, die der Gemüsegarten jetzt liefert, genießt unsere besondere Wertschätzung: die rote Bete. Sie im Garten anzubauen, ist wirklich keine Kunst. Auch die Pflege macht wenig Mühe. Gehackt und gedüngt wird sie natürlich an Wurzeltagen.
Die Ernte erfolgt an einem Schönwettertag in der Pflanzzeit, bevorzugt an einem Frucht- oder Wurzeltag (s. Seite 23), weil dann die Knollen besonders lange frisch und saftig bleiben. Obstkisten werden mit sauberem Papier ausgelegt. Die gut abgetrockneten Knollen behalten ihre langen Schwänze (Pfahlwurzeln), die Blätter reiben wir mit der Hand herunter, damit wir kein Messer anlegen müssen – die Knollen würden sonst zuviel Saft verlieren. Sie werden in die Kisten geschichtet. Darüber streuen wir zwei, drei Suppenteller voll Urgesteinsmehl (Biolit), und zwar so, daß der Mehlstaub in Ritzen und Fugen gelangt.

Wer Schnittlauch für den Winter ins Haus nehmen will, gräbt ihn Ende Oktober aus und läßt ihn offen auf dem Beet liegen, damit er bei den ersten Frösten gut durchfriert. Die Pflanze braucht nämlich diesen Kälteschock, damit sie später wieder richtig durchtreibt. Schnittlauch kann den Winter auf einer nicht zu warmen Fensterbank in einer Schale verbringen und liefert ständig Würze für Salate und Butterbrot.

Sauerkraut

Der Weg vom Weißkohl-Samenkorn, das wir im Gewächshaus oder in ein Kistel auf der Fensterbank aussäen, bis zum fertig vergorenen Sauerkraut dauert von April bis November. *Wie uns die Erfahrung über viele Jahre gelehrt hat, ist ein Blattag in der Pflanzzeit (s. Seite 24/25) der günstigste Zeitpunkt für das Auspflanzen ins Freie, das natürlich erst nach den Eisheiligen erfolgen kann.* Den Jungpflanzen behagt eine Mulchabdeckung (Schneckenkontrolle!). Im Frühsommer bekommen sie zweimal eine Düngergabe aus verdünnter Brennesseljauche und etwas Urgesteinsmehl (Biolit). Wenn der Sommer nicht extrem trocken ist, brauchen wir die Pflanzen nicht zu wässern. *Die heranwachsenden Kohlköpfe bekommen in Vollmondnächten des Spätsommers und Herbstes noch einmal einen besonderen Wachstumsschub;* deshalb gehen wir die Ernte nicht vor Ende Oktober (manchmal sogar erst nach Allerheiligen) an. *Wir brauchen dazu trockenes, warmes Wetter und einen Fruchttag oder Blütetag (s. Seite 23/24).* Für die ganze Familie ist der Tag des Krauteinschneidens ein denkwürdiges Ereignis im Jahreslauf.

KRAUTEINSCHNEIDEN. Bei uns daheim kam das Kraut zum Vergären in ein großes Holzfaß, wir verwenden heute Spezialtontöpfe von je 20 Liter Fassungsvermögen (es gibt sie aber auch kleiner). Einen großen Krauthobel bekommt man im Haushaltswarenladen. Der wird über ein Schaff (Wanne) gelegt. Wir putzen und vierteln die Krautköpfe, schneiden die Strünke aus und hobeln, bis die Ernte verarbeitet ist.

OKTOBER

Kohl, das Ausgangsprodukt für Sauerkraut, kommt natürlich aus dem eigenen Garten.

Unter das gesamte Kraut (aus etwa 50 kg Kohlköpfen) werden ca. ein Viertel Kilo Salz und zwei kleine Packungen Kümmel gemischt. In die vorher ein paar Stunden gewässerten und dann ausgetrockneten Tontöpfe füllen wir das Kraut. Nach jeder Schicht von ca. 10 cm Kraut wird mit der Faust vom Rand her so stark angedrückt, daß der Saft aufsteigt. So geht es weiter, bis das Gefäß mehr als dreiviertelvoll ist. Nun wird das Kraut nochmals mit der Faust oder besser mit einem Holzstößl fest eingestampft. Steigt sehr viel Flüssigkeit auf, muß diese so weit abgeleert werden, daß das Kraut nur gerade vom Krautsaft bedeckt ist. Dann kommen große Krautblätter, die wir zurückgelegt haben, und der zum Gefäß gehörende Stein oben auf das Kraut. (Wer ein Holzfaß oder ein anderes Steingutgefäß benutzt, beschwert mit großen Steinen, die auf ein rundes, die Krautfläche abdeckendes Brett gelegt werden, unter das ein sauber ausgekochtes, weißes Tuch gebreitet ist.) Der Deckel wird aufgelegt und die Rinne mit Wasser gefüllt.

DER GÄRPROZESS BEGINNT. Ist das Wetter noch schön warm, können die Sauerkrautgefäße tagsüber noch im Freien bleiben, kommen aber nachts ins Haus. Bei kühlem Wetter lassen wir den Gärprozeß in der warmen Küche (20-22 °C) beginnen. Er dauert ungefähr eine Woche; dabei steigt der Saft an und muß bei Bedarf abgeschöpft werden. Nach dieser ersten Gärung kommt das Kraut in den kühlen Keller (10°C). Dort wird öfter kontrolliert, ob in der Rinne genügend Wasser steht. Nach 4-6 Wochen nehmen wir die erste Kostprobe, doch richtig reif ist das Sauerkraut erst nach etwa 8 Wochen. Der Vorrat reicht bei uns für den ganzen Winter.

Wichtig zu wissen ist, daß die für die Gärung notwendigen Milchsäurebakterien nur im sauerstoffarmen Milieu gedeihen; sie verhindern auch, daß sich Fäulniserreger bilden. Durch die Gärung aber entsteht Kohlendioxid, das den Sauerstoff verdrängt und das Gärgut so auf denkbar schonendste Weise konserviert. Der Zutritt von Sauerstoff wird dadurch verhindert, daß immer Flüssigkeit über dem Kraut bzw. in der Rinne steht; das überschüssige Gärgas aber kann entweichen.

Da Sauerkraut außer reichlich Vitamin C auch viele Vitamine des B-Komplexes, Vitamin A, D, E, und K, dazu Mineralstoffe und Fermente enthält, gehört es zu unseren wertvollsten Lebensmitteln überhaupt. Übrigens gießen wir überschüssigen Sauerkrautsaft niemals weg, sondern trinken öfter ein kleines Glas davon vor dem Essen.

Für die Sauerkrautherstellung gibt es spezielle Tontöpfe mit Wasserrinne.

Arbeiten im Obstgarten

Ernte und Wintervorbereitung im Obstanger

Die späten Obstsorten kommen erst im Oktober zur Fruchtreife. Wir pflücken sie mit vorsichtigem Drehen an der Fruchtstilnarbe und achten darauf, daß keine Kurztriebe beschädigt oder gar die Blattrosetten am Fruchtansatz büschelweise mitgerissen werden.

Äpfel und Birnen für die Einwinterung ernten wir bei trockenem Wetter an Fruchttagen außerhalb der Pflanzzeit (s. Seite 24/25), also in der Zeit des aufsteigenden Mondes: um diese Zeit gehen nämlich die Saftströme und damit die Kräfte nach oben. Wenn das aus zeitlichen oder Wettergründen nicht möglich ist, kann auch an Blütetagen Obst gepflückt, eine Ernte an Blattagen aber sollte vermieden werden, weil sich die Früchte dann einfach nicht so lange halten. Diese Erkenntnis entspricht nicht nur uralten Überlieferungen, sondern stammt auch aus eigener, langjähriger Erfahrung.

Zu Beginn der Lagerung – am besten in flachen Obsthorden, die übereinander gestapelt werden können, oder in Steigen – muß öfter kontrolliert und Obst mit Faulstellen aussortiert werden, denn »Ein fauler Apfel machet schnell, daß auch bald faul wird sein Gesell«.

HERBSTLICHE OBSTBAUMPFLEGE. Wenn wir den Obstbäumen ihre Fruchtlast abgenommen haben, brauchen die Stämme sorgfältige Pflege, um heil und gesund durch den Winter zu kommen. Dazu werden die Stämme und die dicken unteren Äste abgebürstet und anschließend mit einer Masse bestrichen, die sich bei uns in vielen Jahren bestens bewährt hat. Sie besteht aus dem silikatreichen Urgesteinsmehl (bei uns Biolit), möglichst frischen Kuhfladen und Ackerschachtelhalmtee oder Molke, wobei der Tee den Vorteil bietet, daß er Pilzkrankheiten vorbeugt. Der zähflüssige Brei soll gut durchgerührt und dann auf die Rinde gestrichen werden. Sie wird auf diese Weise geschützt; Schadinsekten, die sich zur Überwinterung in Rissen und Ritzen verkrochen haben, werden vernichtet. Der heilsame Brei ist auch überall dort zu empfehlen, wo Verletzungen oder größere Schnittflächen verheilen sollen. Alte Bäume mit Löchern oder vermoderten Stellen können so saniert werden. Wir haben einen mächtigen, aber zum Sterben verurteilten Birnbaum in Niederndorf (im Rahmen des Biologieunterrichts) durch Auskratzen des abgestorbenen Gewebes und Auftragen dieser bewährten Breimischung so weit saniert, daß er alljährlich wieder viele gesunde Früchte hervorbringt. Wer sich die Zutaten nicht ohne weiteres beschaffen kann oder mag, bekommt im Fachhandel ein Stammpflegemittel aus Stein- und Tonmehlen mit Pflanzenauszügen, das mit Wasser zu einem Brei angerührt wird.

WEITERE PFLEGEMASSNAHMEN. Jungbäume müssen, falls sie nicht mit dem Stammpflegemittel behandelt sind, gegen Wildverbiß durch eine »Hose« aus Maschendraht geschützt werden. Sämtliche Obstbäume können jetzt eine Kompostgabe im äußersten Bereich der Baumscheibe (zur Versorgung der feinsten Wurzeln, die den endständigen Trieben der Krone entsprechen) gut gebrauchen. Danach wird Mulch vom letzten Rasenschnitt aufgetragen.

Zum Monatsende kommen die Äpfel für den Wintervorrat zur Reife.

OKTOBER

Obstbaumpflege im Oktober: Die Stämme werden abgebürstet und bestrichen.

BEERENOBST. Zweimaltragende Himbeersträucher bringen jetzt noch einmal saftige Früchte hervor, die fast noch aromatischer sind als die der ersten Ernte.

Bei den Brombeeren werden abgetragene Triebe entfernt, die neuen Triebe aufgebunden. Pro Strauch bleiben nicht mehr als drei bis fünf kräftige Jungtriebe stehen, damit ein luftiges Gerüst für das Folgejahr entsteht; so werden Pilzkrankheiten verhindert und gute Voraussetzungen für große, süße Früchte im nächsten Sommer geschaffen.

Sobald die Obstbäume »aus dem Saft gehen«, wie man sagt, können bei trockenem Wetter Wurzeltage und auch Fruchttage in der Pflanzzeit zum Umpflanzen von Jungbäumen genützt werden (Pflanzanweisungen im November, s. Seite 145-147).

Arbeiten im Ziergarten

Wer ein Staudenbeet neu anlegen möchte, muß sich erst einmal um den Zustand des Bodens kümmern.

Die Beetfläche wird von lästigen Pflanzen wie Quecken, Ackerwinde, Giersch, Schachtelhalm und Grashorsten befreit, wobei alle Wurzelteilchen entfernt werden. Schwere Böden brauchen eine Auflockerung durch Sand, danach wird reifer Kompost leicht eingearbeitet, die Fläche glattgerecht und dann eine Kleemischung eingesät. Im folgenden Jahr mähen wir den Klee vor der Blüte und lassen ihn auf dem zukünftigen Beet liegen. Erst im kommenden Herbst kann umgegraben und noch einmal Kompost flach eingearbeitet werden. Sehr große Stauden mit tiefreichenden Wurzeln brauchen tiefgründig lockeren Boden.

PFLANZUNG. *Die Staudenpflanzung erfolgt bei trockener Witterung an einem Wurzeltag in der Pflanzzeit (s. Seite 23), am besten spätnachmittags.* Wir gehen dabei nach einem genau ausgearbeiteten Plan vor, weil unterschiedliche Höhen, Wüchsigkeit, Blütezeiten und Blütenfarben der Pflanzen zu berücksichtigen sind. Statt nach geometrischem Schema zu pflanzen, sollten wir versuchen, lebendige Gruppen zu gestalten, wie sie auch in der Natur vorkommen.

Längere Wurzeln werden vor der Pflanzung gewässert und dann eingekürzt, Pflanzen mit Ballen nehmen ebenfalls ein kühles Bad, bevor sie in die Erde kommen. Damit keine Wurzeln umgeknickt werden, müssen die Pflanzlöcher tief und groß genug sein. Die Erde um die Pflanzen wird gut angedrückt, anschließend muß reichlich gegossen werden, damit die Wurzeln richtig eingeschlämmt sind. Nach ein paar Tagen lockern wir den Boden um die Pflanzen etwas.

PFLEGE. In bestehenden Staudenbeeten sollten jetzt im Spätherbst nach dem Verblühen alle krautigen Teile zurückgeschnitten werden. Wer im September noch keinen Reifkompost eingebracht hat, kann das jetzt nachholen.

Und noch etwas zur Pflege: Pflanzen spüren, ob wir ihnen zugetan sind, und sie danken uns Aufmerksamkeit und Fürsorge durch besonders üppiges Blühen. Aus den Gemüsebeeten holen wir uns die Lebensmittel zu unserer Ernährung, Blumen aber sind Nahrung für die Seele.

Thema des Monats

Unser Leben läuft in Rhythmen ab und wird von Rhythmen geprägt. Das gleiche gilt für alle Lebensvorgänge, für die Gesamtheit der belebten Natur. Jedes Lebewesen, vom winzigsten Organismus über die Pflanzen bis zum menschlichen Körper, folgt seinem ganz bestimmten Rhythmus. Es gibt festgelegte Zyklen der Fortpflanzung, des Stoffwechsels, des Schlafens und Wachens. Im Pflanzenreich bestimmen neben Wetter- und Klimaverhältnissen der Kurztag oder Langtag über die Entwicklung. Und natürlich bewegen sich auch die Sonne, der Mond und die Gestirne in durch nichts zu beeinflussenden Rhythmen, die aber ihrerseits Einfluß haben auf uns Menschen, auf die Tiere und auf die Pflanzen, also den jeweiligen Biorhythmus von Lebewesen mitbestimmen. Sonne und Mond fungieren gleichsam als Zeitgeber, dirigieren viele Vorgänge. So kommt es beispielsweise bei Vollmond zu mehr Geburten als zu anderen Mondphasen. In Vollmondnächten schlafen viele Menschen unruhig oder gar nicht; in Vollmondnächten wächst aber auch das Kraut schneller, und die Pilze sprießen üppiger. Um den Vollmond geerntete Früchte sind gehaltvoller, während bei Neumond geerntetes Obst leichter fault.

Der Rhythmus von Tag und Nacht, der durch den Sonnenstand festgelegt wird, ist für jedermann augenscheinlich und dient jedem Lebewesen als Maß aller Dinge. Nach der nächtlichen Ruhephase mit Dunkelheit beginnt für die Menschen ihr Tagwerk, bei den meisten Pflanzen erfolgen bestimmte Spaltöffnungsbewegungen, bei vielen Tieren (soweit sie nicht nachtaktiv sind) die Stunden der Aktivität (Futtersuche, Aufzucht der Jungen).

Die Jahres-Biorhythmik läßt sich bei den Pflanzen am Laubabwurf oder dem Einziehen oberirdischer Pflanzenteile ebenso ablesen wie bei den Tieren am Winterschlaf oder Wanderungsverhalten, zum Beispiel der Vögel.

Inzwischen hat die Wissenschaft herausgefunden, daß die allgemein übliche Einteilung des Kalendertags in 24 Stunden nicht dem Biorhythmus jedes Menschen entspricht; Versuchsreihen ergaben, daß ein 24,8-Stunden-Tag, also genau die Zeit, die der Mond benötigt, um die Erde zu umrunden, dem Biorhythmus mancher Menschen mehr entgegenkommt.

Läßt der als Taglebewesen angelegte Mensch den ihm eigenen Biorhythmus über längere Zeit außer acht, kann dies zu Disharmonie und auch zu Störungen der Gesundheit, wenn nicht zur Krankheit führen, einer Krankheit, der man heute vielerorts mit den Möglichkeiten der sogenannten »Chronobiotherapie« zu begegnen versucht. Man kann solchen Störungen, die oft der Einfachheit halber als Zivilisationskrankheiten bezeichnet werden, durch Tabletten, Spritzen und Kuren nicht beikommen. Sie sind nur durch Rückkehr zum Natürlichen zu kurieren, man muß wieder mit sich selbst in Einklang kommen.

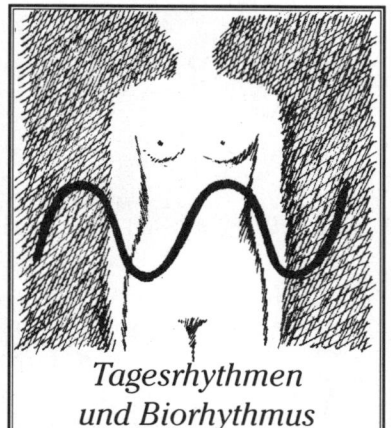

Tagesrhythmen und Biorhythmus

Fernsehen und Biorhythmus

Bei unseren Schülern stellen wir immer wieder fest, wie stark ihr Rhythmus durch den überzogenen abendlichen Fernsehkonsum beeinträchtigt ist, der sie zu spät zur Ruhe kommen läßt. Morgens, wenn sie frisch und ausgeruht sein sollten, ist ihr Schlafbedürfnis dann oft groß.

Abenteuerliche Beispiele fehlgeleiteter Biorhythmik erleben wir bei mehrtägigen Schüler-Lagern, deren Hauptziel die Naturbeobachtung ist. Abends kommen die Jugendlichen ohne das gewohnte Fernsehen oder andere Ablenkungen kaum zur Ruhe. In der frühen Morgendämmerung, während der sich die aufregendsten Dinge in der Natur ereignen, sind sie müde, unausgeglichen und kaum aufnahmebereit. Die Fähigkeit, einen Tag in Ruhe und im Gespräch ausklingen zu lassen, ganz ohne Einwirkung von außen, also ohne Fernsehen, ist vielen Menschen abhanden gekommen. Dabei wissen die meisten gar nicht, welche Kraftquelle ihnen dadurch entgeht, wieviel Spannung an einem Abend, den wir in Harmonie mit dem Umfeld verbringen, abgebaut wird. Sie ahnen auch

 *Thema* des Monats

Überall, wo das Umfeld stimmt und noch Ursprünglichkeit herrscht, wird der Einfluß des Mondes deutlich spürbar.

Tagesrhythmen und Biorhythmus

nicht, wie wir im ruhigen Gedankenaustausch oder allein in der Stille zu uns selbst finden und damit auch wieder über uns selbst bestimmen lernen.

In jedem Menschen ist, meine ich, ein unbewußtes, instinktgesteuertes Streben, sich nach dem persönlichen Biorhythmus auszurichten. Doch wird man durch äußere Einflüsse und das Wecken von Bedürfnissen, die dem eigenen Rhythmus zuwiderlaufen, ständig manipuliert. Viele Menschen spüren zwar, daß ihnen etwas fehlt, können sich aber den Mangel nicht erklären. Auf der Suche nach der verlorenen Harmonie, nach ihrem inneren Gleichgewicht, landen manche in allerlei Zirkeln oder Sekten.

Das Wirken der kosmischen Kräfte

Überall dort, wo noch die Ursprünglichkeit vorherrscht, wo das Umfeld stimmt und positive Gedanken im Mittelpunkt stehen, können die kosmischen Kräfte, die Rhythmen des Mondes beispielsweise, auf den Menschen wirken. Der Einfluß des Mondes und der Sternzeichen ist aber nicht genau fixierbar. Alles fließt und verändert sich ständig; deshalb ist es unsinnig, bestimmte Tätigkeiten oder Verrichtungen (Nägelschneiden, Haarpflege u.a.) an ein exaktes, unverrückbares Datum oder gar an einen festen, immer gleichen Wochentag zu knüpfen; eine solche Simplifizierung ist vielleicht gut gemeint, denn Vereinfachung kommt vielen Menschen entgegen: Doch sie läuft am Ende auf Scharlatanerie hinaus.

PFLANZENRHYTHMEN.
Kommen wir zurück zum Garten und zu den Pflanzen, die ihn beleben. Sie werden durch schädliche Umwelteinflüsse, aber auch durch übermäßigen Einsatz von Pflanzenschutz- und Düngemitteln zum Zwecke der Ertragssteigerung einem permanenten Streß ausgesetzt. Ihrem natürlichen Rhythmus entfremdet, verlieren sie das Gleichgewicht. Auch im Pflanzenreich aber kommt Disharmonie einer Katastrophe gleich. Die Verwendung von Gift in Gartenbau und Landwirtschaft ist ein Verzweiflungsakt, durch den die verlorengegangene Balance nicht wiederhergestellt werden kann. Steigerung der Erträge durch Mittel, die der Natur zuwiderlaufen, führen in einen Teufelskreis, aus dem es dann oft keinen anderen Ausweg gibt, als das Saatgut und die Nahrungsmittel zu begasen, zu bestrahlen oder schließlich durch gentechnische Veränderungen haltbarer zu machen. Unseren Lebensmitteln muß durch solche Manipulationen ja das Leben ausgetrieben werden!

Glücklicherweise schlagen viele Gartenbesitzer und Bauern heute wieder einen anderen Weg ein. Sie sehen Chancen für sich und ihre Produkte in der Rückkehr zur Natürlichkeit, in der Erzeugung von Lebensmitteln, die diesen Namen wirklich verdienen, die im rhythmischen Gleichklang mit der Natur herangewachsen und gereift sind.

Sicher wirkt ein sofortlösliches Düngemittel schneller und nachhaltiger auf eine Pflanze ein als die Mittel, die dem naturnahen Land- und Gartenbau zur Verfügung stehen. Doch wo Natürlichkeit und Ursprünglichkeit fehlen, wo die kosmischen Kräfte nicht in voller Harmonie wirksam werden können, da sind Nahrungsmittel in Geschmack, Farbe, Aroma und Nährwert beeinträchtigt, weil ihnen die Lebendigkeit des Umfelds fehlt.

NOVEMBER

Kalendarium mit Los- und Schwendtagen

Naturschutz in Hof und Garten

Schauplatz Obstanger

Jungbäume setzen

Allerheiligen auf dem Friedhof

Thema des Monats:
Holzschlag nach Zeichen

NOVEMBER
Nebelung, Nebelmond

Langsam geht der Herbst zu Ende. Auf letzte milde Tage am Monatsanfang folgt meist kaltes, trübes Wetter. Die Natur zieht sich hinter graue Nebelvorhänge zurück, der Mensch sehnt sich nach Wärme und Geborgenheit. – Garten- und Feldarbeit sind getan, nur auf dem Gottesacker ist zu Allerheiligen noch dieses kleinste aller Gärtlein herzurichten. Wenn dann in der Allerseelennacht die Grablichter unruhig flackern, beginnt für Bauersleut die unheimliche Zeit. Und zu Martini, sagt man, ist der Berggeist auf seinen Kontrollgängen.

Los- und andere Bauerntage   **Bauern- und Wetterregeln**

1.11. Allerheiligen, Luitpold; Lostag
Allerheiligen kalt und klar, macht z' Weihnachten alles starr. Ist aber Allerheiligen schian und rein, tritt no der Altweibersummer ein

2.11. Allerseelen
3.11. Hubertus (Patron der Jäger)
6.11. Leonhard (Viehpatron); Schwendtag?
11.11. St. Martinitag; Schlenggeltag, Lostag
Bringt St. Martin Sonnenschein, tritt ein kalter Winter ein
Hat Martin einen weißen Bart, dann wird der Winter weiß und hart
Wolken am Martinitag, der Winter unbeständig werden mag

Das Wetter um Martini (nach dem alten Kalender wäre das heute der 24. 11.) galt, wie viele Wettersprüche zeigen, als Maßstab für den Verlauf des ganzen Winters. Oft herrscht im zweiten Novemberdrittel in höheren Lagen noch einmal Schönwetter. Gelegenheit für manchen, die düsteren Talnebel hinter sich zu lassen und auf einer Bergtour wieder zu sich zu finden. – Nachtfröste und Sonnenstrahlen am Tag bewirken, daß Bäume und Sträucher das restliche Laub abwerfen – die Natur bereitet sich auf den Winter vor. Die Gipfel im Hochgebirge haben längst weiße Mützen aufgesetzt.

19. 11. Elisabeth, Mechthild   *St. Elisabeth zeigt an, was der Winter für ein Mann*
21. 11. Mariä Opferung, Laubrechfrauentag   *Mariä Opfergang klar und hell, macht den Winter streng und ohne Fehl*

Langjährige Aufzeichnungen belegen, daß wir zwischen 21. und 25. November eine Art Wetterweiche haben: »Wie Kathrein wird's Neujahr sein«, heißt es. Gegen Ende des Monats (um den 27.) erreicht uns von Westen mildes Wetter mit Regen. Für Landwirte ein Segen, denn nun gilt: »November naß, bringt jedem was« oder »Zoagt der November sich im Schnee, bringt er reiche Frucht und Klee«. Nicht selten verabschiedet sich der November mit Schnee bis ins Tal.

22. 11. St. Cäcilientag
25. 11. St. Kathreinstag, Egbert   *Wenn kein Schneefall auf Kathrein ist, auf St. Andreas kommt er gwiß*
Wie Kathrein wird der Jänner sein
27. 11. Virgil   *Friert's auf St. Virgilius, im Märzen Kälte kommen muß*
30. 11. St. Andreastag   *Andreas Schnee, tut dem Korne weh*

Mutmaßliche Witterung
Oft ist es trotz dichter Morgennebel in der ersten Novemberwoche
noch trocken und schön. Darauf folgt, etwa bis 12., eine windige, regnerische Zeit,
gelegentlich schon Schnee.
Danach kann (bis um den 22.) in höheren Regionen noch mildes Spätherbstwetter
vorherrschen; in tiefen Lagen liegt häufig Nebel. Der Monat geht mild und
regnerisch zu Ende.

NOVEMBER

Man nennt den November nicht umsonst Nebelmond, denn in dieser Jahreszeit hüllt die Natur die kahlgewordenen Bäume und Sträucher, die leeren Beete und die abgeweideten Wiesen oft in einen weißen, weichen Schleier. Es regnet häufig, der Boden saugt sich mit Feuchtigkeit voll, damit die Wurzeln in der Zeit der trockenen Fröste nicht Schaden nehmen. – Zu keiner Zeit des Jahres genießen wir die warme Stube, das prasselnde Holzfeuer im Kamin oder Kachelofen so sehr wie an feuchten, kalten Novemberabenden. Jetzt wissen wir, was ein gemütliches Heim, Geborgenheit, was die Vorräte an Nüssen, Kastanien und Trockenfrüchten wert sind, die wir wie die Eichkatzeln und Hamster im Sommer und Herbst geerntet und eingelagert haben. – Wenn im Flachland kalte Regenschauer über die abgeernteten Felder jagen, fällt im Gebirge längst Schnee. Der Sturm treibt die Flocken vor sich her, weht alle Mulden und Senken zu. »Geschlossene Schneedecke«, meldet bald der Wetterbericht für höhere Lagen. Um Martini geht dort oben der »Almerer«, der sagenumwobene Berggeist, um, steigt ins Tal ab, schleicht ums Haus, um nachzuschauen, ob alles seine Ordnung hat und die Türen von Stall und Scheune sicher verschlossen sind. Die Kinder ziehen mit Glocken ums Haus, mit Weihwasser wird allem Bösen der Eintritt verwehrt. – Anfang November, an Allerheiligen und Allerseelen, gehen wir auf den Friedhof, um die Gräber unserer Lieben zu schmücken und Lichter anzuzünden. Zu Hubertus, wenn im Gebirge die Gamsbrunft im Gange ist, ziehen die Jäger hinaus, und für manches Stück Wild wird das letzte Halali geblasen. – Der November hat aber auch noch Heiteres zu bieten. Mit den Kathreintänzen in der letzten Novemberwoche und den Cäcilienfeiern der Chöre und Musikkapellen geht die Saison der Sommer- und Herbstfestlichkeiten zu Ende, bevor mit dem 1. Advent in den letzten Novembertagen die Stille Zeit anfängt.

Der Garten im November

Die Erntezeit ist vorbei. Einzelne Krautköpfe, die noch auf den Beeten stehen, werden so abgeschnitten, daß sie mit ihren langen Strünken im Keller oder auf dem Dachboden aufgehängt werden können. Dann bleiben sie noch wochenlang frisch und eignen sich gut für Krautsalat und Wintereintöpfe. An trockenen Tagen pflanzen wir Bäume und Sträucher, die den Obstanger, den Ziergarten oder die Hecke vervollständigen sollen. Für fast alle Gehölze ist jetzt ideale Pflanzzeit.

Naturschutz ums Haus und im Garten

Natürlich denken wir auch daran, daß vielerlei Nützlinge rund ums Haus überwintern möchten; wir wollen ja sowieso keinen Garten mit messerscharfen Rasenkanten, einer monotonen Parade von kerzengeraden Koniferen und gestutzter Thujahecke. Alle die Tiere, die uns im nächsten Frühjahr und Sommer bei der Schädlingsbekämpfung helfen werden, brauchen Bäume, tiefhängende Äste, Laub- und Reisighaufen, dicke Steine, Ritzen und Höhlen als Zuflucht. Vielen Vögeln, Igeln, Fröschen, Kröten, Salamandern, dazu unzähligen Insekten machen wir durch geeignete Schutzmaßnahmen ein Beherbergungsangebot. Vor allem eine locker gepflanzte, freiwachsende Hecke aus heimischen Sträuchern ist Nahrungsquelle für Vögel und vielerlei Insekten, bietet also, vergleichbar einem Waldrand-Biotop, Überlebenschancen für eine artenreiche Tierwelt.

Inzwischen sind ja zahlreiche Tierarten auf Ersatzlebensräume angewiesen, wie wir sie in einem naturnahen Garten zu bieten haben, denn nicht nur städtische Bereiche, sondern auch immer mehr Dörfer werden zunehmend asphaltiert und rundum zubetoniert. In den meisten Siedlungen gibt es für Wespen, Hornissen, Eulen und Fledermäuse kaum noch Überlebenschancen. Marienkäfer sind auf der Suche nach Verstecken für ihre Larven. Es fehlt auch an natürlichen Feuchtbiotopen. Die Mehlschwalben brauchen Lehmpfützen zum Nestbau.

Deshalb sollte in unseren Gärten gar nicht alles gerade, glatt und eingeebnet sein. Selbst die sogenannten »Unkräuter« haben ihre Daseinsberechtigung. Brennnesseln z.B. liefern uns nicht nur die Hauptzutat für heilsame Pflanzenbrühen und im Frühjahr erstes Frischgemüse, sondern bieten auch den Larven vieler Schmetterlinge Nahrung. Für trockene Steinmauern sind Eidechsen, aber auch Pelz- und Seidenbienen dankbar, die ihre Eier bevorzugt in Stein- oder Holzritzen ablegen und diese dann sorgfältig verschließen; sie und ihre Nachkommenschaft vertilgen im Frühjahr massenhaft Blattläuse an den jungen Trieben der Obstbäume. Deshalb füllen wir für sie Holzwolle in umgekehrt aufgehängte Blumentöpfe. An einem alten Holzschupfen findet vielleicht eine Fledermaus ihre Bleibe. Vom Reisighaufen als Winterquartier für den Igel ist schon im September (s. Seite 123) die Rede gewesen, doch auch das Mauswiesel richtet sich für den Winter gern im Reisig ein.

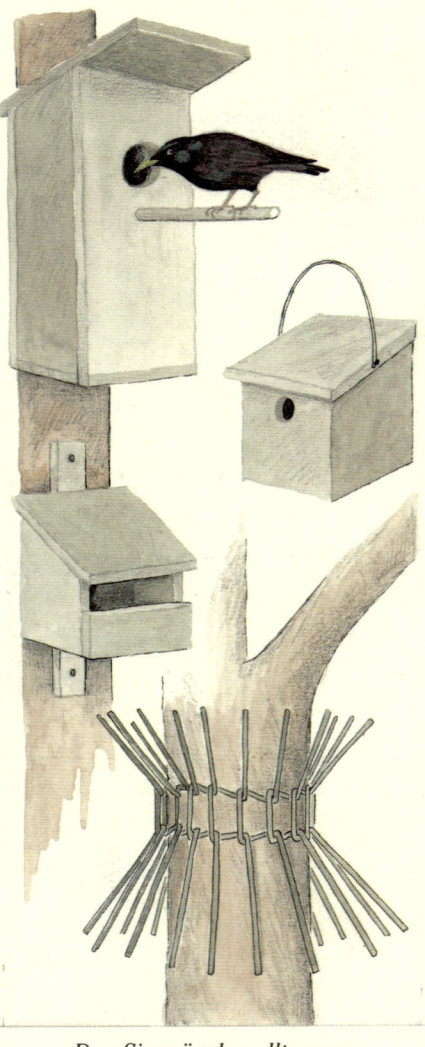

Den Singvögeln sollte man Nistmöglichkeiten und Schutz vor Katzen bieten.

Vogelschutz fängt vor der Haustür an. Was wäre ein Garten ohne Singvögel! Wir füttern die Daheimgebliebenen, wenn eisiger Frost herrscht und eine dicke Schneedecke die natürlichen Futterplätze zudeckt. Jetzt im Winter haben wir auch Zeit, darüber nachzudenken, wo und wie wir ihnen im Frühjahr zu geeigneten Nistmöglichkeiten verhelfen können. Baumriesen in den Wäldern und Hochstammobstbäume, in denen sie sich früher mit Vorliebe ihre Nester bauten, sind heute rar geworden. Vogelschutzbund und Tierschutzvereine schicken auf Wunsch Anleitungen für den Bau von Nistgelegenheiten für verschiedene Vogelarten und sogar für Fledermaus-Nistkästen. Vielleicht ist jetzt und in den nächsten Wochen Zeit, aus trockenem Vollholz (nicht aus Span- oder Sperrholzplatten) ein Vogelhaus zu zimmern. Wir streichen sie mit Leinöl, die Innenwände bleiben ungehobelt, damit die Jungvögel Halt beim Hinaufklettern finden. Höhlenbrüter wie die vielen Meisenarten wünschen sich Morgensonne, also das Flugloch nach Osten, außerdem lockeres Buschwerk rund um den Nistkasten. An Schupfen, Gerätehäuschen, Scheunen oder auch am Haus bringen wir Nistbretter für die Halbhöhlen an, die sich Nischenbrüter anlegen. Hier können sich Gartenrotschwanz, Bachstelze, Fliegenschnäpper oder Wasseramsel häuslich einrichten. Mehl- und Rauchschwalben sind so gesellig, daß sie viele Nistbrettchen nebeneinander dulden. Rauchschwalben aber bauen am liebsten im Stall ihre Nester. Niedriges Gebüsch und Reisighaufen wissen Boden- und Freibrüter wie Grasmücke, Zaunkönig, Heckenbraunelle und Baumläufer zu schätzen. Wichtig ist in allen Fällen der Schutz vor jagenden Katzen und Mardern durch dornige Sträucher in der Nachbarschaft oder eine Stacheldrahtmanschette am Baumstamm.

Arbeiten im Nutzgarten

Ein paar späte Sommerblumen, die auf den abgeernteten Gemüsebeeten die ersten schwachen Fröste überdauert haben, spenden noch etwas Farbe. Kalte Novembernebel und kräftige Regengüsse machen nun weitere Gartenarbeit fast unmöglich. Die längst aufgegangene Gründüngung hat gleich der erste Frost ereilt. Die Beete gehen, mit Kompost und Mulch versorgt, in den Winter.

Der Garten im November

In den Komposthaufen können noch spätes Herbstlaub und Ernterückstände von Kraut und Rüben zusammen mit Biolit oder anderem Urgesteinsmehl eingebracht werden. Von Zeit zu Zeit kommt auch etwas, aber nicht zuviel Holzasche dazu.

Spätkohlarten wie Grünkohl und Rosenkohl haben durch den Frost erst den richtigen Geschmack bekommen, denn niedrige Temperaturen erhöhen ihren Zuckergehalt; sie werden jetzt geerntet.

Zwischen die Reihen mit Winterzwiebeln können zwecks gedeihlicher Nachbarschaft bei offenem Wetter und an Wurzeltagen noch Karotten ausgesät werden, die dann schon im nächsten Juni Vitamine für die Küche liefern. Die Saatrillen müssen aber gut zugedeckt werden.

Porree kann auch im Winter auf den Beeten bleiben, doch sollten wir, wenn starker Frost angesagt ist, rechtzeitig ein paar Stangen auf Vorrat in den Keller bringen. Der noch aufgegangene Feldsalat wird mit Fichtenreisig abgedeckt, Möhren- und Zwiebelsaaten bekommen eine Decke aus Grasschnitt, Laub und Reisig. Brokkoli, der nicht sehr frostempfindlich ist, kann noch bis Dezember im Freien bleiben, um dann seine letzten Röschen für die Suppe zu liefern. Endivien und Zuckerhut kommen vor dem endgültigen Wintereinbruch ins Haus bzw. in den Keller.

SCHAUPLATZ OBSTGARTEN. Im Obstanger wäre jetzt die Zeit für Neupflanzungen von Beerenobst günstig. Ich habe in vielen Jahren die Erfahrung gemacht, daß den jungen Gehölzen der Spätherbsttermin besser behagt als eine Frühjahrspflanzung; sie treiben dann im Frühjahr viel kräftiger aus.

Wer genügend Reisig vom Gehölzschnitt, aber auch Herbstlaub, Ernterückstände und Kompost zur Verfügung hat, der könnte schon jetzt ein Hügel- oder Hochbeet anlegen, wie es auf Seite 58-60 beschrieben und in der Zeichnung dargestellt ist.

AM BESTEN HEIMISCHE SORTEN. Jetzt im November erweist sich die Neupflanzung von Obstbäumen als besonders günstig. Am einfachsten ist es natürlich, in die nächste Baumschule oder Gärtnerei zu gehen und sich einen Jungbaum der gewünschten Sorte, dessen endgültige Wuchshöhe der Größe des eigenen Gartens oder Hofs entspricht, auszuwählen. Die Tendenz geht heute zum Glück wieder dahin, daß für Hausgärten Sorten bevorzugt werden, die man in der Gegend schon immer hatte und die ihre Widerstandskraft bei den gegebenen Klima- und Bodenverhältnissen seit Jahrzehnten bewiesen haben. Nach allen Erfahrungen, die wir als Verbraucher mit makellosen Prachtäpfeln und -birnen aus fernen Kontinenten, aber auch aus hiesigen Plantagen mit Massenerzeugung gemacht haben, wünschen sich viele im eigenen Garten einen für die jeweilige Region typischen Baum. Die Früchte, die wir von ihnen ernten und essen, haben ein ganz besonderes, unverwechselbares Aroma; es kann Kindheitserinnerungen wecken und die Obstregale der Supermärkte vergessen machen.

> *Doch brauchen wir auch in kleinen Gärten nicht auf Obstsegen aus eigenem Anbau zu verzichten. Es kommt nämlich nur auf die Veredlungsunterlagen an. Sie entscheiden über Wüchsigkeit und Größe des späteren Baums.*

Je nach Gartengröße pflanzt man Obstbäume in unterschiedlichen Wuchsformen.

NOVEMBER

DIE VIELFALT DES ANGEBOTS. Starkwüchsige Hoch- und auch Halbstämme von Apfel- und Birnbäumen sind für die meisten Gärten von heute zu groß. Kräftige Hochstämme der Sorten Boskoop, Bohnapfel oder der typischen Tiroler Landsorte Falch's Gulderling benötigen im reifen Alter von 30-60 Jahren eine Grundfläche von rund 80 Quadratmetern, mehrere Bäume nebeneinander einen Reihenabstand von 10 Metern. Solche Bäume sind heute nur noch in den Obstangern von Bauernhöfen, auf Höfen, an Dorfplätzen, mancherorts auch als Straßenbäume anzutreffen. Sie prägen nicht nur ein Anwesen oder Gehöft, sondern oft das gesamte Ortsbild.

Doch brauchen wir auch in kleinen Gärten nicht auf Obstsegen aus eigenem Anbau zu verzichten. Es kommt nämlich nur auf die Veredlungsunterlagen an. Sie entscheiden über Wüchsigkeit und Größe des späteren Baums.

BÄUME AUS EIGENER ZUCHT. Für diejenigen, die sich ihre Obstbäume selbst heranziehen wollen, gibt es zwei Möglichkeiten: die Sämlingsvermehrung (generativ) und die Ablegervermehrung (vegetativ). Bei Sämlingsunterlagen wird etwa 10-15 cm über dem Boden durch Einsetzen eines Auges der Edelsorte (Okulieren s. August, Seite 107) die Ertragssorte mit der Unterlage verbunden. Aus Samen gezogene Unterlagen entwickeln sich je nach Standort und Pflege ganz verschieden. Sie tragen meist erst später die ersten Früchte (ab dem 3. – 5. Jahr), erreichen dafür aber ein höheres Alter als die aus Ablegervermehrung stammenden Bäume.

Für diese Art der Vermehrung, bei der die Nachkommen ganz einheitlich sind, nimmt man einen

Pflanzung von Obstbäumen

An Wurzeltagen oder Fruchttagen in der Pflanzzeit (s. Seite 23/24) gehen wir daran, Obstbäume zu pflanzen oder die selbst herangezogenen Jungbäume umzusetzen. Wichtig wäre, daß vorher mit Rute oder Pendel ein ungünstiger Standort, etwa über einer Kreuzung von Wasseradern, ausgeschlossen wird, denn an einem solchen Platz kann ein Baum nur kümmern oder gar nicht gedeihen.

Ableger, Abriß oder Steckling vom gewünschten Baum. Der Jungbaum wird am Ende seiner Entwicklung dieselben Eigenschaften und einen ähnlichen Wuchs haben wie die Mutterpflanze. Meist liefern

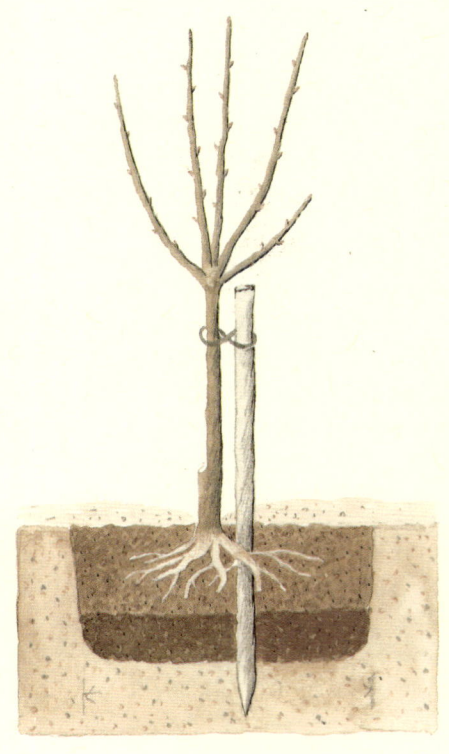

Der Jungbaum wird in eine gut vorbereitete Pflanzgrube gesetzt und mit dem Stützpfahl verbunden.

durch Ableger vermehrte Bäume früheren Ertrag als solche mit aus Samen gezogenen Unterlagen; auch ist ihr Wuchs im allgemeinen schwächer. Wegen ihrer größeren und regelmäßigen Fruchtbarkeit sind sie für kleine Gärten besonders gut geeignet.

Man hat die Unterlagen in Klassen eingeteilt, die mit M (nach dem Gattungsnamen *Malus*=Apfelbaum) und einer Nummer bezeichnet werden. Für kleine Baumformen ist M9 die häufigste Unterlage; M26 eignet sich für kargere Böden und Sorten mit einem Wuchs, der weniger als mittelstark ist. Sehr rasch wachsend ist M27, doch braucht diese Unterlage günstige Standortverhältnisse. Alle Bäume, die sich auf diesen Unterlagen entwickeln, verzweigen sich schon nah am Boden, werden nicht höher als etwa 3 Meter und rund 15 Jahre alt; man nennt sie auch schlanke Spindeln.

Mittelstark wachsende Buschbäume (M4, M7, M106) erreichen eine Wuchshöhe von etwa 4 Metern und werden 25 Jahre alt. M11 und A2 sind stark wachsende Unterlagen, die rund 6 Meter Höhe und ein Alter von rund 30 Jahren erreichen.

Vor der endgültigen Sortenwahl sollten wir uns auf jeden Fall von einem Praktiker aus unserer Region oder beim örtlichen Obst- und Gartenbauverein beraten lassen.

Die Pflanzgrube muß gut vorbereitet werden. Je schlechter der Boden, desto größer sollte sie sein. Sie hat schließlich einen Durchmesser von 1 Meter bei einer Tiefe von 70-80 Zentimetern. Der junge Baum muß in der etwas aufgefüllten Pflanzgrube genauso tief stehen wie an seinem früheren Standort. Durch ein unverzinktes Gitter, mit dem die Grube ausgelegt wird, schützt man die Wurzeln gegen Mausfraß. Beschädigte Wurzeln sind einzukürzen.

Unten in die Pflanzgrube kommt mit Humus vermischter reifer Kompost, auf keinen Fall frischer Mist oder Mineraldünger. Das Bäumchen wird hineingestellt, ein Haltepfahl gleich daneben, weil bei späterem Einschlagen der Stütze die Wurzeln verletzt werden könnten. Mit Hilfe einer Achterschlinge verbinden wir den Jungbaum mit dem Pfahl. Wichtig ist, daß beide gerade stehen, deshalb sollte ein Helfer mit Hand anlegen.

Während die Grube mit Humus aufgefüllt wird, muß mehrmals gewässert werden, damit die Wurzeln schließlich gut eingeschlämmt sind. Die Veredlungsstelle soll sich nur ganz knapp über dem Boden befinden. Da sich, wie wir gelernt haben, »die Natur keine Blöße« gibt, wird die Baumscheibe immer mit einer Mulchschicht bedeckt. Im Frühjahr säen wir dann rund um den Stamm Kapuzinerkresse oder setzen später im Jahr Tagetes. Die Kapuzinerkresse, die sich am Stamm hochranken wird, bietet in den hübschen Blütenkelchen allerlei Nutzinsekten Unterschlupf, darüber hinaus vertreibt sie mit ihrer starken Ausdünstung die lästigen Blutläuse vom Apfelbaum.

Arbeiten im Ziergarten

Noch immer haben wir die Möglichkeit, Zwiebeln von Frühlingsblumen zu stecken. Wir schneiden die letzten Chrysanthemen, die sich in der Vase oder auf dem Friedhof noch einige Zeit halten.

ROSENPFLEGE: Wichtig ist nun der Winterschutz für Rosenbeete und einzelnstehende Rosen. Kletterrosen und Stammrosen werden mit einer Mischung aus Erde und Kompost angehäufelt. Auch eine mit Grasschnitt vermischte Laubabdeckung mit dünner Erdschicht darüber tut gute Dienste. In einem Beet mit vielen Rosen bringen wir zum Schutz der Veredlungsstellen am besten eine durchgehende Laub-Kompost-Erdmischung von etwa 10 Zentimeter Höhe auf. Sie dient im

Wintervorbereitungen im Ziergarten:
Rosen brauchen eine Abdeckung aus Erde, Kompost und Reisig.

NOVEMBER

Allerheiligen auf dem Friedhof

Jeden umfängt beim Besuch eines Friedhofs die Aura der Vergänglichkeit, auch wenn von Frühjahr bis Herbst bunte Blumen und frischgrünende Gehölze eine lebendige Parkatmosphäre schaffen. Doch da sind die steinernen Grabdenkmäler und in unserer Gegend die kunstvollen schmiedeeisernen Grabkreuze; sie lassen uns in Ehrerbietung vor dem Tod still und ernst durch die Reihen wandern, nach Namen und Daten Ausschau halten, die uns etwas sagen, auch wenn hier nicht die Ruhestätte unserer Lieben ist.

Der Friedhof jedes Dorfes, jeder Stadt verrät nicht nur etwas über die Heimgegangenen, sondern auch über ihre Angehörigen, die die Gräber gestalten und pflegen. Wir spüren, ob sie diese »Gärtchen« nur aus Gewohnheit und Pflichterfüllung bestellen oder sich noch mit ihren Toten verbunden fühlen.

Mit der Ehrung der Verstorbenen stehen wir in einer schier endlosen Reihe von Vorfahren, die auf die eine oder andere Weise der Toten gedachten. Menschen längst versunkener Kulturen haben ihren Angehörigen entsprechend den religiösen und kultischen Vorstellungen Gegenstände des täglichen Bedarfs, Kleidung, Schmuck, Ausrüstung, Speis und Trank mit ins Grab gegeben; aus Grabfunden können wir heute auf Alltag und Gewohnheiten längst vergangener Epochen schließen.

Wir legen die Gräber der Verstorbenen heute nach anderen Vorstellungen an, schmücken sie je nach Jahreszeit mit Blumen, kleinen Sträuchern, Schalen, Gestecken und Kränzen. Zu Allerheiligen zünden wir Grablichter an. Das Familiengrab soll wie ein Stück Garten die Verbundenheit alles Irdischen mit der Natur wiederspiegeln. Wir gestalten es im Wechsel der Jahreszeiten. Je naturnäher die Anlage und Bepflanzung sind, desto schöner fügt sich ein Grab in den Jahreslauf und umso mehr kann es zum Sinnbild werden für den ewigen Kreislauf von Werden und Vergehen.

Das kleinste aller Gärtchen, das Grab, kann Allerheiligen schon unter einer Schneedecke liegen.

Frühjahr gleich zur ersten Nährstoffversorgung und als Mulchschicht. Bei empfindlichen Kletterrosen hängen wir zum Schutz vor den säftetreibenden Sonnenstrahlen im Spätwinter Fichtenzweige zwischen die Äste. Stammrosen werden vorsichtig nach unten gebogen und die Veredlungsstelle dort angehäufelt; sind sie dazu nicht mehr elastisch genug, brauchen sie einen Schutzmantel aus Stroh und Tannenreisig.

Während der eigentliche Rosenschnitt erst im Frühjahr erfolgt, schneiden wir jetzt bei Kletterrosen und Rosenbäumchen die abgeblühten Triebe bis etwa drei Blätter unterhalb des Blütenansatzes auf ein kräftiges Auge zurück. Besonders schwache Triebe werden ebenfalls weggeschnitten. Erst beim Frühjahrsschnitt (s. Seite 46) kürzen wir dann auch frostgeschädigte Zweige ein.

Ganz allgemein gilt, daß sich Rosen bei gleichmäßiger, harmonischer Düngung besonders schön entwickeln. Über die gesamte Vegetationsperiode verteilte Düngergaben mit Kräuterbrühen, Brennesseljauche, Holzasche und Urgesteinsmehl (Biolit) und natürlich zur Hauptblütezeit mit reifem Kompost ergeben besonders günstige Wachstums- und Blühbedingungen mit geringer Krankheitsanfälligkeit und reicher Blüte.

Thema des Monats

*I*m Garten, auf Wiesen und Feldern ist Winterruhe eingekehrt, die Vorräte sind im Keller, das Haus ist bestellt. Doch im Wald, da geht es im Winter geschäftig zu. Holzarbeit ist angesagt. Wir wollen uns hier mit mancherlei Überlieferungen um das Holz befassen und der Frage nachgehen, welche kosmischen und sonstigen Kräfte Einfluß haben auf das Wachsen der Bäume und die Eigenschaften des Holzes.

Wichtig war unseren Vorfahren und ist auch uns Heutigen, was aus dem Holz eines Baumes gefertigt werden soll, danach bestimmt sich nämlich der Zeitpunkt des Fällens oder Schlägerns, wie wir sagen. Man fällt einen Baum nicht zu irgendeinem beliebigen Zeitpunkt!

In zahllosen Aufzeichnungen aus vielen Jahrhunderten wird berichtet, an welchen Tagen des Jahres wir tunlichst Axt und Säge an einen Baum legen sollten, je nachdem, ob wir aus seinem Holz einen Dachstuhl zimmern, es im Ofen verbrennen, eine Geige daraus fertigen oder ein Kruzifix für den Herrgottswinkel daraus schnitzen wollen. Jeder Zweck hat sein Zeichen, das wußten die Alten, und das ahnen wir, denn beweisen läßt sich alles und nichts.

Wenn wir aber mit offenen Augen durch die Welt gehen, das Wissen der Vorfahren mit den eigenen Erfahrungen vergleichen, dann lassen uns viele Tatsachen und Phänomene immer wieder nachdenklich und staunend innehalten:

Es ist eben doch etwas dran an den sogenannten Holzzeichen!

Mein Vater konnte stundenlang genaue Jahreszahlen, ja sogar die Uhrzeiten aufzählen, zu denen oben bei uns in der Wildschönau Holz geschlägert wurde. Es geschah in der Pflanzzeit, also in den Tagen, da der Mond zwischen Zwilling und Schütze unter sich geht; außerdem waren da die Wurzel- und Fruchttage, also die Tage von Löwe und Jungfrau. Bei schlechtem Wetter boten sich die Tage von Widder und Stier oder Schütze und Steinbock als Ausweichtermine an.

Holzschlag nach Zeichen

Vom rechten Zeichen für das Brennholz

Thomas Hausberger, einen Zimmermann vom alten Schlag, treffe ich am 9. November 1988 beim Arbeiten von Brennholz an und wundere mich über diesen Zeitpunkt. Weiß er denn nicht, daß heute für diese Tätigkeit kein günstiges Zeichen ist? Er will mich sogar veranlassen, ihm jetzt gleich seine veredelten Jungbäume zu schneiden. Ich wehre ab, auch als er gutmütig meint: »Bist a Spinna, kimm, trink a Schnapsl mit mir«.

Ich hab mir das Datum daheim notiert. Zwei Jahre später erzählt mir der Hausberger, weil er sich an unser Gespräch erinnert, daß sein Brennholz nicht trocknen will, vielmehr ausschaut, als wollte es demnächst austreiben. Es taugt einfach nicht zum Heizen. Mich wundert nicht, was er berichtet, und ich vervollständige meine Aufzeichnungen.

Inzwischen kam mir die Abschrift eines Berichtes aus alter Zeit in die Hand. Darin heißt es wörtlich: »Holz, welches geschlagen wird in den Monaten Oktober und November im Neumond und im Zeichen der Waage, solches Holz widersteht dem Feuer und grünet und schlägt aus, noch gehackt auf dem Boden«.

Da bleibt nur noch, hinzuzufügen, daß dieses Zeichen nur alle paar Jahre eintrifft. Doch am 9. November 1988 war Neumond im Zeichen der Waage.

Für Brennholz gelten eben ganz andere Zeichen als für Holz, das zum Bauen verwendet wird. Entscheidend ist hier der kleine Schein (Neumond); die Arbeit sollte also zwischen Oktober und März bei warmer Witterung in den ersten Tagen des aufnehmenden Mondes erfolgen, damit sich Trockenrisse bilden. Falls man die Scheite dann noch im Steinbock aufschichtet, wird das Brennholz besonders schnell trocken.

Wenn Bauholz selbst dem Feuer widersteht

Ein gewisser Maier Josef hat im Jahre 1924 ein handschriftliches Dokument des Zottl Jakob abgeschrie-

Thema des Monats

ben, der 1819 uralte Überlieferungen aus dem Alpenland aufgezeichnet hatte; diese sollen bis ins 13. Jahrhundert zurückgehen.

In diesen Aufzeichnungen steht zu lesen: »Wer Bauholz schlägt an den zwei letzten Tagen des Christmonats und den ersten Jänner, dieses Haus fault und wurmt nicht, es wird gar wie Stein. Dabei sei zu beachten, daß der Wipfel bei der Schlägerung gegen das Thal fallen muß«.

Und weiter heißt es: »Ersten Märzen Freitag; Holz an diesen Tagen kliebt nicht und reißt sich nicht auf, wer aber alles Bauholz den ersten März schlägt, das Gebäude ist nicht abzubrennen, widersteht dem Feuer, sei es Schupf oder Stadel.«

Merkwürdig sollen nach dieser Abschrift auch der letzte Januar sowie der erste und zweite Februar sein, weil das an diesen Tagen geschlagene Holz nicht fault und wurmig wird. Gleiches gilt für den Tag Mariä Verkündigung (25. März), den Stephanitag (26. Dezember), den Tag der Unschuldigen Kinder (28. Dezember) und den Silvestertag. Holz, das an diesen Tagen geschlagen wird, schwindet (arbeitet) nicht mehr; als bester Tag von allen aber gilt der Silvestertag. Soweit die alten Aufzeichnungen, die der aus der Wildschönau stammende Niederndorfer Naschberger Paul 1956 nochmals abgeschrieben hat.

Und nun meine eigene Erfahrung und alles, was ich über Jahre beobachtet habe: Ich hatte die Erlaubnis bekommen, im Tiefenthalerhag, einer Almhütte auf der Kuntlalm oben (s. Seite 7), meine Bienenvölker den Sommer über aufzustellen. Zusammen mit Käsermeister Schroll Josef, einem ausgewiesenen Fachmann in Sachen Holz, machte ich mich daran, auf der nach unten weisenden Seite der Hütte 15 cm breite Fluglöcher für die Bienen aus dem jahrhundertealten Bauholz zu schneiden. Nach dem Einstich mit der Motorsäge dauerte es nicht lang, bis der blaue Rauch aufstieg. Die Säge begann zu stinken, die Kette riß. Zum Glück war mein Bruder Lambert nicht weit von da auf der Schönangeralm am Bürstlingsanger mit Rinsten (Wassergräben ziehen) beschäftigt. Ich holte mir seine Motorsäge und auch noch die vom Schön-

anger. Wir brauchten alle drei Kettensägen, um die Fluglöcher auszuschneiden. Von dem steinharten Holz (»gleim«) nahm ich ein paar Brocken mit heim, und als es Herbst wurde, warf ich einen davon ins Feuer unseres Kachelofens. Es hat gefaucht, gezischt, und an den Spalten und Ritzen im Holz leckten blaue Feuerzungen, doch verbrannt ist das Holzstück nicht. Das Holz für die Kuntlalm ist gewiß am kurzen Tag oder sogar an den Tagen zwischen 21. Dezember und 5. Januar geschlagen worden.

Am Bauholz der Alten, die immer nur »zum rechten Zeichen« Bäume schlägerten und bearbeiteten, muß etwas sein. Der Koller Tatti aus Söll am Wilden Kaiser, der als Forst- und Zimmermann ein Pionier war, hat mich nach einem Vortrag einmal auf die Holzzeichen angesprochen und mir viele sonderbare Dinge erzählt, die er erlebt hat. Er wußte noch, wie die Holzfäller mit der »Wiegensäge« zu zweit die Bäume so umgeschnitten haben, daß die Wipfel getal (talwärts) wiesen. Auch von Lawinen in unwegsamen Seitentälern konnte er berichten, die bei schwerem Schnee passierten und mancheinen Holzfäller mit sich rissen.

Zum Schluß unseres Gesprächs schmunzelte er, man sollte diese alten Sachen einmal aufschreiben, aber doch nicht alles weitersagen, weil die Leut' auch selber nachdenken und beobachten müßten.

Wer gründlich nachforscht und sich regelmäßig Aufzeichnungen macht, wird feststellen, daß sich tatsächlich gewisse Gesetzmäßigkeiten ableiten lassen, doch es kommen auch immer wieder Fälle vor, die früher gemachten Erfahrungen widersprechen. Daraus wird für mich deutlich, welche Feinheiten der Ergründung harren, wieviele Unbekannte es noch im Naturgeschehen gibt, wo ja alles dynamisch ist und sich nichts so einfach beweisen lassen will.

Was ich noch aus den alten Abschriften gelernt habe, ist die Zuordnung bestimmter Zeichen zu den Festen im Jahreskreis. Da werden keine exakten Daten angegeben, sondern nur Hinweise wie »der 4. Tag nach Paulibekehr« oder »3 Tage vor Johanni«. Auch finden sich parallel dazu die sogenannten »Bauernfeiertage«,

> »Ersten Märzen Freitag; Holz an diesen Tagen kliebt nicht und reißt sich nicht auf, wer aber alles Bauholz den ersten März schlägt, das Gebäude ist nicht abzubrennen, widersteht dem Feuer, sei es Schupf oder Stadel.«

Holzschlag nach Zeichen

*Traditionsgemäß wird Holz, je nach Verwendungszweck,
zu unterschiedlichen Zeiten und Zeichen geschlägert.*

die man für das Kirchwegrichten, die Brückenausbesserung, das Zaunringemachen u.a. nutzte. Das Wissen darüber, Teil unserer alten bäuerlichen Kultur, ist heute fast ganz in Vergessenheit geraten.

Und noch einmal soll ein Chronist zu Wort kommen, der Mayr Hans aus der Wildschönau, der die Erfahrungen des Endtalbauern Klingler Rupert zu Papier gebracht hat. Es heißt bei ihm: »Die meisten Leute beachten heut die Zoachn (Zeichen, Mondphasen) nimma und kommen dadurch zu Schaden. Wenn nämlich die Holzböden rinnig oder bucklig werden, wenn die Holzgefäße nicht beisammen bleiben oder die Dachrinnen sich verziehen, das Bauholz nicht haltbar ist oder Kluften kriegt, dann sind das Dinge, von denen mehrere Generationen Schaden und Ärger haben. Das könnte man vermeiden, wenn man das Holz zur richtigen Zeit und im richtigen Zeichen schlägt ... Was nämlich für den einen Gegenstand gut ist, kann für den anderen schlecht sein.

Das Holz hat zwei Klubseiten (also die Seiten, wo es gekloben bzw. gespalten ist), die widersinnige und die nachsinnige (widersonnig und nachsonnig); ob nun ein Stamm widersinnig oder nachsinnig ist, kann man, wenn man in der inneren Rinde eine Faser aufzieht und dann die rechte Hand in Richtung Wipfel darauflegt, feststellen. Verläuft die Richtung der Faser nach dem Daumen (links), dann ist das Holz nachsinnig, verläuft der Wuchs, das ist die Drehung des Stammes, nach dem Zeigefinger (rechts), dann ist das Holz widersinnig. Hier ist nun zu unterscheiden, welches Holz für welche Verwendung geeignet ist; für den Klub zu Dachschindeln ist das nachsinnige Holz geeignet. Als Bauholz eignet sich so ein Stamm nicht, weil er keine Ruh gibt, das heißt, weil er sich gerne verdreht.... Zum Bauholz ist hingegen das widersinnige Holz geeignet, weil es eine Ruh gibt, sich also nicht verdreht und gerade bleibt. Es bekommt auch weniger Kluften (Risse)...«

Dazu Beispiele für unterschiedliche Verwendungsbereiche: »Früher hat man Holzböden mit breiten Brettern ... gelegt. Es war hier streng zu beachten, daß die Kernseite, die näher beim Holzkern war, obenauf kam. Wenn man das nicht tut, so wird das Brett hohl, schiefrig und gibt einen unschönen, unsachgemäßen und schlechten Fußboden.... Das Holz soll man am kürzesten Tag und in der längsten Nacht schlagen, das wäre der 21. Dezember, von 10.00 bis 12.00 Uhr mittags. ... Ein solches Holz fault und wurmt nicht, schwindet und verändert sich nicht und wird wie Stein.«

Holz für vielerlei Zwecke

Weihnachtsbäume und Zweige für den Adventskranz schneiden wir daheim nach den alten Regeln, die ich in langjährigen Versuchen bestätigt gefunden habe. Günstige Zeitpunkte sind einige Tage im großen Schein vor dem Vollmond, also bei Skorpion, Fisch und Krebs. Tannen und Fichten nadeln dann nicht und duften viel intensiver, sobald sie ins Haus kommen. Auch wenn der Baum schon drei Wochen vor dem Fest geschlagen wird, hält er länger als der am Heiligen Abend, aber zu einem unrechten Zeichen geschnittene Christbaum.

Daß der Standort eines Baums für die Holzqualität eine Rolle spielt, steht sicher außer Frage. Auch das Kleinklima (Wetterseite, Windschnur, also wo im Gelände der Wind durchzieht) und nicht zuletzt die Strahlung (s. Seite 109ff) wirken sich auf die Beschaffenheit des Holzes gewiß aus.

Für den Instrumentenbau verwendet man bei uns mit Vorliebe eine »Haselfeichtn«, das ist eine Fichte, die in großer Höhe auf halbschattigem Standort herangewachsen ist, deren Holz sehr leicht ist – etwa die

Brennholz soll man bei warmer Witterung in den ersten Tagen des aufnehmenden Mondes hacken und aufschichten.

Holzschlag nach Zeichen

Hälfte des Gewichtes einer normalen Fichte – und beim Musikinstrument einen eigentümlichen Klang ergibt. Die Fasern dieses Holzes weisen feinste Fibrillen auf. Doch muß man einen solchen Baum mit viel Vorsicht fällen; wenn der Stamm zu unsanft auf den gefrorenen Boden schlägt, kann das Holz schon splittern und unbrauchbar werden. Es muß vorsichtig transportiert und sorgfältig gelagert werden, wenn einmal Musik daraus erklingen soll.

Für Werkzeuge und Möbel benötigt man laut Aussage des Werkzeugmachers Eigeltstätt Seppei in der Wildschönau Holz von Bäumen, die bei großem Schein, aber abnehmend, also nach dem Vollmond im November und Dezember geschlagen werden; bevorzugtes Sternzeichen sind für ihn Löwe und Jungfrau. Schnitzerholz soll noch vor dem Neumond im kleinen Schein geschlägert werden. Holzböden aber geben dann eine Ruh, verziehen oder wölben sich nicht, wenn der Baum im Zeichen des Stiers gefällt worden ist.

Nach einem Vortrag, den ich zusammen mit Käsermeister Plangger Herbert aus Durchholzen vor einiger Zeit über alternative Wirtschaftsformen für die Bergbauernregion im Gasteinertal gehalten hatte, steckte mir eine Bäuerin vom Rauristal Aufzeichnungen aus der Großglocknerregion zu. Darinnen heißt es: »Das Holz alter Bauernhäuser, wie sie in unserm Dorfe stehen, ist ohne Klüfte und Risse und so hart, daß es Jahrhunderte Wind und Wetter trotzen konnte .... Der alte Glanznervater weiß, warum es so ist. Einer seiner Ahnen hat die richtige Zeit zum Schlägern gekannt. Daß es im Monat Dezember im finsteren Schein und im Zeichen Stier und Löwe keinen Safttrieb gibt, weiß auch er, nicht aber den genauen Tag und die Stunde. 'Lötter labs weil und tuats raschtn – boid i aba sag,

Zum richtigen Zeichen geschnittenes Bauholz widersteht Sonne, Wind und Wetter oft über Jahrhunderte.

miaßt's fegschet schnell doan' (Männer laßt euch Zeit und tut rasten, wenn ich aber sag', müßts gleich schnell zupacken), hat er den Knechten in der Nacht gesagt, bevor sie loszogen. Nie aber, im Besitz welchen Geheimnisses er gewesen ist.«

Wer die Hinweise aus den alten Quellen und aus neueren Aufzeichnungen, wie ich sie mir seit nunmehr 20 Jahren mache, richtig verstehen will, sollte die Ausführungen zum Thema des Monats Januar auf Seite 19ff. noch einmal genau lesen.

DEZEMBER

Kalendarium mit Los- und Schwendtagen

Barbarazweige

Der Garten im Dezember

Disharmonien im Garten

Heilsames aus der Natur

Bienenwachs, Honig und Lebkuchen

Thema des Monats: Rauhnächte, Perchten und Hexen

DEZEMBER
Christmond, Wintermond

Die Sonne macht sich zu Anfang des Monats rar; und weil die Tage noch immer kürzer werden, brennen wir an den dunklen Nachmittagen und Abenden gern eine Kerze an; der Brauch geht schon auf die Germanen zurück, die zu diesen finstersten Tagen des Jahres möglichst viel Licht anzündeten, um die helle Zeit, das Frühjahr, anzulocken. – Die heute mit dem gütigen Nikolaus umherziehenden, in vielen Gegenden in Stroh und Tierfelle gehüllten Schreckgestalten (Krampus, Bertl oder Perchtl) sollten ursprünglich mit viel Getöse und Gerassel die Dämonen abschrecken und vertreiben.

Los- und andere Bauerntage
- 1.12. Eligius
- 4.12. St. Barbaratag, Johannes; Lostag
- 6.12. St. Nikolaustag (Perchtentag); Lostag, Schwendtag?
- 7.12. Ambrosius (Patron der Bienenzüchter!)
- 8.12. Mariä Empfängnis, Elfriede
- 11.12. Daniel, David; Schwendtag?
- 13.12. St. Luzitag (Luzia, die Lichte, Leuchtende; nach dem alten Kalender der 26.12.)

Bauern- und Wetterregeln
Fällt auf Eligius ein kalter Wintertag, die Kälte wohl vier Monde dauern mag
St. Nikolaus spült die Ufer aus

Wenn Ambros schneet, Gregor (12.3.) weht. Dazwischen iß oft Kranebitt und Bibernell, kimmt der Tod nicht gar so schnell!

St. Luzen tuat in Tag stutzen

Die Garten- und Feldgeräte sind ausgebessert und eingewintert, die großen Arbeiten erledigt; und wer das ganze Jahr fleißig war, kann sich jetzt seiner Vorräte freuen. Es geht nun schon auf Weihnachten zu. Auch die Natur trägt um die Monatsmitte zur adventlichen Stimmung bei, beschert uns meist Frost und Schnee. Mit dem Alt-Thomastag, der Wintersonnenwende, beginnt der engere Weihnachtsfestkreis – so steht es in den alten Kalendern. Jetzt sind sie da, die langen Winterabende mit wohlgeordneter Häuslichkeit und Geborgenheit.

- 15.12. Christiana; Schwentag?
- 17.12. Lazarus
- 21.12. Alt-Thomastag (Klotzenbrotbacktag); Lostag
- 24.12. Adam und Eva, Heiliger Abend und 1. Rauhnacht; Lostag
- 25.12. Christfest; Anastasia
- 26.12. St. Stephanitag (Klotzenbrotanschneidtag)
- 28.12. Jolande; Unschuldige Kinder
- 31.12. St. Silvestertag, Melanie; 2. Rauhnacht

St. Lazar nackt und bar, macht einen linden Februar
Alt-Thuma kehrt den Tag umma
Wenn St. Thomas dunkel war, gibt's ein schönes neues Jahr
Wie's Adam und Eva spendt, bleibt's Wetter bis ans End
Ist die Christnacht hell und klar, folgt ein höchst gesegnet Jahr
Wenn's um Weihnacht feucht und naß, gibts leere Speicher und leere Faß
Ist es grün zur Weihnachtsfeier, fällt der Schnee auf Ostereier

Wind in St. Silvester Nacht, hat nie Wein und Korn gebracht

Mutmaßliche Witterung

Die erste Dezemberdekade ist nicht selten trüb und naßkalt, dann kommen bis Monatsmitte eher trockene und kalte Tage. Vom 15. bis 19. ist es meist mild und regnerisch. Oft kommt es in den letzten Vorweihnachtstagen zu einem Kaltlufteinbruch mit Schneefall, und ziemlich pünktlich am 24./25. überrascht uns das Weihnachtstauwetter, das meist bis zum Monatsende anhält.

DEZEMBER

Mit keinem Monat im Jahreslauf verbinden sich soviele Bräuche, aber auch Besinnlichkeit, Erwartung und heiliges Schauern wie mit dem Dezember. Uralte heidnische Rituale und christliches Brauchtum mischen sich, gehen vielfach ineinander über. Mit dem Fest »Geburt des Herrn« bekommt auch die Natur ein Signal zum Neuanfang, nach der längsten Nacht des Jahres wachsen die Tage allmählich wieder. Uns Menschen wird die Gewißheit zuteil, daß unter Schnee und Eis das Leben überdauert hat und sich bald wieder Bahn brechen wird. – Auch wenn sich die Lebensbedingungen in Stadt und Land – und selbst in den abgelegensten Bergdörfern – in den letzten Jahrzehnten nachhaltig verändert haben, so werden doch manche alten Bräuche bis heute weitergepflegt, weil sie den Menschen viel bedeuten. Sie wecken Erinnerungen an die Kindheit, an Eltern und Großeltern, Ehrfurcht vor dem Wissen der Alten, aber auch vor der Natur und allem, was in ihr lebt. Mancheiner erkennt in dieser eigentlich dunkelsten und stillsten Zeit des Jahres, daß der Wohlstand und die ganze Bescherung, die die Zivilisation mit sich gebracht hat, uns nicht unbedingt glücklicher und zufriedener werden ließen. Vielen von uns ist etwas verlorengegangen, dem wir erneut auf die Spur kommen sollten. Manches lohnt sich, wiederentdeckt zu werden. – Der Garten macht uns im Dezember kaum noch Arbeit, aber bei einem Gang vorbei an verschneiten Beeten, an nackten Bäumen und Sträuchern oder beim Blick aus dem Fenster schmieden wir Pläne, denken schon an das kommende Frühjahr. – Fürs erste aber haben wir alles, was wir brauchen, im Haus: Gemüse und Obst, Marmeladen und Säfte, Kohlköpfe und Sauerkraut, Honig aus unseren Bienenstöcken, Trockenobst, Nüsse, sogar Kräutersalz und vielerlei Teekräuter. Mit Ruhe und Gelassenheit genießen wir die Früchte unserer Arbeit. Nur in der Küche geht es an manchen Tagen hoch her, und herrliche Düfte von Weihnachtsbäckerei ziehen durchs Haus. An solchen Abenden sitzen wir vor dem Adventskranz, denken an die alten Geschichten, an gute und böse Geister, die uns in der Kinderzeit Schauer über den Rücken gejagt haben, weil sie in diesen langen Nächten umgehen sollen. Dabei kommen wir zu dem Schluß: Wir leben vielleicht nicht genauso wie andere Leute, aber wir sind auch nicht von allen guten Geistern verlassen.

Ob der Schnee, der um die Monatsmitte gefallen ist, wohl bis zum Weihnachtsfest liegenbleibt?

DEZEMBER

Der Garten im Dezember

Aus dem Gemüse-, Obst- und Ziergarten gibt es jetzt nicht viel zu melden. Nur der Sammelbehälter für die Küchenabfälle ist ständig in Funktion. Von Zeit zu Zeit wird Urgesteinsmehl (z.B. Biolit) über die Abfälle gestreut.

Wenn der Boden nicht zu stark gefroren ist, kann immer noch Grünkohl, Rosenkohl, Porree und der unter seiner Abdeckung geschützte Feldsalat geerntet werden. Der eingeschlagene Zuckerhutsalat läßt uns die Vitamine in der Küche nicht ausgehen.

Wir holen jetzt die nach ihrem Kälteschock gut durchfrorenen Schnittlauchstöcke (s. Seite 132/133) ins Haus, setzen sie in eine Schale und stellen sie ans Fenster. Salat und Gemüse können nun wieder mit Schnittlauchröllchen gewürzt werden.

Die Futterstellen für die Vögel müssen gewartet und nachgefüllt werden. Kinder und Erwachsene haben ihre Freude daran, durchs Fenster dem geschäftigen Treiben an den Häuschen zuzusehen.

Ein Kontrollgang zu den Himbeeren ergibt womöglich, daß manche Ruten fester angebunden werden

Barbarazweige

Am 4. Dezember, dem Barbaratag, spazieren wir durch den Garten und schneiden vom Kirschbaum ein paar schöne Zweige mit dickbauchigen Knospen ab; wir bringen sie ins Haus und legen sie einen Tag lang in eine Wanne mit lauwarmem Wasser. Dann werden sie in einen Krug mit temperiertem Wasser gestellt und kommen in die Küche, wo es gut warm und die Luft nicht zu trocken ist. In den nächsten Wochen brauchen die Zweige mehrmals frisches Wasser.
Wenn sie sich bei uns wohlfühlen, werden sie bis zum 24. Dezember aufblühen.
Hat eine Tochter im heiratsfähigen Alter die Zweige geschnitten und blühen sie dank ihrer guten Pflege vielleicht schon ein paar Tage vor Weihnachten auf, so steht ihr, wie es heißt, fürs kommende Jahr ein Bräutigam ins Haus.

Im Garten ruht alles und hüllt sich in einen eisigen weißen Mantel.

müssen. Vielleicht sollte auch der eine oder andere Zierstrauch ausgelichtet werden. Die abgeschnittenen Äste bleiben am besten im Schnee liegen; sie könnten einen hungrigen Hasen von wertvolleren Gehölzen ablenken.

Bei Steinobst am Spalier schneiden wir jetzt Edelreiser (s. Seite 30), die wir im kühlen Keller in feuchten Sand einschlagen; bei dauerhafter Schneedecke können sie auch gebündelt und beschriftet (Schildchen gegen Feuchtigkeit schützen) unterm Schnee warten, bis ihre Zeit gekommen ist. Vor allem bei erprobten alten Obstsorten sollten wir eine Vermehrung durch Edelreiser vornehmen; viele gleichgesinnte Gartenfreunde sind sicherlich dankbare Abnehmer.

In den Gartenteich kommt ein zusammengebundener Strohbuschen, der dafür sorgt, daß genügend Luft unter die Eisdecke gelangt, damit das Kleingetier auf dem Teichgrund atmen kann. Bei starkem Frost sollte ein Loch in die Eisdecke geschlagen werden.

Der Garten im Dezember

Ist der Dezember besonders mild, decken wir die Erde über den Blumenzwiebeln mit Fichten- oder Tannenreisig zu, damit sie sich nicht zu früh erwärmt und die Frühblüher allzu zeitig hervorlockt.

Marillenbäume (Aprikosen) brauchen unbedingt eine Umhüllung des Stamms mit einem Papiersack oder Wellpappe, damit es an der Rinde keine Frostschäden gibt, die die Wasserversorgung der Krone gefährden. Zu starke Erwärmung führt – vor allem bei Spalieren an der Südseite – oft zum sogenannten »Schlaganfall«.

Bei Winterspaziergängen außerhalb des Gartenzauns entdecken wir auf Waldlichtungen vielleicht schon blühende Schneeheide. Auch könnten sich Christrosen den Weg durch den Schnee gebahnt haben. Nach einigen warmen Tagen treiben die Weiden die ersten silbrigen Kätzchen hervor, und die Haselwürstchen sehen schon recht üppig aus.

Ackerschachtelhalm, ein probates Mittel bei Pilzkrankheiten.

Wenn es draußen gar nichts mehr zu tun gibt, kommt die Zeit, wo wir innehalten und unser Gartenreich vom Fenster der warmen Stube aus dankbar und wohlgefällig betrachten. In Gedanken bauen wir »Luft- oder besser Gartenschlösser« fürs nächste Jahr, versuchen, aus den Aufzeichnungen des letzten Jahres die richtigen Schlüsse zu ziehen. Langweilig wird es uns jedenfalls nicht. *Schließlich bedeutet ja unser ganzes Leben Energiefluß und Schwingung. Und zum Wohlfühlen in dieser unwirtlichen Zeit brauchen wir vor allem ein Umfeld, eine Aura, die uns immer wieder von Neuem inspiriert.*

Disharmonien im Garten

Vielleicht finden wir nun auch Zeit, uns über Störungen und Krankheiten Gedanken zu machen, die wir im letzten Sommer an unseren Pflanzen beobachtet haben, und auf langfristig wirksame Abhilfe zu sinnen. Normalerweise hilft sich die Natur in einem naturnahen Garten selbst. Aber wir leben ja nicht in einer unberührten Oase, und natürlich machen wir auch selbst immer wieder Fehler.

Neigen wir nicht dazu, im Bestreben, die Erträge an Obst, Gemüse, aber auch an Blüten zu steigern, unsere Pflanzen zu überdüngen? Wenn eine Pflanze zuviele Nährstoffe bekommt, beginnt sie, schneller zu wachsen und über ihr natürliches Maß hinauszuschießen. Dadurch verändert sich ihre Zellstruktur, in den Hohlräumen der Zellen wird Flüssigkeit eingelagert, es droht Pilzbefall. Oft finden sich deshalb in Düngeempfehlungen der chemischen Industrie zugleich Ratschläge für die Anwendung von chemischen Pflanzenschutzmitteln. Und wieder schließt sich ein Teufelskreis.

Wer gesundes Obst und Gemüse im eigenen Garten ernten möchte, der beschränkt sich tunlichst auf die Erträge, die eine Pflanze unter natürlichen Wachstumsbedingungen hervorbringt. Unsere Äpfel, Kohlköpfe, rote Bete brauchen gar nicht supergroß, supersaftig, superschön zu sein. Am besten streichen wir das Unwort »super« gleich aus unserem gärtnerischen Wortschatz.

Pilze verbreiten sich besonders im feuchtem Milieu; für den Boden sind sie unentbehrlich, nicht zuletzt bei der Aufbereitung von Kompost. Doch können Pilze auch krank machen, wenn sie sich auf Pflanzen vermehren und Gewebe zerstören. Hohe Luftfeuchtigkeit, entsprechende Temperaturen und angegriffene Zellen mit zuviel eingelagerter Flüssigkeit begünstigen die Pilzentwicklung an den Pflanzen.

Auch kosmische Kräfte spielen hier hinein. Bei Mondnähe und starken Niederschlägen können Pilzkrankheiten besonders rapide um sich greifen.

HEILSAMES AUS DER NATUR. Zum Glück ist gegen Pilzkrankheiten unserer Pflanzen in der Natur ein Kraut gewachsen. Der Ackerschachtelhalm (*Equisetum arvense*) entwickelt im zeitigen Frühjahr die sogenannten Pilzständer, das sind pilzsporentragende, bräunliche Hütchen, die der Vermehrung dienen. Im

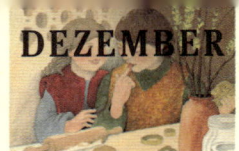

DEZEMBER

Bienenwachs, Honig und Lebkuchen

Der Duft von Bratäpfeln zieht durchs Haus, und es riecht nach frischem Tannenreisig und Bienenwachs. Wer sich als Imker das ganze Jahr hindurch mit seinen Bienenvölkern beschäftigt, dem ist es selbstverständlich, daß die Wachskerzen für Advent und Weihnachten in Handarbeit gefertigt werden. Das kunstvolle Wabenmuster, das von so seltener Vollkommenheit ist, hat eine besondere Wirkung auf das Umfeld, es entspannt den Raum und läßt uns freier atmen.

Honig dient bei uns nicht nur dem süßen Genuß, sondern auch zur Vorbeugung von Erkältungen und Infektionen. Wir schaben kandierten Honig aus dem Glas und essen ihn löffelweise, oder wir lösen ihn auf in warmem, aber niemals kochendheißem Tee, weil Hitze seine besten Inhaltsstoffe zerstört. Jetzt im Dezember ist uns die gute Gabe unserer Bienen natürlich auch für die Lebkuchenbäckerei unentbehrlich. Die »Lebzelten« haben bei uns in Tirol eine lange Tradition. Ein altes Familienrezept erfreut sich besonderer Beliebtheit: 30 dag (300 g) Brotmehl und 20 dag (200 g) brauner Zucker werden mit 2 Eiern, 10 dag (100 g) warmem Honig, einer Messerspitze Natron, etwas Zimt- und Nelkenpulver sowie ein paar Tropfen Zitronensaft vermischt und geknetet. Dann muß der Teig eine Viertelstunde rasten, bevor er etwa einen halben Zentimeter dick ausgerollt wird und man Kreise aussticht. Sie kommen auf Oblaten und ein vorher mit Bienenwachs gefettetes Blech und werden rasch gebacken.

Mit Mandelhälften verzierte Honiglebkuchen.

Sommer wachsen die Halme wie kleine Bäumchen heran, man kann sie mit einem Knacks eine Etage nach der anderen herunterreißen. Die Pflanze mit dem hohen Gehalt an Kieselsäure wird auch Zinnkraut genannt, weil man sie früher zum Reinigen von Zinngeschirr und Kupferkesseln verwendet hat. Der Schachtelhalm kann vielleicht, weil er anfangs selbst eine Pilzphase durchzustehen hat, aber wohl auch wegen seines feinstofflichen Gehalts Pilzkulturen an anderen Pflanzen zerstören. Wir setzen einen Tee aus Ackerschachtelhalm bei feuchtkaltem Wetter im Spätfrühling ein und bekämpfen damit z.B. Mehltau an Rosen oder Krautfäule bei Kartoffeln. Natürlich sollten wir außerdem vermeiden, unreifen Kompost, frischen Stallmist oder zu starke Jauche auf die Kulturen zu bringen.

Seit vielen Jahren haben wir das folgende Rezept für Ackerschachtelhalmtee (nach einer Empfehlung von Rudolf Steiner) in unserem Garten angewandt:

In 4 Liter kaltes Wasser kommt eine Handvoll getrockneter oder ein dickes Büschel frischer Ackerschachtelhalme; das Ganze wird aufgekocht (am besten bei schwacher Hitze eine halbe Stunde vor sich hinköcheln lassen). Die Hälfte des Tees gießen wir in eine Gießkanne, 10 Liter kaltes Wasser dazu. Das Gemisch wird etwa 10 Minuten lang gerührt, abgeseiht und dann fein versprüht. Mit zweimal 10 plus 2 Litern können wir etwa 200 Quadratmeter pilzgefährdete Gartenkulturen zum günstigsten, ihnen gemäßen Zeitpunkt vorbeugend behandeln.

Schon von Pilzen befallene Pflanzen müssen mehrmals besprüht werden. Auch unser Baumanstrichmittel (s. Seite 135) enthält übrigens Schachtelhalmtee gegen Pilze.

Ein paar weitere Ratschläge zur Vermeidung der lästigen Pilzkrankheiten:

Bei Wurzelfrüchten (Karotten, roten Beten, Zwiebeln usw.) den Boden niemals an Blattagen bearbeiten und nie in nassem Zustand; das gilt insbesondere für das Anhäufeln der Kartoffeln. Fruchtwechsel beugt dem Pilzbefall vor. Leichte Mulchauflagen, regelmäßige Gaben von Urgesteinsmehl (Biolit) und von reifem Kompost steigern die Widerstandskraft der Pflanzen.

Thema des Monats

Die Wochen vor Weihnachten waren für uns Kinder eine Zeit voller Geheimnisse; in banger Erwartung sahen wir zuerst dem Fest des heiligen Nikolaus entgegen. Ob die guten Geister es wohl der Mühe wert finden würden, auch unser entlegenes Haus aufzusuchen? Doch dann lagen am Nikolausabend auf dem runden Stubentisch tatsächlich Schreibhefte, Bleistifte, Buntpapier, Lebkuchen und Äpfel. Auch eine Rute mit roter Schleife war zurückgeblieben. Durchs geöffnete Fenster riefen wir aufgeregt dem Nikolaus unser »Dankschön« in die kalte, klare Nacht hinterher.

In den folgenden Tagen wechselten die Gefühle zwischen Unbehagen und Vorfreude, es war nicht ganz geheuer draußen und im Haus. Da kamen die »Anklöpfler« mit den tief in die Augen gezogenen Filzhüten und sangen uns die uralten Weisen. Die Erwachsenen erzählten unheimliche Geschichten von Geistern und Hexen, die in dieser Zeit der langen Nächte ihr Unwesen treiben. Wir Kinder horchten in die mondhelle Nacht hinaus, ahnten, daß draußen in Wald und Feld Seltsames im Gange war. Jeder bei uns kannte den genauen Zeitpunkt von Sonnenauf- und Sonnenuntergang, auch den Stand des Mondes und maß allen Erscheinungen ihre ganz besondere Bedeutung bei.

Aber es waren diese Tage im Weihnachtsfestkreis auch eine Zeit der Familie. Obwohl jetzt die Holzarbeit vordringlich war, wurde sie doch oft zurückgestellt; Gespräche, Rückbesinnung, auch Pläne für die Zukunft nahmen oft mehr Raum ein als die schwere Arbeit draußen.

Dennoch legte man die Hände nicht in den Schoß. Kein Winkel in Haus, Scheune und Stall, der nicht aus- und aufgeräumt wurde. In den Rauhnächten, die auch die Zwölften genannt werden (die Zeit zwischen dem Thomastag am 21. Dezember und dem Dreikönigstag), sind die heimlichen Geister, die Perchten, unterwegs; sie haben uneingeschränkt Zugang in jeden Raum. Für alles, was dann nicht in Ordnung, blank geputzt und gewissenhaft erledigt ist, setzt es Strafen im kommenden Jahr.

Nicht kunstvolle Gestecke aus der Gärtnerei, sondern der schlichte, selbstgebundene Adventskranz mit vier Kerzen brachte bei uns zuerst ein wenig und dann immer mehr Licht in den Advent und steigerte die Erwartungen von uns Kindern. Die Bauern schenkten ihren Helfern und Dienstboten einen kleinen Christbaum. Ein solches Geschenk war Ehrensache, denn ein Mensch, der nicht freigebig ist, hat keinen Segen und wenig zu hoffen – das wußte man.

In dieser Zeit der weiten Herzen waren auch Bettelleute und »Umagehende« (Herumziehende) willkommen. Sie bekamen Quartier und etwas zu essen; eine gute Tat war die beste Möglichkeit, den bösen Geistern entgegenzuwirken.

Rauhnächte, Perchten und Hexen

Überhaupt werden in den Rauhnächten die Weichen für die Zukunft gestellt. Jetzt weisen gewisse Zeichen auf Gutes oder Schlechtes im kommenden Jahr hin. Auch die Tiere sollen in diesen Nächten miteinander reden, und überall sehen die Perchten nach dem Rechten. Um sie milde zu stimmen, bekommen sie eine Einbrennsuppe (Perchtensuppe) vor die Haustür gestellt. Nach dem Verzehr sollen sie sich aber in ihre Schlupfwinkel zurückziehen.

Besonders aktiv sind die Geister am Heiligen Abend, in der Silvesternacht und in der Dreikönigsnacht. Die Familie macht mit der Glut des Herdes einen dreimaligen Umgang ums Haus, besprengt Fenster und Türen mit Weihwasser und räuchert jeden Raum des Hauses mit Glut aus dem Herd, in der ein paar Zweige aus dem Kräuterbüschl (s. Seite 108) verbrannt werden, aus. Jedem Kind sind früher die Perchten im Traum erschienen, und ihr Bild bleibt ein Leben lang unvergessen.

Ein ganz besonderer christlicher Brauch in unserer Gegend war die Herbergssuche. Da kam eine ganze Bauernfamilie – jedes Jahr war eine andere an der Reihe – am Nachmittag durch den Schnee dahergestapft. Sie brachte im Kerzenschein ein Marienbild

Thema des Monats

*Christliche Bräuche geben dem Weihnachtsmonat
seine ganz besondere Atmosphäre.*

Rauhnächte, Perchten und Hexen

In Tirol werden am Alt-Thomastag traditionell die »Zelten« gebacken.

mit, und im gemeinsamen Gebet verbrachten die Familien zusammen den Abend, bis die Kinder schlafend ins Bett getragen wurden. Man war stolz, die Gottesmutter für diese eine Nacht im eigenen Haus zu beherbergen.

Vom Zelten oder Klotzenbrot

Am Alt-Thomastag, dem die längste Nacht des Jahres folgt und an dem alle guten und bösen Geister unterwegs sind, werden die Zelten gebacken; sie heißen bei uns auch Klotzenbrote, in anderen Regionen des Alpenlandes Kletzenbrote, und bestehen aus Brotteig sowie vielerlei getrockneten Früchten und Gewürzen (Klotzen oder Kletzen sind getrocknete Birnenschnitze, eine besonders wichtige Zutat). Die Zelten waren früher wegen der raren Zutaten das Kostbarste, was sich eine Bauernfamilie zu Weihnachten leistete.

Am Abend vor dem Zeltenbacktag, dem »Alt-Thuma-Tag«, wird der Weg zum großen Backofen von Schnee freigekehrt und das Holz zum Heizen aufgeschichtet. Außerdem muß ein neuer Tannenbesen gebunden und der große Backgrand, ein Holztrog, in dem die Frauen den Teig kneten, in die warme Stube gestellt werden. Auch das Mehl steht schon bereit. Rundherum sind die gut ausgewischten Holzschüsseln aufgestellt und mit Tüchern überdeckt; auch Namensschilder für die Zelten aller Hausbewohner liegen bereit. Bis spät in die Nacht hinein dauert die Vorbereitung der Zutaten: Klotzen, Feigen, Apfelscheiben, schwarze und gelbe Zibeben (Rosinen), Nüsse, Mandeln. Es riecht nach Zimt, Anis, Muskat, Nelken und Kardamom. Im Küchenherd werden noch einmal Buchenscheite nachgelegt. Wir wissen, daß in dieser langen Nacht die Geister um uns sind, die Spannung läßt auch die Kinder kaum in den Schlaf kommen. Ob die Zelten heuer wieder gut gelingen? Ob einer oder mehrere aufreißen? Es wird doch nicht eine ganze »Schiaß« (die »eingeschossene« Ofenfüllung) sitzenbleiben?

Das ganze Jahr über ist Backen Frauensache, doch wenn es um die Zelten geht, wird auch Männerkraft gebraucht. An einem so wichtigen Tag will die Hausfrau nicht die ganze Verantwortung allein tragen.

Und dann, am nächsten Tag, dem Zeltentag, kommen eines nach dem andern die duftenden Brote aus dem Ofen. Jedes Familienmitglied und auch Knechte und Mägde werden ihren eigenen Zelten bekommen. Ein großer Laib aber kann ein Gewicht von mehreren Kilogramm haben.

Alle Klotzen sind wieder einmal gut gelungen, kein einziger ist sitzengeblieben oder aufgerissen. Damit ist die letzte wichtige Arbeit des ausklingenden Jahres getan – und es kann Weihnachten werden.

Perchten und Hexen sollen in den Rauhnächten ihr Unwesen treiben.

163

Glossar

Altweibersommer: Eine um den 22. September beginnende und bis Ende des Monats anhaltende herbstliche Schönwetterperiode. Sie setzt meist nach einem letzten sommerlichen Kaltluftvorstoß ein. Ursache ist ein Festlandshoch über Rußland, das einige Wochen anhalten kann. Typisch für diese Zeit sind Morgennebel und starke Temperaturunterschiede zwischen Tag und Nacht.

Bauernregeln – Wetterregeln: Bauernregeln sind Volkssprüche über das Wetter und seine Auswirkungen auf die Ernte. Sie basieren meist auf jahrhundertealten Erfahrungen. Die Bauern waren es ja, deren Wohl und Wehe vom Wetter abhing; ein zu nasser Sommer, eine Mißernte konnten Not und Hunger bedeuten. Wetterkundige genossen hohes Ansehen, ihre Erkenntnisse wurden in Form von Merksprüchen weitergegeben. Mit dem Aufkommen von gedruckten Bauernkalendern stieg der Bedarf an Wettersprüchen, und man reimte fleißig neue. Durch die Kalender kamen landschaftsgebundene Wetterregeln auch in Regionen, wo sie nicht zutrafen und gerieten so etwas in Verruf. Zudem hatten sich durch Einführung des Gregorianischen Kalenders die auf bestimmte Tage bezogenen Wetterregeln zeitlich verschoben.
Unbestreitbar ist die Tatsache – und darauf gründen sich viele Bauernregeln –, daß das Wetter häufig zu bestimmten Zeitabschnitten oder kosmischen Konstellationen den augenblicklichen Charakter beibehält, zu anderen Zeiten und Konstellationen aber zur Veränderung neigt. Wenn z.B. der Neumond oder der Vollmond keine Änderung bringt, bleibt das Wetter anhaltend, wie es ist. Die Mondviertel spielen beim Wetterumschwung kaum eine Rolle.

Biolit – Urgesteinsmehl: Urgesteinsmehl aus extrem fein vermahlener Vulkanlava unterstützt auf bewirtschafteten Flächen wie Wiesen, Feldern, Gärten die immer wieder notwendige Bodenverjüngung. Dank günstiger Mineralzusammensetzung und hochwirksamer basischer Silikate fördert das Urgesteinsmehl Biolit aus den Kitzbüheler Alpen, dessen Ausgangsmaterial Diabasgestein ist: 1. die Versorgung des Bodens mit Basen und Spurenelementen, 2. das Wachstum der Mikroorganismen im Boden, 3. die Bildung von Tonmineralen und damit eine bessere Haltefähigkeit des Bodens für Wasser und Nährstoffe, 4. eine nachhaltig langsame Säurebindung durch basische Primärsilikate.
Der hohe Anteil an Silizium und frischen Spurenelementen kräftigt die Pflanzen und mindert ihre Anfälligkeit für Krankheiten, vor allem Pilze. Ein für den Gartenbesitzer wichtiger Aspekt ist aber auch die Qualitätsverbesserung der Nutzpflanzen, Geruch und Geschmack von Gemüse und Obst werden bei regelmäßiger Anwendung deutlich aromatischer.
Schließlich erweist sich Biolit sowohl beim bäuerlichen Hofdünger (Gülle und Mist) wie auch beim Kompost im Garten als Beschleuniger des Rottevorgangs; es verhindert üble Gerüche, die zumal im kleinen Garten lästig werden können, und bewirkt eine merkliche Geruchsveränderung von Kompost und Pflanzenjauchen.

Eisheilige: Volkstümliche Bezeichnung für einige Maitage, an denen mit Kaltlufteinbrüchen gerechnet werden muß. Sie verursachen häufig Frostschäden, weil sie mit einer empfindlichen Vegetationsphase unserer Gartenpflanzen zusammenfallen. Die personifizierten Kalendertage sind Pankratius, Servatius und Bonifatius (12,. 13. und 14. Mai); hinzugerechnet wird auch die Kalte Sophie (15. Mai). Die im letzten Jahrhundert so zuverlässig eingetroffenen Heiligen erweisen sich in unserer Zeit als recht unzuverlässig.

Hundstage: Die vom Sternbild *canicula*, dem Hund des Orion, beherrschten Wochen vom 24. Juli bis 23. August. In dieser Zeit kommt es häufig zu beständiger Hochdrucklage, die uns in der zweiten Julihälfte eine Schönwetterperiode mit hochsommerlichen Temperaturen beschert.

Lostage: Sie sind meist nach den Heiligen der Kalendertage benannt, haben aber mit kirchlichen Bräuchen kaum etwas zu tun; vielmehr gehen sie auf die »Zwölften« (siehe auch dort) zurück, die zwölf Tage bzw. Nächte von Weihnachten bis Dreikönig. Nach dem Volksglauben konnte in den 12 Tagen die Zukunft, aber auch die Witterung des folgenden Jahres gedeutet werden. Lostage heißen sie, weil nach der Volkswetterkunde das Los die Witterung für längere Zeit festlegt. An diese und später noch weitere Lostage (Lichtmeß, Siebenschläfer u.a.) knüpfen sich Regeln und Sprüche, die das Wetter oder die günstigsten Zeitpunkte für die Ernte und andere bäuerliche Arbeiten betreffen. Ihnen liegen meist überlieferte Beobachtungen und alte Erfahrungen zugrunde. Die Datierung ist allerdings oft vage, weil viele Lostage vor der Gregorianischen Kalenderreform festgelegt wurden und sich durch die Einführung von Schaltjahren verschoben haben. »Zu Josefi« muß also nicht heißen »am Tag des heiligen Josef«, sondern in der Zeit um den Josefitag.

Rauhnächte (Rauchnächte, Losnächte): In ihrem Naturglauben »bevölkerten« unsere Vorfahren die langen Nächte der Mittwinterzeit mit Dämonen, guten und bösen Geistern; sie glaubten, daß in dieser Zeit die Verbindung zu ihnen leichter und unmittelbarer sei als sonst. Um gegen Schaden durch böse Dämonen gefeit zu sein, machte man den Räucherumgang durch Haus und Hof (s. auch »Zwölften«). Weil all das in die Tage bzw. Nächte der Zwölften fiel, wurden diese auch Rauhnächte genannt.
In Tirol waren die Hauptrauhnächte der 24./25. Dezember, die Silvesternacht und die Nacht vor Dreikönig.

Schafskälte: In Mitteleuropa häufiger Kälterückfall mit Regenschauern, meist zwischen 10. und 20. Juni als Folge der Erwärmung des asiatischen Kontinents. Der Wind dreht überwiegend von südwestlicher auf nordwestliche Richtung, wodurch einige Tage lang nicht erwärmte Luftmassen herangeführt werden. Die plötzliche Kälte läßt die normalerweise um diese Zeit geschorenen Schafe besonders frieren.

Glossar

Schwendtage: Schwenden bedeutet ursprünglich, einen Baum durch Abschälen der Rinde an seinem Fuß zum Absterben bringen. Der Begriff geht wahrscheinlich in die Zeiten der »Landnahme« zurück, als man neugewonnenes Acker- oder Weideland durch Abbrennen, Reuten und Schwenden urbar machte. Für diese Tätigkeit fand man besondere Tage heraus, und wer an solchen Tagen Jungholz und schlechtes Baumwerk abgeschwendet hat, der konnte mit nachhaltigem Erfolg rechnen. Schwendtage waren und sind bis heute für die Bauern von Bedeutung, darf man doch an ihnen nichts Neues beginnen, also weder pflanzen noch ernten; sie heißen deshalb auch »verworfene« Tage, ja sogar Unglückstage.
Offenbar hat man beobachtet, daß Schwendtage nicht nur Einfluß auf Pflanzen haben, sondern auch auf Mensch und Tier. Erfahrene Bauern und Bader richteten sich danach, vermieden z.B. Aderlässe, Purgieren und Haareschneiden. Eine Hochzeit am Schwendtag sollte den Kindern des Paares Unglück bringen, ein Prozeß an diesen Tagen übel ausgehen. Doch reichen solche Empfehlungen weit in den Bereich des Aberglaubens.
Manche Kalender nennen Schwendtage mit dem immer gleichen fixen Datum, obwohl sie von Jahr zu Jahr wechseln. Sie sind immer Tage um den Neumond, in denen, abhängig von Tageslänge und Dynamik des Mondes, manche Pflanzen in ihrer Entwicklung stark gehemmt oder sogar zerstört werden können. Deshalb wurden Schwendtage seit alters her zum Ab- und Aufräumen genutzt.
(Die in den Monatskalendern dieses Buches mit Fragezeichen angegebenen Schwendtage sind nur Beispiele einer alten Tradition; die Autoren haben sie dem Buch »Sitten, Bräuche und Meinungen des Tiroler Volkes« von Ignaz Zingerle, 2. Aufl. Innsbruck 1871, entnommen.)

Siebenschläfertag: Wenn Siebenschläfer verregnet ist, soll es weitere sieben Wochen regnen. Diese Regel darf schon wegen der durch die Kalenderreform von 1582 bewirkten Verschiebung nicht wörtlich genommen werden. Doch deckt sich die bäuerliche Überlieferung einigermaßen mit meteorologischen Aufzeichnungen, die besagen, daß Ende Juni/Anfang Juli ein Kaltlufteinbruch von Westen häufig eine längere Regenperiode einleitet.

Wetteranzeiger: Seit eh und je wollten Bauern, Hirten, Seeleute Gesetzmäßigkeiten ergründen, nach denen sich Wetter, Wind und Regen vorhersagen ließen. Wenn ganz bestimmten Kalendertagen (s. auch Lostage) wetterbestimmende Wirkung zugeschrieben wird, ist sicherlich Skepsis angebracht. Doch es gibt statistisch nachweisbare Zeitabschnitte, die relativ zuverlässige Wetteranzeiger sind. Das gilt z.B. für den Oktober. Wenn es im Oktober in Mitteleuropa im Schnitt um mindestens 2°C wärmer als normal ist und gleichzeitig westlich der Oder weniger Niederschläge als üblich fallen, wird der Januar höchstwahrscheinlich besonders kalt.

Weihnachtstauwetter: Wie schon unsere Eltern meinen auch wir, daß es früher zu Weihnachten frostiger war; wir haben eben die selteneren weißen Weihnachten besser in Erinnerung behalten. Langfristige Wetteraufzeichnungen beweisen nämlich, daß das Weihnachtstauwetter nichts Neues ist; um diese Zeit gab es in drei von vier Wintern einen Warmlufteinbruch.
Ungefähr zwischen 14. und 24. Dezember herrscht meist trockenes Frostwetter mit kontinentaler Kaltluft aus dem Osten. Plötzlich am 24. oder 25. dringt milde Atlantikluft ein und beschert uns frühlingshafte Temperaturen. Ein von England bis zur Ostsee reichendes Tiefdruckgebiet und ein Hochdruckgebiet im Süden sind die Ursache.

Zwölften (Zwölf Nächte): In der Zeit vom 25.12. bis zum Dreikönigsabend (urspr. heidnisches Fest der Wintersonnenwende) gehen nach altem Glauben nachts Götter und Geister um. Der Zeitabschnitt gilt als »heilig« und ist bis heute geheimnisvoll geblieben. An den Tagen (ab der Thomasnacht am 20./21.12.) sollte der Bauer sich die Witterung notieren: Man war nämlich überzeugt, daß das Wetter jedes einzelnen der zwölf Tage das der kommenden 12 Monate bestimmt. Auch sonst sind die Zwölften für die Menschen wichtig gewesen. Aus dem, was es einen in dieser Zeit träumte, schloß man auf die Zukunft. Sturm in den Zwölften bedeutete Krieg oder auch Streit. Zum Schutz vor den Geistern räucherte man in diesen Rauhnächten (siehe dort) Haus und Stall mit Weihrauch aus. In den Zwölften wurden manche Arbeiten (Mistfahren, Spinnen, Wäschewaschen u.a.) vermieden.

Anmerkungen zum nachfolgenden Mondkalender:
Im Rahmen dieses Buches ist es nicht möglich, die Tageszeiten und genauen Uhrzeiten der wechselnden Mondrhythmen und damit der Impulsänderungen auf die verschiedenen Pflanzen (s. auch Seite 23/24) anzugeben. Es handelt sich also bei den Angaben des Kalenders zu den Blatt-, Frucht-, Wurzel- und Blütetagen um Annäherungswerte. Die exakte Berechnung weiterer wirksamer Faktoren mit Angaben über Oppositionen, Rückläufigkeit, Meridiandurchgänge, Erdnähe und Erdferne, Planetenpaare u.v.m. können nur in speziellen Aussaatkalendern berücksichtigt werden. – Ganz wichtig aber ist in jedem Fall, daß wir selbst Erfahrungen sammeln, uns Aufzeichnungen machen, Vergleiche anstellen – und daraus unsere ganz persönlichen Schlüsse ziehen.

Symbole und Zeichen im Kalender

♈	Widder	♎	Waage
♉	Stier	♏	Skorpion
♊	Zwillinge	♐	Schütze
♋	Krebs	♑	Steinbock
♌	Löwe	♒	Wassermann
♍	Jungfrau	♓	Fische
●	Neumond	○	Vollmond
☽	Zunehm. Mond	☾	Abnehm. Mond

Günstige Pflanzzeit	Wurzel	Blüte
	Blatt	Frucht

1997

JANUAR
1	Mi		Wurzel	
2	Do		Blüte	☾
3	Fr		Blüte	
4	Sa		Blatt	
5	So		Blatt	
6	Mo		Frucht	
7	Di		Frucht	
8	Mi		Wurzel	
9	Do		Wurzel	●
10	Fr		Blüte	
11	Sa		Blüte	
12	So		Blatt	
13	Mo		Blatt	
14	Di		Frucht	
15	Mi		Frucht	☽
16	Do		Frucht	
17	Fr		Wurzel	
18	Sa		Wurzel	
19	So		Blüte	
20	Mo		Blüte	
21	Di		Blatt	
22	Mi		Blatt	
23	Do		Blatt	○
24	Fr		Frucht	
25	Sa		Frucht	
26	So		Wurzel	
27	Mo		Wurzel	
28	Di		Wurzel	
29	Mi		Blüte	
30	Do		Blüte	
31	Fr		Blatt	☾

FEBRUAR
1	Sa		Blatt	
2	So		Blatt	
3	Mo		Frucht	
4	Di		Frucht	
5	Mi		Wurzel	
6	Do		Wurzel	
7	Fr		Blüte	●
8	Sa		Blüte	
9	So		Blatt	
10	Mo		Blatt	
11	Di		Frucht	
12	Mi		Frucht	
13	Do		Wurzel	
14	Fr		Wurzel	☽
15	Sa		Blüte	

(Januar Fortsetzung)
16	So		Blüte	
17	Mo		Blüte	
18	Di		Blatt	
19	Mi		Blatt	
20	Do		Frucht	
21	Fr		Frucht	
22	Sa		Frucht	○
23	So		Wurzel	
24	Mo		Wurzel	
25	Di		Blüte	
26	Mi		Blüte	
27	Do		Blüte	
28	Fr		Blatt	

MÄRZ
1	Sa		Blatt	
2	So		Frucht	☾
3	Mo		Frucht	
4	Di		Wurzel	
5	Mi		Wurzel	
6	Do		Blüte	
7	Fr		Blüte	
8	Sa		Blatt	
9	So		Blatt	●
10	Mo		Frucht	
11	Di		Frucht	
12	Mi		Wurzel	
13	Do		Wurzel	
14	Fr		Wurzel	
15	Sa		Blüte	
16	So		Blüte	☽
17	Mo		Blatt	
18	Di		Blatt	
19	Mi		Frucht	
20	Do		Frucht	
21	Fr		Frucht	
22	Sa		Wurzel	
23	So		Wurzel	
24	Mo		Blüte	○
25	Di		Blüte	
26	Mi		Blüte	
27	Do		Blatt	
28	Fr		Blatt	
29	Sa		Frucht	
30	So		Frucht	
31	Mo		Frucht	☾

APRIL
1	Di		Wurzel	
2	Mi		Wurzel	
3	Do		Blüte	
4	Fr		Blüte	
5	Sa		Blatt	
6	So		Blatt	
7	Mo		Frucht	●
8	Di		Frucht	
9	Mi		Wurzel	
10	Do		Wurzel	
11	Fr		Blüte	
12	Sa		Blüte	
13	So		Blatt	
14	Mo		Blatt	☽
15	Di		Blatt	
16	Mi		Frucht	
17	Do		Frucht	
18	Fr		Wurzel	
19	Sa		Wurzel	
20	So		Wurzel	
21	Mo		Blüte	
22	Di		Blüte	○
23	Mi		Blatt	
24	Do		Blatt	
25	Fr		Frucht	
26	Sa		Frucht	
27	So		Frucht	
28	Mo		Wurzel	
29	Di		Wurzel	
30	Mi		Blüte	☾

MAI
1	Do		Blüte	
2	Fr		Blatt	
3	Sa		Blatt	
4	So		Frucht	
5	Mo		Frucht	
6	Di		Wurzel	●
7	Mi		Wurzel	
8	Do		Blüte	
9	Fr		Blüte	
10	Sa		Blüte	
11	So		Blatt	
12	Mo		Blatt	
13	Di		Frucht	
14	Mi		Frucht	☽
15	Do		Wurzel	
16	Fr		Wurzel	

(April/Mai Fortsetzung)
17	Sa		Wurzel	
18	So		Blüte	
19	Mo		Blüte	
20	Di		Blatt	
21	Mi		Blatt	
22	Do		Blatt	○
23	Fr		Frucht	
24	Sa		Frucht	
25	So		Wurzel	
26	Mo		Wurzel	
27	Di		Blüte	
28	Mi		Blüte	
29	Do		Blatt	☾
30	Fr		Blatt	
31	Sa		Frucht	

JUNI
1	So		Frucht	
2	Mo		Frucht	
3	Di		Wurzel	
4	Mi		Wurzel	
5	Do		Blüte	●
6	Fr		Blüte	
7	Sa		Blatt	
8	So		Blatt	
9	Mo		Frucht	
10	Di		Frucht	
11	Mi		Frucht	
12	Do		Wurzel	
13	Fr		Wurzel	☽
14	Sa		Blüte	
15	So		Blüte	
16	Mo		Blüte	
17	Di		Blatt	
18	Mi		Blatt	
19	Do		Frucht	
20	Fr		Frucht	○
21	Sa		Wurzel	
22	So		Wurzel	
23	Mo		Blüte	
24	Di		Blüte	
25	Mi		Blüte	
26	Do		Blatt	
27	Fr		Blatt	☾
28	Sa		Frucht	
29	So		Frucht	
30	Mo		Wurzel	

1997

		JULI		
1	Di	🐂	Wurzel	
2	Mi	♊	Blüte	
3	Do	♊	Blüte	
4	Fr	♋	Blatt	●
5	Sa	♋	Blatt	
6	So	♋	Blatt	
7	Mo	♌	Frucht	
8	Di	♌	Frucht	
9	Mi	♍	Wurzel	
10	Do	♍	Wurzel	
11	Fr	♍	Wurzel	
12	Sa	♎	Blüte	☽
13	So	♎	Blüte	
14	Mo	♏	Blatt	
15	Di	♏	Blatt	
16	Mi	♏	Blatt	
17	Do	♐	Frucht	
18	Fr	♐	Frucht	
19	Sa	♑	Wurzel	
20	So	♑	Wurzel	○
21	Mo	♒	Blüte	
22	Di	♒	Blüte	
23	Mi	♓	Blatt	
24	Do	♓	Blatt	
25	Fr	♈	Frucht	
26	Sa	♈	Frucht	☾
27	So	♉	Wurzel	
28	Mo	♉	Wurzel	
29	Di	♊	Blüte	
30	Mi	♊	Blüte	
31	Do	♊	Blüte	

		AUGUST		
1	Fr	♋	Blatt	
2	Sa	♋	Blatt	
3	So	♌	Frucht	●
4	Mo	♌	Frucht	
5	Di	♍	Wurzel	
6	Mi	♍	Wurzel	
7	Do	♍	Wurzel	
8	Fr	♎	Blüte	
9	Sa	♎	Blüte	
10	So	♏	Blatt	
11	Mo	♏	Blatt	☽
12	Di	♏	Blatt	
13	Mi	♐	Frucht	
14	Do	♐	Frucht	
15	Fr	♑	Wurzel	
16	Sa	♑	Wurzel	
17	So	♑	Blüte	
18	Mo	♑	Blüte	○
19	Di	♓	Blatt	
20	Mi	♓	Blatt	
21	Do	♈	Frucht	
22	Fr	♈	Frucht	
23	Sa	♉	Wurzel	
24	So	♉	Wurzel	
25	Mo	♊	Blüte	☾
26	Di	♊	Blüte	
27	Mi	♊	Blüte	
28	Do	♋	Blatt	
29	Fr	♋	Blatt	
30	Sa	♌	Frucht	
31	So	♌	Frucht	

		SEPTEMBER		
1	Mo	♌	Frucht	●
2	Di	♍	Wurzel	
3	Mi	♍	Wurzel	
4	Do	♎	Blüte	
5	Fr	♎	Blüte	
6	Sa	♎	Blüte	
7	So	♏	Blatt	
8	Mo	♏	Blatt	
9	Di	♐	Frucht	
10	Mi	♐	Frucht	☽
11	Do	♐	Frucht	
12	Fr	♑	Wurzel	
13	Sa	♑	Wurzel	
14	So	♒	Blüte	
15	Mo	♒	Blüte	
16	Di	♓	Blatt	○
17	Mi	♓	Blatt	
18	Do	♈	Frucht	
19	Fr	♈	Frucht	
20	Sa	♉	Wurzel	
21	So	♉	Wurzel	
22	Mo	♊	Blüte	
23	Di	♊	Blüte	☾
24	Mi	♋	Blatt	
25	Do	♋	Blatt	
26	Fr	♌	Frucht	
27	Sa	♌	Frucht	
28	So	♌	Frucht	
29	Mo	♍	Wurzel	
30	Di	♍	Wurzel	

		OKTOBER		
1	Mi	♎	Blüte	●
2	Do	♎	Blüte	
3	Fr	♎	Blüte	
4	Sa	♏	Blatt	
5	So	♏	Blatt	
6	Mo	♐	Frucht	
7	Di	♐	Frucht	
8	Mi	♐	Frucht	
9	Do	♑	Wurzel	☽
10	Fr	♑	Wurzel	
11	Sa	♒	Blüte	
12	So	♒	Blüte	
13	Mo	♓	Blatt	
14	Di	♓	Blatt	
15	Mi	♈	Frucht	
16	Do	♈	Frucht	○
17	Fr	♉	Wurzel	
18	Sa	♉	Wurzel	
19	So	♊	Blüte	
20	Mo	♊	Blüte	
21	Di	♋	Blatt	
22	Mi	♋	Blatt	
23	Do	♋	Blatt	☾
24	Fr	♌	Frucht	
25	Sa	♌	Frucht	
26	So	♍	Wurzel	
27	Mo	♍	Wurzel	
28	Di	♍	Wurzel	
29	Mi	♎	Blüte	
30	Do	♎	Blüte	
31	Fr	♏	Blatt	●

		NOVEMBER		
1	Sa	♏	Blatt	
2	So	♏	Blatt	
3	Mo	♐	Frucht	
4	Di	♐	Frucht	
5	Mi	♑	Wurzel	
6	Do	♑	Wurzel	
7	Fr	♒	Blüte	☽
8	Sa	♒	Blüte	
9	So	♓	Blatt	
10	Mo	♓	Blatt	
11	Di	♓	Blatt	
12	Mi	♈	Frucht	
13	Do	♈	Frucht	
14	Fr	♉	Wurzel	○
15	Sa	♉	Wurzel	
16	So	♊	Blüte	
17	Mo	♊	Blüte	
18	Di	♋	Blatt	
19	Mi	♋	Blatt	
20	Do	♌	Frucht	
21	Fr	♌	Frucht	☾
22	Sa	♍	Wurzel	
23	So	♍	Wurzel	
24	Mo	♎	Blüte	
25	Di	♎	Blüte	
26	Mi	♎	Blüte	
27	Do	♏	Blatt	
28	Fr	♏	Blatt	
29	Sa	♐	Frucht	
30	So	♐	Frucht	●

		DEZEMBER		
1	Mo	♐	Frucht	
2	Di	♑	Wurzel	
3	Mi	♑	Wurzel	
4	Do	♒	Blüte	
5	Fr	♒	Blüte	
6	Sa	♒	Blüte	
7	So	♓	Blatt	☽
8	Mo	♓	Blatt	
9	Di	♈	Frucht	
10	Mi	♈	Frucht	
11	Do	♉	Wurzel	
12	Fr	♉	Wurzel	
13	Sa	♊	Blüte	
14	So	♊	Blüte	○
15	Mo	♋	Blatt	
16	Di	♋	Blatt	
17	Mi	♌	Frucht	
18	Do	♌	Frucht	
19	Fr	♌	Frucht	
20	Sa	♍	Wurzel	
21	So	♍	Wurzel	☾
22	Mo	♎	Blüte	
23	Di	♎	Blüte	
24	Mi	♎	Blüte	
25	Do	♏	Blatt	
26	Fr	♏	Blatt	
27	Sa	♐	Frucht	
28	So	♐	Frucht	
29	Mo	♐	Frucht	●
30	Di	♑	Wurzel	
31	Mi	♑	Wurzel	

1998

JANUAR
1	Do	♌	Blüte	
2	Fr	♌	Blüte	
3	Sa	♓	Blatt	
4	So	♓	Blatt	
5	Mo	♈	Frucht	☽
6	Di	♈	Frucht	
7	Mi	♉	Wurzel	
8	Do	♉	Wurzel	
9	Fr	♊	Blüte	
10	Sa	♊	Blüte	
11	So	♊	Blüte	
12	Mo	♋	Blatt	○
13	Di	♋	Blatt	
14	Mi	♌	Frucht	
15	Do	♌	Frucht	
16	Fr	♍	Wurzel	
17	Sa	♍	Wurzel	
18	So	♍	Wurzel	
19	Mo	♎	Blüte	
20	Di	♎	Blüte	☾
21	Mi	♏	Blatt	
22	Do	♏	Blatt	
23	Fr	♏	Blatt	
24	Sa	♐	Frucht	
25	So	♐	Frucht	
26	Mo	♑	Wurzel	
27	Di	♑	Wurzel	
28	Mi	♒	Blüte	●
29	Do	♒	Blüte	
30	Fr	♓	Blatt	
31	Sa	♓	Blatt	

FEBRUAR
1	So	♈	Frucht	
2	Mo	♈	Frucht	
3	Di	♉	Wurzel	☽
4	Mi	♉	Wurzel	
5	Do	♉	Wurzel	
6	Fr	♊	Blüte	
7	Sa	♊	Blüte	
8	So	♋	Blatt	
9	Mo	♋	Blatt	
10	Di	♌	Frucht	
11	Mi	♌	Frucht	○
12	Do	♌	Frucht	
13	Fr	♍	Wurzel	
14	Sa	♍	Wurzel	
15	So	♎	Blüte	
16	Mo	♎	Blüte	
17	Di	♎	Blüte	
18	Mi	♏	Blatt	
19	Do	♏	Blatt	
20	Fr	♐	Frucht	
21	Sa	♐	Frucht	
22	So	♑	Wurzel	
23	Mo	♑	Wurzel	
24	Di	♒	Blüte	
25	Mi	♒	Blüte	
26	Do	♓	Blatt	●
27	Fr	♓	Blatt	
28	Sa	♈	Frucht	

MÄRZ
1	So	♈	Frucht	
2	Mo	♈	Frucht	
3	Di	♉	Wurzel	
4	Mi	♉	Wurzel	
5	Do	♊	Blüte	☽
6	Fr	♊	Blüte	
7	Sa	♋	Blatt	
8	So	♋	Blatt	
9	Mo	♌	Frucht	
10	Di	♌	Frucht	
11	Mi	♌	Frucht	
12	Do	♍	Wurzel	
13	Fr	♍	Wurzel	○
14	Sa	♎	Blüte	
15	So	♎	Blüte	
16	Mo	♎	Blüte	
17	Di	♏	Blatt	
18	Mi	♏	Blatt	
19	Do	♐	Frucht	
20	Fr	♐	Frucht	
21	Sa	♐	Frucht	☾
22	So	♑	Wurzel	
23	Mo	♑	Wurzel	
24	Di	♒	Blüte	
25	Mi	♒	Blüte	
26	Do	♓	Blatt	
27	Fr	♓	Blatt	
28	Sa	♈	Frucht	●
29	So	♈	Frucht	
30	Mo	♉	Wurzel	
31	Di	♉	Wurzel	

APRIL
1	Mi	♊	Blüte	
2	Do	♊	Blüte	
3	Fr	♊	Blatt	☽
4	Sa	♋	Blatt	
5	So	♋	Blatt	
6	Mo	♌	Frucht	
7	Di	♌	Frucht	
8	Mi	♍	Wurzel	
9	Do	♍	Wurzel	
10	Fr	♍	Wurzel	
11	Sa	♎	Blüte	○
12	So	♎	Blüte	
13	Mo	♏	Blatt	
14	Di	♏	Blatt	
15	Mi	♏	Blatt	
16	Do	♐	Frucht	
17	Fr	♐	Frucht	
18	Sa	♑	Wurzel	
19	So	♑	Wurzel	☾
20	Mo	♒	Blüte	
21	Di	♒	Blüte	
22	Mi	♒	Blüte	
23	Do	♓	Blatt	
24	Fr	♓	Blatt	
25	Sa	♈	Frucht	
26	So	♈	Frucht	●
27	Mo	♉	Wurzel	
28	Di	♉	Wurzel	
29	Mi	♊	Blüte	
30	Do	♊	Blüte	

MAI
1	Fr	♋	Blatt	
2	Sa	♋	Blatt	
3	So	♌	Frucht	
4	Mo	♌	Frucht	☽
5	Di	♍	Wurzel	
6	Mi	♍	Wurzel	
7	Do	♍	Wurzel	
8	Fr	♎	Blüte	
9	Sa	♎	Blüte	
10	So	♏	Blatt	
11	Mo	♏	Blatt	○
12	Di	♏	Blatt	
13	Mi	♐	Frucht	
14	Do	♐	Frucht	
15	Fr	♑	Wurzel	
16	Sa	♑	Wurzel	

JUNI
1	Mo	♐	Frucht	
2	Di	♑	Wurzel	☽
3	Mi	♑	Wurzel	
4	Do	♎	Blüte	
5	Fr	♎	Blüte	
6	Sa	♎	Blüte	
7	So	♏	Blatt	
8	Mo	♏	Blatt	
9	Di	♐	Frucht	
10	Mi	♐	Frucht	○
11	Do	♐	Frucht	
12	Fr	♑	Wurzel	
13	Sa	♑	Wurzel	
14	So	♒	Blüte	
15	Mo	♒	Blüte	
16	Di	♓	Blatt	
17	Mi	♓	Blatt	☾
18	Do	♈	Frucht	
19	Fr	♈	Frucht	
20	Sa	♉	Wurzel	
21	So	♉	Wurzel	
22	Mo	♊	Blüte	
23	Di	♊	Blüte	
24	Mi	♋	Blatt	●
25	Do	♋	Blatt	
26	Fr	♋	Blatt	
27	Sa	♌	Frucht	
28	So	♌	Frucht	
29	Mo	♍	Wurzel	
30	Di	♍	Wurzel	

(MAI Fortsetzung)
17	So	♌	Wurzel	
18	Mo	♌	Blüte	
19	Di	♌	Blüte	☾
20	Mi	♓	Blatt	
21	Do	♓	Blatt	
22	Fr	♈	Frucht	
23	Sa	♈	Frucht	
24	So	♉	Wurzel	
25	Mo	♉	Wurzel	●
26	Di	♊	Blüte	
27	Mi	♊	Blüte	
28	Do	♋	Blatt	
29	Fr	♋	Blatt	
30	Sa	♌	Frucht	
31	So	♌	Frucht	

1998

JULI

1	Mi	♎	Blüte	☽
2	Do	♎	Blüte	
3	Fr	♎	Blüte	
4	Sa	♏	Blatt	
5	So	♏	Blatt	
6	Mo	♐	Frucht	
7	Di	♐	Frucht	
8	Mi	♐	Frucht	
9	Do	♑	Wurzel	○
10	Fr	♑	Wurzel	
11	Sa	♒	Blüte	
12	So	♒	Blüte	
13	Mo	♓	Blatt	
14	Di	♓	Blatt	
15	Mi	♈	Frucht	
16	Do	♈	Frucht	☾
17	Fr	♈	Frucht	
18	Sa	♉	Wurzel	
19	So	♉	Wurzel	
20	Mo	♊	Blüte	
21	Di	♊	Blüte	
22	Mi	♋	Blatt	
23	Do	♋	Blatt	●
24	Fr	♌	Frucht	
25	Sa	♌	Frucht	
26	So	♍	Wurzel	
27	Mo	♍	Wurzel	
28	Di	♍	Wurzel	
29	Mi	♎	Blüte	
30	Do	♎	Blüte	
31	Fr	♏	Blatt	☽

AUGUST

1	Sa	♏	Blatt	
2	So	♏	Blatt	
3	Mo	♐	Frucht	
4	Di	♐	Frucht	
5	Mi	♑	Wurzel	
6	Do	♑	Wurzel	
7	Fr	♒	Blüte	
8	Sa	♒	Blüte	○
9	So	♒	Blüte	
10	Mo	♓	Blatt	
11	Di	♓	Blatt	
12	Mi	♈	Frucht	
13	Do	♈	Frucht	
14	Fr	♉	Wurzel	☾
15	Sa	♉	Wurzel	
16	So	♊	Blüte	
17	Mo	♊	Blüte	
18	Di	♋	Blatt	
19	Mi	♋	Blatt	
20	Do	♌	Frucht	
21	Fr	♌	Frucht	
22	Sa	♌	Frucht	●
23	So	♍	Wurzel	
24	Mo	♍	Wurzel	
25	Di	♎	Blüte	
26	Mi	♎	Blüte	
27	Do	♎	Blüte	
28	Fr	♏	Blatt	
29	Sa	♏	Blatt	
30	So	♐	Frucht	☽
31	Mo	♐	Frucht	

SEPTEMBER

1	Di	♐	Frucht	
2	Mi	♑	Wurzel	
3	Do	♑	Wurzel	
4	Fr	♒	Blüte	
5	Sa	♒	Blüte	
6	So	♓	Blatt	○
7	Mo	♓	Blatt	
8	Di	♈	Frucht	
9	Mi	♈	Frucht	
10	Do	♉	Wurzel	
11	Fr	♉	Wurzel	
12	Sa	♊	Blüte	
13	So	♊	Blüte	☾
14	Mo	♋	Blatt	
15	Di	♋	Blatt	
16	Mi	♋	Blatt	
17	Do	♌	Frucht	
18	Fr	♌	Frucht	
19	Sa	♍	Wurzel	
20	So	♍	Wurzel	●
21	Mo	♎	Blüte	
22	Di	♎	Blüte	
23	Mi	♎	Blüte	
24	Do	♏	Blatt	
25	Fr	♏	Blatt	
26	Sa	♐	Frucht	
27	So	♐	Frucht	
28	Mo	♐	Frucht	☽
29	Di	♑	Wurzel	
30	Mi	♑	Wurzel	

OKTOBER

1	Do	♒	Blüte	
2	Fr	♒	Blüte	
3	Sa	♓	Blatt	
4	So	♓	Blatt	
5	Mo	♈	Frucht	○
6	Di	♈	Frucht	
7	Mi	♉	Wurzel	
8	Do	♉	Wurzel	
9	Fr	♊	Blüte	
10	Sa	♊	Blüte	
11	So	♊	Blüte	
12	Mo	♋	Blatt	☾
13	Di	♋	Blatt	
14	Mi	♌	Frucht	
15	Do	♌	Frucht	
16	Fr	♍	Wurzel	
17	Sa	♍	Wurzel	
18	So	♍	Wurzel	
19	Mo	♎	Blüte	
20	Di	♎	Blüte	●
21	Mi	♏	Blatt	
22	Do	♏	Blatt	
23	Fr	♏	Blatt	
24	Sa	♐	Frucht	
25	So	♐	Frucht	
26	Mo	♑	Wurzel	
27	Di	♑	Wurzel	
28	Mi	♑	Wurzel	☽
29	Do	♒	Blüte	
30	Fr	♒	Blüte	
31	Sa	♓	Blatt	

NOVEMBER

1	So	♓	Blatt	○
2	Mo	♈	Frucht	
3	Di	♈	Frucht	
4	Mi	♉	Wurzel	
5	Do	♉	Wurzel	
6	Fr	♊	Blüte	
7	Sa	♊	Blüte	
8	So	♋	Blatt	
9	Mo	♋	Blatt	
10	Di	♌	Frucht	
11	Mi	♌	Frucht	☾
12	Do	♍	Wurzel	
13	Fr	♍	Wurzel	
14	Sa	♍	Wurzel	
15	So	♎	Blüte	
16	Mo	♎	Blüte	
17	Di	♏	Blatt	
18	Mi	♏	Blatt	
19	Do	♏	Blatt	●
20	Fr	♐	Frucht	
21	Sa	♐	Frucht	
22	So	♑	Wurzel	
23	Mo	♑	Wurzel	
24	Di	♑	Wurzel	
25	Mi	♒	Blüte	
26	Do	♒	Blüte	
27	Fr	♓	Blatt	☽
28	Sa	♓	Blatt	
29	So	♈	Frucht	
30	Mo	♈	Frucht	

DEZEMBER

1	Di	♉	Wurzel	
2	Mi	♉	Wurzel	
3	Do	♊	Blüte	○
4	Fr	♊	Blüte	
5	Sa	♋	Blatt	
6	So	♋	Blatt	
7	Mo	♌	Frucht	
8	Di	♌	Frucht	
9	Mi	♌	Frucht	
10	Do	♍	Wurzel	☾
11	Fr	♍	Wurzel	
12	Sa	♎	Blüte	
13	So	♎	Blüte	
14	Mo	♎	Blüte	
15	Di	♏	Blatt	
16	Mi	♏	Blatt	
17	Do	♐	Frucht	
18	Fr	♐	Frucht	●
19	Sa	♐	Frucht	
20	So	♑	Wurzel	
21	Mo	♑	Wurzel	
22	Di	♒	Blüte	
23	Mi	♒	Blüte	
24	Do	♓	Blatt	
25	Fr	♓	Blatt	
26	Sa	♓	Blatt	☽
27	So	♈	Frucht	
28	Mo	♈	Frucht	
29	Di	♉	Wurzel	
30	Mi	♉	Wurzel	
31	Do	♊	Blüte	

1999

JANUAR
1	Fr	Blüte
2	Sa	Blatt	○
3	So	Blatt
4	Mo	Frucht
5	Di	Frucht
6	Mi	Wurzel
7	Do	Wurzel
8	Fr	Wurzel
9	Sa	Blüte	☾
10	So	Blüte
11	Mo	Blatt
12	Di	Blatt
13	Mi	Blatt
14	Do	Frucht
15	Fr	Frucht
16	Sa	Wurzel
17	So	Wurzel	●
18	Mo	Blüte
19	Di	Blüte
20	Mi	Blüte
21	Do	Blatt
22	Fr	Blatt
23	Sa	Frucht
24	So	Frucht	☾
25	Mo	Wurzel
26	Di	Wurzel
27	Mi	Blüte
28	Do	Blüte
29	Fr	Blatt
30	Sa	Blatt
31	So	Frucht	○

FEBRUAR
1	Mo	Frucht
2	Di	Frucht
3	Mi	Wurzel
4	Do	Wurzel
5	Fr	Blüte
6	Sa	Blüte
7	So	Blatt
8	Mo	Blatt	☾
9	Di	Blatt
10	Mi	Frucht
11	Do	Frucht
12	Fr	Wurzel
13	Sa	Wurzel
14	So	Wurzel
15	Mo	Blüte
16	Di	Blüte	●
17	Mi	Blatt
18	Do	Blatt
19	Fr	Frucht
20	Sa	Frucht
21	So	Wurzel
22	Mo	Wurzel
23	Di	Blüte	☾
24	Mi	Blüte
25	Do	Blatt
26	Fr	Blatt
27	Sa	Blatt
28	So	Frucht

MÄRZ
1	Mo	Frucht
2	Di	Wurzel	○
3	Mi	Wurzel
4	Do	Blüte
5	Fr	Blüte
6	Sa	Blüte
7	So	Blatt
8	Mo	Blatt
9	Di	Frucht
10	Mi	Frucht	☾
11	Do	Frucht
12	Fr	Wurzel
13	Sa	Wurzel
14	So	Blüte
15	Mo	Blüte
16	Di	Blatt
17	Mi	Blatt	●
18	Do	Blatt
19	Fr	Frucht
20	Sa	Frucht
21	So	Wurzel
22	Mo	Wurzel
23	Di	Blüte
24	Mi	Blüte	☾
25	Do	Blatt
26	Fr	Blatt
27	Sa	Frucht
28	So	Frucht
29	Mo	Wurzel
30	Di	Wurzel
31	Mi	Wurzel	○

APRIL
1	Do	Blüte
2	Fr	Blüte
3	Sa	Blatt
4	So	Blatt
5	Mo	Blatt
6	Di	Frucht
7	Mi	Frucht
8	Do	Wurzel
9	Fr	Wurzel	☾
10	Sa	Wurzel
11	So	Blüte
12	Mo	Blüte
13	Di	Blatt
14	Mi	Blatt
15	Do	Frucht
16	Fr	Frucht	●
17	Sa	Wurzel
18	So	Wurzel
19	Mo	Blüte
20	Di	Blüte
21	Mi	Blatt
22	Do	Blatt	☾
23	Fr	Frucht
24	Sa	Frucht
25	So	Wurzel
26	Mo	Wurzel
27	Di	Wurzel
28	Mi	Blüte
29	Do	Blüte
30	Fr	Blatt	○

MAI
1	Sa	Blatt
2	So	Blatt
3	Mo	Frucht
4	Di	Frucht
5	Mi	Wurzel
6	Do	Wurzel
7	Fr	Wurzel
8	Sa	Blüte	☾
9	So	Blüte
10	Mo	Blatt
11	Di	Blatt
12	Mi	Frucht
13	Do	Frucht
14	Fr	Wurzel
15	Sa	Wurzel	●
16	So	Blüte

JUNI
1	Di	Frucht
2	Mi	Wurzel
3	Do	Wurzel
4	Fr	Blüte
5	Sa	Blüte
6	So	Blatt
7	Mo	Blatt	☾
8	Di	Blatt
9	Mi	Frucht
10	Do	Frucht
11	Fr	Wurzel
12	Sa	Wurzel
13	So	Blüte	●
14	Mo	Blüte
15	Di	Blatt
16	Mi	Blatt
17	Do	Frucht
18	Fr	Frucht
19	Sa	Wurzel
20	So	Wurzel	☾
21	Mo	Blüte
22	Di	Blüte
23	Mi	Blüte
24	Do	Blatt
25	Fr	Blatt
26	Sa	Frucht
27	So	Frucht
28	Mo	Frucht	○
29	Di	Wurzel
30	Mi	Wurzel

Zusätzliche Einträge (Januar Fortsetzung rechte Spalte):
16	Di	Blüte	●
17	Mi	Blatt
18	Do	Blatt
19	Fr	Frucht
20	Sa	Frucht
21	So	Wurzel
22	Mo	Wurzel
23	Di	Blüte	☾
24	Mi	Blüte
25	Do	Blatt
26	Fr	Blatt
27	Sa	Blatt
28	So	Frucht

Mai (Fortsetzung rechte Spalte):
17	Mo	Blüte
18	Di	Blatt
19	Mi	Blatt
20	Do	Frucht
21	Fr	Frucht
22	Sa	Frucht	☾
23	So	Wurzel
24	Mo	Wurzel
25	Di	Blüte
26	Mi	Blüte
27	Do	Blüte
28	Fr	Blatt
29	Sa	Blatt
30	So	Frucht	○
31	Mo	Frucht

1999

JULI
1	Do	♌	Blüte	
2	Fr	♌	Blüte	
3	Sa	♌	Blüte	
4	So	♍	Blatt	
5	Mo	♍	Blatt	
6	Di	♌	Frucht	☾
7	Mi	♌	Frucht	
8	Do	♉	Wurzel	
9	Fr	♉	Wurzel	
10	Sa	♊	Blüte	
11	So	♊	Blüte	
12	Mo	♋	Blatt	
13	Di	♋	Blatt	●
14	Mi	♌	Frucht	
15	Do	♌	Frucht	
16	Fr	♌	Wurzel	
17	Sa	♌	Wurzel	
18	So	♌	Wurzel	
19	Mo	♎	Blüte	
20	Di	♎	Blüte	☽
21	Mi	♏	Blatt	
22	Do	♏	Blatt	
23	Fr	♏	Blatt	
24	Sa	♐	Frucht	
25	So	♐	Frucht	
26	Mo	♑	Wurzel	
27	Di	♑	Wurzel	
28	Mi	♑	Wurzel	○
29	Do	♌	Blüte	
30	Fr	♌	Blüte	
31	Sa	♒	Blatt	

AUGUST
1	So	♒	Blatt	
2	Mo	♌	Frucht	
3	Di	♌	Frucht	
4	Mi	♉	Wurzel	☾
5	Do	♉	Wurzel	
6	Fr	♊	Blüte	
7	Sa	♊	Blüte	
8	So	♊	Blüte	
9	Mo	♋	Blatt	
10	Di	♋	Blatt	
11	Mi	♌	Frucht	●
12	Do	♌	Frucht	
13	Fr	♌	Wurzel	
14	Sa	♌	Wurzel	
15	So	♎	Blüte	

16	Mo	♎	Blüte	
17	Di	♏	Blatt	
18	Mi	♏	Blatt	
19	Do	♏	Blatt	☽
20	Fr	♐	Frucht	
21	Sa	♐	Frucht	
22	So	♑	Wurzel	
23	Mo	♑	Wurzel	
24	Di	♑	Wurzel	
25	Mi	♌	Blüte	
26	Do	♌	Blüte	○
27	Fr	♒	Blatt	
28	Sa	♒	Blatt	
29	So	♌	Frucht	
30	Mo	♌	Frucht	
31	Di	♌	Frucht	

SEPTEMBER
1	Mi	♉	Wurzel	
2	Do	♉	Wurzel	☾
3	Fr	♊	Blüte	
4	Sa	♊	Blüte	
5	So	♋	Blatt	
6	Mo	♋	Blatt	
7	Di	♌	Frucht	
8	Mi	♌	Frucht	
9	Do	♌	Wurzel	●
10	Fr	♌	Wurzel	
11	Sa	♎	Blüte	
12	So	♎	Blüte	
13	Mo	♎	Blüte	
14	Di	♏	Blatt	
15	Mi	♏	Blatt	
16	Do	♐	Frucht	
17	Fr	♐	Frucht	☽
18	Sa	♐	Frucht	
19	So	♑	Wurzel	
20	Mo	♑	Wurzel	
21	Di	♌	Blüte	
22	Mi	♌	Blüte	
23	Do	♌	Blüte	
24	Fr	♒	Blatt	
25	Sa	♒	Blatt	○
26	So	♌	Frucht	
27	Mo	♌	Frucht	
28	Di	♉	Wurzel	
29	Mi	♉	Wurzel	
30	Do	♊	Blüte	

OKTOBER
1	Fr	♊	Blüte	
2	Sa	♋	Blatt	☾
3	So	♋	Blatt	
4	Mo	♌	Frucht	
5	Di	♌	Frucht	
6	Mi	♌	Wurzel	
7	Do	♌	Wurzel	
8	Fr	♌	Wurzel	
9	Sa	♎	Blüte	●
10	So	♎	Blüte	
11	Mo	♏	Blatt	
12	Di	♏	Blatt	
13	Mi	♏	Blatt	
14	Do	♐	Frucht	
15	Fr	♐	Frucht	
16	Sa	♑	Wurzel	
17	So	♑	Wurzel	☽
18	Mo	♑	Wurzel	
19	Di	♌	Blüte	
20	Mi	♌	Blüte	
21	Do	♒	Blatt	
22	Fr	♒	Blatt	
23	Sa	♌	Frucht	
24	So	♌	Frucht	○
25	Mo	♉	Wurzel	
26	Di	♉	Wurzel	
27	Mi	♊	Blüte	
28	Do	♊	Blüte	
29	Fr	♋	Blatt	
30	Sa	♋	Blatt	
31	So	♌	Frucht	☾

NOVEMBER
1	Mo	♌	Frucht	
2	Di	♌	Frucht	
3	Mi	♌	Wurzel	
4	Do	♌	Wurzel	
5	Fr	♎	Blüte	
6	Sa	♎	Blüte	
7	So	♏	Blatt	
8	Mo	♏	Blatt	●
9	Di	♏	Blatt	
10	Mi	♐	Frucht	
11	Do	♐	Frucht	
12	Fr	♑	Wurzel	
13	Sa	♑	Wurzel	
14	So	♑	Wurzel	
15	Mo	♌	Blüte	

16	Di	♌	Blüte	☽
17	Mi	♒	Blatt	
18	Do	♒	Blatt	
19	Fr	♒	Blatt	
20	Sa	♌	Frucht	
21	So	♌	Frucht	
22	Mo	♉	Wurzel	
23	Di	♉	Wurzel	○
24	Mi	♊	Blüte	
25	Do	♊	Blüte	
26	Fr	♋	Blatt	
27	Sa	♋	Blatt	
28	So	♌	Frucht	
29	Mo	♌	Frucht	☾
30	Di	♌	Wurzel	

DEZEMBER
1	Mi	♌	Wurzel	
2	Do	♎	Blüte	
3	Fr	♎	Blüte	
4	Sa	♎	Blüte	
5	So	♏	Blatt	
6	Mo	♏	Blatt	
7	Di	♐	Frucht	●
8	Mi	♐	Frucht	
9	Do	♐	Frucht	
10	Fr	♑	Wurzel	
11	Sa	♑	Wurzel	
12	So	♌	Blüte	
13	Mo	♌	Blüte	
14	Di	♌	Blüte	
15	Mi	♒	Blatt	
16	Do	♒	Blatt	☽
17	Fr	♌	Frucht	
18	Sa	♌	Frucht	
19	So	♉	Wurzel	
20	Mo	♉	Wurzel	
21	Di	♊	Blüte	
22	Mi	♊	Blüte	○
23	Do	♋	Blatt	
24	Fr	♋	Blatt	
25	Sa	♌	Frucht	
26	So	♌	Frucht	
27	Mo	♌	Wurzel	
28	Di	♌	Wurzel	
29	Mi	♌	Wurzel	☾
30	Do	♎	Blüte	
31	Fr	♎	Blüte	

2000

JANUAR

Tag	Wochentag	Zeichen	Element	Mond
1	Sa	♋	Blatt	
2	So	♋	Blatt	
3	Mo	♍	Frucht	
4	Di	♍	Frucht	
5	Mi	♍	Frucht	
6	Do	♑	Wurzel	●
7	Fr	♑	Wurzel	
8	Sa	♒	Blüte	
9	So	♒	Blüte	
10	Mo	♒	Blüte	
11	Di	♓	Blatt	
12	Mi	♓	Blatt	
13	Do	♈	Frucht	
14	Fr	♈	Frucht	☾
15	Sa	♈	Frucht	
16	So	♉	Wurzel	
17	Mo	♉	Wurzel	
18	Di	♊	Blüte	
19	Mi	♊	Blüte	
20	Do	♋	Blatt	
21	Fr	♋	Blatt	○
22	Sa	♌	Frucht	
23	So	♌	Frucht	
24	Mo	♍	Wurzel	
25	Di	♍	Wurzel	
26	Mi	♎	Blüte	
27	Do	♎	Blüte	
28	Fr	♋	Blatt	☾
29	Sa	♋	Blatt	
30	So	♋	Blatt	
31	Mo	♍	Frucht	

FEBRUAR

Tag	Wochentag	Zeichen	Element	Mond
1	Di	♍	Frucht	
2	Mi	♑	Wurzel	
3	Do	♑	Wurzel	
4	Fr	♑	Wurzel	
5	Sa	♒	Blüte	●
6	So	♒	Blüte	
7	Mo	♓	Blatt	
8	Di	♓	Blatt	
9	Mi	♓	Blatt	
10	Do	♈	Frucht	
11	Fr	♈	Frucht	
12	Sa	♉	Wurzel	☾
13	So	♉	Wurzel	
14	Mo	♊	Blüte	
15	Di	♊	Blüte	

MÄRZ

Tag	Wochentag	Zeichen	Element	Mond
1	Mi	♑	Wurzel	
2	Do	♑	Wurzel	
3	Fr	♒	Blüte	
4	Sa	♒	Blüte	
5	So	♓	Blatt	
6	Mo	♓	Blatt	●
7	Di	♓	Blatt	
8	Mi	♈	Frucht	
9	Do	♈	Frucht	
10	Fr	♉	Wurzel	
11	Sa	♉	Wurzel	
12	So	♊	Blüte	
13	Mo	♊	Blüte	☾
14	Di	♋	Blatt	
15	Mi	♋	Blatt	
16	Do	♌	Frucht	
17	Fr	♌	Frucht	
18	Sa	♌	Frucht	
19	So	♍	Wurzel	
20	Mo	♍	Wurzel	○
21	Di	♎	Blüte	
22	Mi	♎	Blüte	
23	Do	♋	Blatt	
24	Fr	♋	Blatt	
25	Sa	♍	Frucht	
26	So	♍	Frucht	
27	Mo	♍	Frucht	☾
28	Di	♑	Wurzel	
29	Mi	♑	Wurzel	
30	Do	♒	Blüte	
31	Fr	♒	Blüte	

APRIL

Tag	Wochentag	Zeichen	Element	Mond
1	Sa	♒	Blüte	
2	So	♓	Blatt	
3	Mo	♓	Blatt	
4	Di	♈	Frucht	●
5	Mi	♈	Frucht	
6	Do	♉	Wurzel	
7	Fr	♉	Wurzel	
8	Sa	♊	Blüte	
9	So	♊	Blüte	
10	Mo	♊	Blüte	
11	Di	♓	Blatt	
12	Mi	♓	Blatt	☾
13	Do	♌	Frucht	
14	Fr	♌	Frucht	
15	Sa	♍	Wurzel	
16	So	♍	Wurzel	
17	Mo	♎	Blüte	
18	Di	♎	Blüte	○
19	Mi	♋	Blatt	
20	Do	♋	Blatt	
21	Fr	♋	Blatt	
22	Sa	♍	Frucht	
23	So	♍	Frucht	
24	Mo	♑	Wurzel	
25	Di	♑	Wurzel	
26	Mi	♑	Wurzel	☾
27	Do	♒	Blüte	
28	Fr	♒	Blüte	
29	Sa	♓	Blatt	
30	So	♓	Blatt	

MAI

Tag	Wochentag	Zeichen	Element	Mond
1	Mo	♓	Blatt	
2	Di	♈	Frucht	
3	Mi	♈	Frucht	
4	Do	♉	Wurzel	●
5	Fr	♉	Wurzel	
6	Sa	♊	Blüte	
7	So	♊	Blüte	
8	Mo	♓	Blatt	
9	Di	♓	Blatt	
10	Mi	♌	Frucht	
11	Do	♌	Frucht	☾
12	Fr	♍	Wurzel	
13	Sa	♍	Wurzel	
14	So	♎	Blüte	
15	Mo	♎	Blüte	
16	Di	♎	Blüte	
17	Mi	♋	Blatt	
18	Do	♋	Blatt	○
19	Fr	♌	Frucht	
20	Sa	♌	Frucht	
21	So	♍	Frucht	
22	Mo	♑	Wurzel	
23	Di	♑	Wurzel	
24	Mi	♒	Blüte	
25	Do	♒	Blüte	
26	Fr	♒	Blüte	
27	Sa	♓	Blatt	☾
28	So	♓	Blatt	
29	Mo	♍	Frucht	
30	Di	♍	Frucht	
31	Mi	♉	Wurzel	

JUNI

Tag	Wochentag	Zeichen	Element	Mond
1	Do	♉	Wurzel	
2	Fr	♊	Blüte	●
3	Sa	♊	Blüte	
4	So	♓	Blatt	
5	Mo	♓	Blatt	
6	Di	♌	Frucht	
7	Mi	♌	Frucht	
8	Do	♍	Wurzel	
9	Fr	♍	Wurzel	☾
10	Sa	♎	Blüte	
11	So	♎	Blüte	
12	Mo	♎	Blüte	
13	Di	♋	Blatt	
14	Mi	♋	Blatt	
15	Do	♍	Frucht	
16	Fr	♍	Frucht	○
17	Sa	♍	Frucht	
18	So	♑	Wurzel	
19	Mo	♑	Wurzel	
20	Di	♒	Blüte	
21	Mi	♒	Blüte	
22	Do	♒	Blüte	
23	Fr	♓	Blatt	
24	Sa	♓	Blatt	
25	So	♈	Frucht	☾
26	Mo	♈	Frucht	
27	Di	♈	Frucht	
28	Mi	♉	Wurzel	
29	Do	♉	Wurzel	
30	Fr	♊	Blüte	

2000

JULI
1	Sa	♐	Blüte	●
2	So	♑	Blatt	
3	Mo	♑	Blatt	
4	Di	♒	Frucht	
5	Mi	♒	Frucht	
6	Do	♓	Wurzel	
7	Fr	♓	Wurzel	
8	Sa	♈	Blüte	
9	So	♈	Blüte	☽
10	Mo	♉	Blatt	
11	Di	♉	Blatt	
12	Mi	♉	Blatt	
13	Do	♊	Frucht	
14	Fr	♊	Frucht	
15	Sa	♋	Wurzel	
16	So	♋	Wurzel	○
17	Mo	♋	Wurzel	
18	Di	♌	Blüte	
19	Mi	♌	Blüte	
20	Do	♍	Blatt	
21	Fr	♍	Blatt	
22	Sa	♍	Blatt	
23	So	♎	Frucht	
24	Mo	♎	Frucht	
25	Di	♏	Wurzel	☾
26	Mi	♏	Wurzel	
27	Do	♐	Blüte	
28	Fr	♐	Blüte	
29	Sa	♑	Blatt	
30	So	♑	Blatt	
31	Mo	♒	Frucht	●

AUGUST
1	Di	♒	Frucht	
2	Mi	♓	Wurzel	
3	Do	♓	Wurzel	
4	Fr	♈	Blüte	
5	Sa	♈	Blüte	
6	So	♉	Blatt	
7	Mo	♉	Blatt	
8	Di	♉	Blatt	☽
9	Mi	♊	Frucht	
10	Do	♊	Frucht	
11	Fr	♋	Wurzel	
12	Sa	♋	Wurzel	
13	So	♋	Wurzel	
14	Mo	♌	Blüte	
15	Di	♌	Blüte	○
16	Mi	♍	Blatt	
17	Do	♍	Blatt	
18	Fr	♍	Blatt	
19	Sa	♎	Frucht	
20	So	♎	Frucht	
21	Mo	♏	Wurzel	
22	Di	♏	Wurzel	
23	Mi	♐	Blüte	☾
24	Do	♐	Blüte	
25	Fr	♑	Blatt	
26	Sa	♑	Blatt	
27	So	♒	Frucht	
28	Mo	♒	Frucht	
29	Di	♓	Wurzel	●
30	Mi	♓	Wurzel	
31	Do	♓	Wurzel	

SEPTEMBER
1	Fr	♈	Blüte	
2	Sa	♈	Blüte	
3	So	♉	Blatt	
4	Mo	♉	Blatt	
5	Di	♊	Frucht	
6	Mi	♊	Frucht	☽
7	Do	♊	Frucht	
8	Fr	♋	Wurzel	
9	Sa	♋	Wurzel	
10	So	♌	Blüte	
11	Mo	♌	Blüte	
12	Di	♌	Blüte	
13	Mi	♍	Blatt	○
14	Do	♍	Blatt	
15	Fr	♎	Frucht	
16	Sa	♎	Frucht	
17	So	♏	Wurzel	
18	Mo	♏	Wurzel	
19	Di	♏	Wurzel	
20	Mi	♐	Blüte	
21	Do	♐	Blüte	☾
22	Fr	♑	Blatt	
23	Sa	♑	Blatt	
24	So	♒	Frucht	
25	Mo	♒	Frucht	
26	Di	♓	Wurzel	
27	Mi	♓	Wurzel	●
28	Do	♈	Blüte	
29	Fr	♈	Blüte	
30	Sa	♉	Blatt	

OKTOBER
1	So	♉	Blatt	
2	Mo	♊	Frucht	
3	Di	♊	Frucht	
4	Mi	♊	Frucht	
5	Do	♋	Wurzel	☽
6	Fr	♋	Wurzel	
7	Sa	♌	Blüte	
8	So	♌	Blüte	
9	Mo	♌	Blüte	
10	Di	♍	Blatt	
11	Mi	♍	Blatt	
12	Do	♎	Frucht	
13	Fr	♎	Frucht	○
14	Sa	♎	Frucht	
15	So	♏	Wurzel	
16	Mo	♏	Wurzel	
17	Di	♐	Blüte	
18	Mi	♐	Blüte	
19	Do	♑	Blatt	
20	Fr	♑	Blatt	☾
21	Sa	♒	Frucht	
22	So	♒	Frucht	
23	Mo	♏	Wurzel	
24	Di	♏	Wurzel	
25	Mi	♎	Blüte	
26	Do	♎	Blüte	
27	Fr	♎	Blüte	●
28	Sa	♑	Blatt	
29	So	♑	Blatt	
30	Mo	♒	Frucht	
31	Di	♒	Frucht	

NOVEMBER
1	Mi	♓	Wurzel	
2	Do	♓	Wurzel	
3	Fr	♓	Wurzel	
4	Sa	♈	Blüte	☽
5	So	♈	Blüte	
6	Mo	♉	Blatt	
7	Di	♉	Blatt	
8	Mi	♉	Blatt	
9	Do	♊	Frucht	
10	Fr	♊	Frucht	
11	Sa	♋	Wurzel	○
12	So	♋	Wurzel	
13	Mo	♌	Blüte	
14	Di	♌	Blüte	
15	Mi	♍	Blatt	
16	Do	♍	Blatt	
17	Fr	♍	Blatt	
18	Sa	♎	Frucht	
19	So	♎	Frucht	
20	Mo	♏	Wurzel	
21	Di	♏	Wurzel	
22	Mi	♏	Wurzel	
23	Do	♐	Blüte	
24	Fr	♐	Blüte	
25	Sa	♑	Blatt	●
26	So	♑	Blatt	
27	Mo	♒	Frucht	
28	Di	♒	Frucht	
29	Mi	♓	Wurzel	
30	Do	♓	Wurzel	

DEZEMBER
1	Fr	♈	Blüte	
2	Sa	♈	Blüte	
3	So	♈	Blüte	☽
4	Mo	♉	Blatt	
5	Di	♉	Blatt	
6	Mi	♊	Frucht	
7	Do	♊	Frucht	
8	Fr	♋	Wurzel	
9	Sa	♋	Wurzel	
10	So	♋	Wurzel	
11	Mo	♌	Blüte	○
12	Di	♌	Blüte	
13	Mi	♍	Blatt	
14	Do	♍	Blatt	
15	Fr	♎	Frucht	
16	Sa	♎	Frucht	
17	So	♏	Wurzel	
18	Mo	♏	Wurzel	☾
19	Di	♎	Blüte	
20	Mi	♎	Blüte	
21	Do	♑	Blatt	
22	Fr	♑	Blatt	
23	Sa	♒	Frucht	
24	So	♒	Frucht	
25	Mo	♒	Frucht	●
26	Di	♓	Wurzel	
27	Mi	♓	Wurzel	
28	Do	♈	Blüte	
29	Fr	♈	Blüte	
30	Sa	♈	Blüte	
31	So	♉	Blatt	

Register

A
Ablegervermehrung bei Obstbäumen 146
Abnehmender Schein 88
Absteigender (unter sich gehender) Mond 20, 24
Abtrieb 7
Ackerschachtelhalm 45, 61, 159-160
Ackerschachtelhalm-Tee 45, 61, 160
Adventskranz 157, 161
Akelei 95
Allerheiligen 142, 143, 148
Allerseelen 143
Almabtrieb 7, 89
Almauftrieb 82, 83, 88
Almerer 83, 92, 128, 143
Almsommer 7, 83, 88-89
Almvegetation 89
Almwirtschaft 86, 88-89, 93
Alt-Thomastag 156, 163
Altweibersommer 115, 128, 164
Anklöpfler 161
Anzucht im Freiland 50
Anzucht von Gemüse 44
Anzucht, geschützte 49
Anzuchterde 49
Äpfel 135
Apfelbaum 47, 146
Apfelessig 122
Apfelsaft, naturtrüber 122
Apfelsorten 74, 146
April-Wetter 56, 57
Arbeitsbienen 33
Aromastoffe 75
Astern 76
Auberginen 72
Auferstehungsfeuer 67
Aufnehmender Mond 89
Aufsteigender (über sich gehender) Mond 20, 25
Äugeln von Obstbäumen 107
August-Wetter 102
Ausgeizen von Tomaten 84
Auspflanzen von Gemüse 72
Auspflanzung ins Freiland 75
Aussaat 44, 49, 57
Aussaattermine 44, 166
Auswinterung 29

B
Bachstelze 144
Balkonblumen 76, 95, 108
Balkonblumen, mehrjährige 108
Barbarazweige 158
Basilikum 75
Bauernjahr 88
Bauernregeln 164
Bauholz 149-151
Baumbart 29
Baumläufer 144
Bechermalven 87
Beeren, wildwachsende 122
Beerenobst 46, 48, 107, 136, 145
Beerenobst, Pflanzung von 145
Beerenobst, Schnitt von 48-49
Berberitze 123, 130
Bergbauern 6-9
Bergbohnenkraut 60, 75
Berggeist 143
Bienen 31-39, 95, 99, 129, 160
Bienenkönigin 33, 37, 95
Bienenteetrunk 35
Bienenwachs 160
Bindesalat 72
Biolit 84, 87, 96, 164
Biorhythmus 129, 137
Birnbäume 146
Birnen 135
Blatt 23
Blattage 23
Blattimpulse 23
Blattläuse 98, 144
Blumen 18
Blumenkohl 17, 58
Blumenwiese 95, 119-120
Blumenzwiebeln 119, 159
Blüte 23, 77-79
Blütenhonigernte 36
Blütenimpulse 23
Blütensträucher 130
Blütetage 23
Boden 16, 61-62, 105, 116
Boden, Belebung 62
Boden, grobkörniger 61
Bodenbearbeitung 62
Bodenleben 62, 105, 117
Bodenmüdigkeit 16
Bodenpflege 62
Bodenprofil 62
Bohnen 18, 72
Bohnenkraut 75
Borretsch 60, 75
Brache 16
Bräuche 85, 157, 158, 162
Brennessel 96-97, 144
Brennesselauszug 97
Brennesseljauche 18, 84, 93, 95, 97, 133
Brennholz 149
Brokkoli 58, 145
Brombeeren 48, 119, 136
Brotbacken 11, 31
Brotgewürze 31
Brühen 18, 45, 96
Buschbäume 147

C
Cäcilienfeiern 143
Chicorée 15
Chinakohl 93, 132
Christrosen 159
Chronobiotherapie 137

D
Dachschindeln 151
Dahlien 45
Dezember-Wetter 156
Dicke Bohnen 44, 50
Dill 60, 75
Dirndlstrauch 123
Disharmonien im Garten 159
Dörrobst 121
Dost 75
Duftstoffe 74
Düngen 16, 63, 64, 105, 118, 144
Dünger, organischer 105

E
Eberesche 123
Edelreiser 15, 30, 158
Eidechsen 144
Einfriedungen 43, 73
Einkochzeit 115
Einmieten 121
Eisheilige 70, 164
Endivien 93
Erbsen 18, 50, 57
Erdbeeren 18, 61, 74, 119
Erdkeller 121
Erdstrahlung 109, 111, 124
Ernährung, gesunde 11
Erntedankfest 129
Ernten 118, 120
Estragon 75, 85
Eulen 143

F
Fallobst 119
Farnkrautbrühe 96
Fastenkur 65
Februar-Wetter 28
Feinstoffliche Zusammensetzung 116
Feldgehölze 129, 130
Feldsalat 145, 158
Felsenkeller 121
Fermente 134
Fernsehen 137
Feuersteine 124
Fledermäuse 143
Fliegenschnäpper 144
Folientunnel 44
Freibrand 47
Friedhof 148
Frösche 143
Frucht 23
Fruchtfolge 16-18
Fruchtimpulse 23
Fruchtpflanzen 24
Fruchttruten 74
Fruchttage 23
Fruchtwechsel 16-18
Frühbeet 44
Frühkartoffeln 44, 50
Frühlingsbiene 37
Fußbodenholz 152-153
Futterstellen für Vögel 158
Futterwaben 36

G
Gamsbrunft 143
Gartenpläne 16
Gartenrotschwanz 144
Gartenteich 158
Gärung 134
Geflügelmist 63
Geißfußpfropfen 74
Gemeinschaftsalmen 8
Gemüse-Aussaat 44
Gemüsebeete 44
Gewächshaus 44, 72
Geweihtes Wasser 53
Gewürzkräuter 60, 75, 93, 118, 121
Gewürzkräuter ernten 93
Gladiolen 119
Grabbepflanzung 148
Grasmücke 144
Großfamilie, bäuerliche 6, 88
Gruh-Nacht der Almerer 128
Grummet 93
Gründüngung 16, 64, 106, 118, 144
Grundwasserströme 124
Grünkohl 17, 72, 145, 158
Grünschnitt 64
Gülle 89
Gurken 72

H
Hainbuche 130
Halbmond 20
Halbstämme 146
Hasel 130
Haselfeichten 73, 152
Hauptschlenggeltag 28
Haupttratzertag 56
Hausbaum 86
Hecke 87, 108, 119, 129-130, 143
Hecke, Pflanzung und Pflege 130
Heckenbraunelle 144
Heckenschnitt 108
Heidelbeeren 122
Heilkräuter 75, 106, 121
Herz-Jesu-Feuer 89
Heublumensamen 120
Heuernte 93
Himbeeren 46, 48, 94-95, 119, 136
Himbeerernte 94
Himbeersträucher, zweimaltragende 136
Hochbeet 58, 145
Hochstämme 146
Höhere Lehranstalt für Alpenländ.-Landwirtschaft 9
Holunderstrauch 123
Holz 19, 44, 149-153
Holz für Musikinstrumente 153
Holzasche 63
Holzzeichen 149-150
Honig 32, 36, 79, 160
Honigertrag 35
Honigraum 36
Honigschleudern 36
Hornissen 143
Hornspäne 63
Humus 62
Hundstage 102, 164

I
Igel 123, 131, 143
Imkerei 31-37
Immergrüne Gehölze 119
Impulse auf die Pflanzen 23
Impulse des Mondes 21-22, 25
Inneres Gleichgewicht 116
Instrumentenbau 152

J
Jakobitag 89
Januar-Wetter 14
Johannestag 77
Johannisbeeren 48-49, 74, 94, 119
Johannisbeeren, Schnitt 49, 94
Johannisfeuer 83, 85, 103
Juli-Wetter 92
Jungfer im Grünen 87
Juni-Wetter 82

K
Kalender, alter 42
Kalenderreform 28, 42

Register

Kalendertag 137
Kälteschock 133
Kapuzinerkresse 75, 147
Karotten 18, 44, 50, 58, 72, 106, 118, 132, 145
Karsamstag 67
Kartoffel 17, 44, 50, 72, 84, 106, 118, 132
Kartoffelernte 118
Kartoffelsorten 132
Kathrein 142
Kathreintänze 143
Keimhemmung 30, 49
Kerbel 61, 75, 85, 106
Kirchweihsonntag 7
Klee 16, 18, 106
Kletterrosen 87, 147-148
Klotzenbrot 163
Knoblauch 75, 106, 118
Knoblauchbrühe 96
Knochenmehl 63
Knöllchenbakterien 64
Kohlgemüse 17, 58, 84, 106, 134
Kohlrabi 17, 58
Kohlweißling 18
Kompost 45, 103, 104-105, 116, 145
Kompostieren 45, 103-105, 116, 145
Kompostwalm 45
Konservieren 93, 115, 118, 120
Konservieren von Früchten 93, 115
Konservieren von Gemüse 93, 118
Konstellationen der Gestirne 19
Kornelkirsche 123, 130
Kosmische Kräfte 19-20, 25, 65, 139
Kraftfelder 124
Krauteinschneiden 133, 143
Kräuter 18, 44, 45, 60, 71, 75-76, 103, 120, 132
Kräuter, einjährige 75
Kräuter, mehrjährige 75
Kräuteraromen 76
Kräuterbrühen 18, 96-97
Kräuterbüschel 102, 108, 110, 111, 161
Kräuterernte 76
Kräuteressig 76
Kräutergarten 44, 60, 74, 84, 132
Kräuterjauchen 64
Kräutersalz 76
Kräutersamen 132
Kräuterspirale 60, 74
Kräutertee 96
Krautfäule 160
Krautköpfe 143
Kresse 75
Kronenabwurf 30
Kronentraufe 98
Kröten 143
Kultplätze 124
Kümmel 61, 75
Kürbis 72, 132
Kurztag 137

L
Lagerung von Obst 135
Langtag 137
Lauch 84

Laufenten 44, 132
Läusebefall 98, 144
Lavendel 75
Lebensbaum 86
Lebensmittel 116
Lebkuchen 160
Levkojen 76
Lichtmeß 28
Liebstöckel 60, 75
Liguster 130
Losnächte 164
Lostage 164
Löwenmäulchen 76
Löwenzahn 45
Lumbricidenhumus 117
Lupinen 16, 87, 95
Lurche 129

M
Magnetfelder 109
Mai-Wetter 70
Mairegen 70
Mairübchen 58
Majoran 75
Mandelröschen 87
Mariä Heimsuchung 92
Mariä Himmelfahrt 102, 103
Marillenbäume 159
Markerbsen 57
Martini 142
März-Wetter 42
Mauswiesel 144
Mehlschwalben 143, 144
Mehltau 119, 160
Meisen 144
Melisse 60
Milchsäurebakterien 134
Milchviehhaltung 89
Mineralisierung des Bodens 115, 125
Mineralstoffe 134
Mischkulturen 75
Misteln 124
Möbelholz 153
Mohn 95
Möhren siehe Karotten
Monatserdbeeren 61
Mond 19-21, 88, 115, 137-138
Mond, über sich gehender 20
Mond, unter sich gehender 20
Mondimpulse 21-22, 25
Mondkalender 165, 166-173
Moos 61
Mulchdecke 17, 18, 62, 132
Mulchen 50, 61, 64, 84, 116-117, 131
Mulchen der Baumscheiben 95
Mutterboden 62, 103, 117

N
Nachsinniges Holz 151
Nachtfröste 132
Nahrungsmittel 116
Narzissen 76
Naturschutz 143
Neujahrsschießen 14
Neuland, Bepflanzung von 18
Neumond 20, 65
Nikolaus 156, 161
Nistbretter 144
Nistmöglichkeiten 144
Nitrat 89

November-Wetter 142
Nützlinge 143

O
Obst, Lagerung von 121, 135
Obst- und Gartenbauvereine 47, 147
Obstanger 45, 46, 47, 135, 146
Obstbaum-Pflanzung 61, 145-147
Obstbaum-Unterlagen 146
Obstbäume, Sommerschnitt 107
Obstbäume, Umpflanzen 136
Obstbaumpflege 46, 135-136
Obstbaumschnitt 30, 46-47, 107
Obstbaumveredlung 30, 94, 107, 146
Obsternte 119, 135
Obstsorten, alte 145, 158
Obstsorten, heimische 145
Oktober-Wetter 128
Okulieren 107
Organischer Dünger 105
Osterbrot 65, 67
Osterfest 56, 59, 65
Osterfestkreis 65
Osterfeuer 67
Osterlamm 65, 67
Österliches Brauchtum 59
Österliches Fasten 65
Ostersonntag 67
Ostervollmond 65

P
Palerbsen 50
Palmbuschen 65, 110
Palmsonntag 65
Palmzweige, geweihte 65
Paprika 72
Patentkali 63
Pelzbienen 144
Perchten 29, 163
Perchtensuppe 161
Petersfeuer 89
Petersilie 18, 61, 75, 84, 106
Pfefferminze 75
Pflanzenanzucht 49
Pflanzennachbarn, gute 45, 74, 118, 145
Pflanzennachbarn, schlechte 74
Pflanzenrhythmen 139
Pflanzenschutz, gegenseitiger 75
Pflanzgrube für Obstbäume 147
Pflanzzeit 24, 166
Pflanzzeit für Gehölze 143
Pflücksalat 57, 72
Pfropfen 71, 72
Phacelia 16, 17, 106
Phasen des Mondes 19
Pilzbefall 98, 159-160
Pilze 120, 129
Pilzkrankheiten 84, 159-160
Pimpinelle 75
Planung des Gartenjahres 15
Porree 18, 94, 106, 145, 158
Portiunkula-Ablaß 89, 102
Preiselbeeren 122, 129
Preiselbeerwasser 116

Q
Quellwasser 53

R
Radieschen 50, 84
Rainfarnbrühe 96
Rasen 61, 87
Räuchern 161
Rauchschwalben 144
Rauhnächte, Rauchnächte 110, 164
Regenwurm 62, 116-117
Reinigungsflug der Bienen 29
Reisighaufen 99, 143-144
Reizstreifen, radioaktive 109
Rettich 132
Rhabarber 44
Rhythmen 137
Rhythmen des Mondes 139
Rhythmus der Natur 9
Rhythmus von Tag und Nacht 137
Rindenpfropfen 72
Rindermist 63
Ringelblumen 87
Ringzaun 73
Rittersporn 87
Roggen 106
Rosen 45, 61, 87, 147-148
Rosen auslichten 45
Rosenkohl 17, 72, 145, 158
Rosenkranzsonntag 128
Rosenpflege 147
Rosenschnitt 148
Rosmarin 75
Rote Bete 18, 50, 118, 132, 133
Rotkohl 17
Rotkraut 132
Rund- und Schwänzeltänze der Bienen 33

S
Saatkartoffeln 106, 132
Salamander 143
Salate 50, 57, 72, 106, 132
Salbei 60, 75, 85
Salvien 75
Samen 49
Samen von Sommerblumen 95
Sämlingskulturen 74
Sämlingsvermehrung 146
Sammlerinnen (Bienen) 33
Sandboden 61
Sanddorn 123
Sauerdorn 123
Sauerkirschen 94
Sauerkraut 129, 133-134
Sauerkrautsaft 134
Sauerteig 31
Schadensbegrenzung, biologische 98
Schafskälte 36, 82, 164
Schiefe Wege 29
Schlägern 149
Schlanke Spindel 147
Schlehen 123
Schmelzwasser 53
Schmetterlinge 63, 129, 144
Schnecken 44, 131-132
Schneckenplage 131
Schnittlauch 75, 132-133, 158
Schnittsalat 57, 72
Schnitzerholz 153

Register

Schulgarten 11
Schwachzehrende Pflanzen 16
Schwärmen der Bienen 35
Schweizerhütte 7, 11
Schwenden 8, 9
Schwendtage 103, 164
Schwingung 109
Seidenbienen 144
Selbstreinigung
  des Wassers 51
Selbstvitalisierung
  des Wassers 51
Sellerie 84, 106, 118
Senf 106
September-Wetter 114
Siderische Umlaufzeit 20
Siebenschläfer 82, 165
Sommerblumen 45, 50, 76, 85, 108
Sommerblumen,
  einjährige 108
Sommerblumen,
  zweijährige 108
Sommerblumen-Samen 119
Sommerkulturen 64
Sommerschleudern (Imkerei) 95
Sommersonnenwende 103
Sommertrachtbienen 37
Sonne 19, 137
Sonnebegrüßen am Ostermorgen 67
Sonnwendfeuer 85, 89
Sortenwahl bei Obstbäumen 145, 147, 158
Spätsommer 115
Spinat 50, 118
Stachelbeeren 48-49
Stachelbeeren, Schnitt 49, 94
Stammpflegemittel 135
Stammrosen 147-148
Stangenbohnen 72
Starkzehrende Pflanzen 16
Stauden 119, 136
Stauden pflanzen 136
Staudenbeet 136
Staudenbeet anlegen 136
Stecklinge 48, 146
Stecklingsanzucht 48
Stecklingsvermehrung
  beim Beerenobst 48
Steckzwiebeln 72
Steine 115
Steiner, Rudolf 160
Steingarten 61, 76, 119
Steinhaufen 99, 125
Steinmauern 125, 144
Sterne 19
Sternzeichen 22
Störfelder 111, 124
Strahlung 109-111, 124
Strahlungsfelder,
  unterirdische 109-111
Synodischer Monat 20

T

Tageslauf, bäuerlicher 6
Tagetes 76
Taglebewesen Mensch 137
Tagwerk 8
Teekräuter 60, 77, 93
Teekräuter ernten 93
Thymian 60, 75, 85
Tiefgefrieren 120
Tierkreiszeichen 20-21
Tomaten 72, 84, 106, 132
Tonböden 61
Traditionen 7
Trigon 23
Trockenobst 121
Trocknen 120

U

Überdüngen 159
Überlieferung 6
Umfriedung 130
Umpflanzen
  von Obstbäumen 136
Unkräuter 144
Unterboden 62
Urgesteinsmehl 84, 87, 96, 164

V

Varroamilbe (Bienen) 32, 36
Verdichtete Böden 61
Veredeln 15, 30, 47, 71, 72, 74, 107, 158
Veredlungsunterlagen 146
Verjüngungsschnitt
  von Obstbäumen 46
Vermehrung von Beerenobst 48
Verwerfungen des Gesteins 124
Viehauftrieb siehe Almauftrieb
Vierjahresrhythmus,
  Gemüsegarten 17
Vitamine 134
Vögel 129, 144
Vogelbeeren 123, 129
Vogelschutz 144
Vollmond 20, 137
Vorkultivieren 44, 49

W

Wanderimker 95
Wasser 51
Wasser der Hunza 52
Wasser, Selbstreinigung 51
Wasser, Selbstvitalisierung 51
Wasseradern 109, 124
Wasseramsel 144
Wasserrechte 51
Wasserzügige Pflanzen 16, 23
Wege, bewachsene 84
Weichseln 94
Weiden 66, 159
Weidenzweige 110
Weidezäune 73
Weihestätten 124
Weihnachten 14, 161
Weihnachtlicher Festkreis 14, 161
Weihnachtsbäume 152
Weihnachtsstauwetter 157, 165
Weiselzellen 36
Weißdorn 130
Weißkohl 17, 58, 132, 133
Werkzeug 46
Werkzeugholz 153
Wermutbrühe 96
Wermuttee 96
Wespen 143
Wetteranzeiger 165
Wetterregeln 164
Wicke 106
Widersinniges Holz 151
Wiese 87
Wildfrüchte 94
Wildkräuter 72
Wildrosen 130
Wildschönau 7
Wildsträucher 129
Winteraustreiben 29
Winterbiene 37
Wintergemüse 121
Wintersalate 106, 132
Winterschutz für Rosenbeete 147
Wintersonnenwende 156
Wintertraube (Bienen) 160
Winterzwiebeln 145
Wirsing 17, 58, 132
Wünschelruten 109
Wurzel 23
Wurzelimpulse 23
Wurzeltage 23

Y

Ysop 60, 75

Z

Zäune 43, 73
Zaunholz 73
Zaunkönig 144
Zeltenbacktag 163
Ziertabak 87
Zinnien 76
Zinnkraut 160
Zitronenmelisse 75,
Zucchini 72, 132
Zuckererbsen 57
Zuckerhut 93, 132, 158
Zuckermais 18, 50, 72
Zunehmender Mond 88
Zweijährige Pflanzen 119
Zwiebelbrühe 96
Zwiebelernte 106
Zwiebeln 18, 44, 50, 58, 72, 106, 118
Zwölften 161, 165

Abbildungsnachweis:
Alle Aquarellzeichnungen und Umschlagzeichnung
von Christine Mills, Malgersdorf

W. Becker; München: S. 2/3, 6, 7, 21, 71, 83, 95, 97, 115, 153

R. Mayr, Niederndorf: S. 32, 35, 62 u., 74, 85, 89 u., 103, 105, 119, 120, 125, 133, 134

Mosaik Verlag, München: S. 138, 160

H. A. Pachernegg, Hart bei Graz: S. 52, 78, 110

R. Zeltner, Rettenschöss: S. 15, 16, 24, 29, 30, 31, 34 l., 34 r., 38, 39, 43, 46, 53, 57, 58, 59, 60, 62 o., 64, 66, 73 l., 73 r., 79, 86, 87 l., 87 r., 99, 108, 118, 122, 123, 129, 132, 135, 148, 151, 152, 157, 158, 162, 163

Familienfotos: S. 8, 9, 10, 11, 20, 89 o., 93

Impressum:
Autoren: Rupert Mayr / Dr. Renate Zeltner
Projektleitung: Halina Heitz
Redaktion: Redaktionsbüro Dr. Ernö Zeltner, Rettenschöss
Layout und Herstellung: Martin Strohkendl, München
Umschlaggestaltung: Eva Wenger, München

Der Mosaik Verlag ist ein Unternehmen
der Verlagsgruppe Bertelsmann

© 1996 Mosaik Verlag GmbH, München / 5 4 3 2 1
Repro: Arti Litho, Trento
Satz: All-Star-Type Hilse, München
Druck und Bindung: Mohndruck,
Graphische Betriebe GmbH, Gütersloh
Printed in Germany
ISBN 3-576-10616-2